KB112304

한국경제,
새로운 도약을 꿈꾸다

북오션은 책에 관한 아이디어와 원고를 설레는 마음으로 기다리고 있습니다. 책으로 만들고 싶은 아이디어가 있으신 분은 이메일(bookrose@naver.com)로 간단한 개요와 취지, 연락처 등을 보내주세요. 머뭇거리지 말고 문을 두드리세요. 길이 열릴 것입니다.

한국경제,
새로운 도약을 꿈꾸다

초판 1쇄 인쇄 | 2014년 1월 20일
초판 1쇄 발행 | 2014년 1월 24일

엮은이 | 한국경제연구원
펴낸이 | 박영욱
펴낸곳 | (주)북오션

경영총괄 | 정희숙
편집 | 이준호 · 지태진 · 김은선
마케팅 | 최석진 · 김태훈
표지 및 본문 디자인 | 서정희
법률자문 | 법무법인 광평 대표 변호사 안성용

주 소 | 서울시 마포구 월드컵로 14길 62
이메일 | bookrose@naver.com
페이스북 | bookocean
전 화 | 편집문의 : 02-325-9172   영업문의 : 02-322-6709
팩 스 | 02-3143-3964

출판신고번호 | 제313-2007-000197호

ISBN 978-89-6799-035-0 (03320)

*이 도서의 국립중앙도서관 출판시도서목록(CIP)은 e-CIP홈페이지(http://www.nl.go.kr/ecip)
와 국가자료공동목록시스템(http://www.nl.go.kr/kolisnet)에서 이용하실 수 있습니다.
(CIP제어번호 : CIP2014000858)

한국경제,
새로운 도약을 꿈꾸다

한국경제연구원 편저

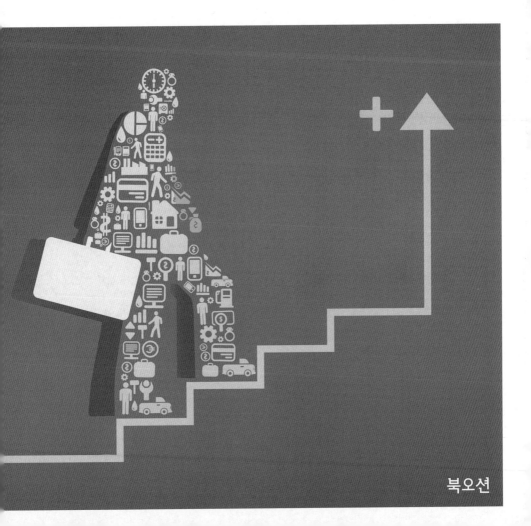

북오션

머리말

1981년 출범한 한국경제연구원(Korea Economic Research Institute: KERI)은 1981년 자유시장경제 이념을 바탕으로 한국경제의 발전과 기업하기 좋은 제도적 환경 조성을 위한 정책과제를 종합적으로 연구해오고 있다. 이러한 노력의 일환으로, KERI의 학문적 연구 활동과 더불어 일반 국민을 대상으로 경제 현안에 대한 전문적인 진단과 올바른 이해를 제고하기 위해 2003년부터 KERI의 홈페이지(www.keri.org)를 통해 〈전문가 칼럼〉을 매주 한 편씩 게재해 왔다. 2008년부터는 〈경제 이슈 논평〉과 〈기업법과 제도 이슈〉를 추가하여 실질 경제 이슈에 대한 전문가의 의견을 피력해 왔으며, 2009년 7월부터는 이러한 세 종류의 칼럼을 〈KERI 칼럼〉으로 통합하여 홈페이지의 고정 코너를 통해 매주 3회 경제전문가들의 고견을 선보이고 있다.

온라인에 게재된 전문가들의 견해를 더 확대하기 위하여 지난 2005년 부터는 칼럼집은 단행본으로 출간하고 있다. 『한국경제를 읽는 7가지 코드』(2006)라는 제목의 첫 칼럼집을 출간한 이래, 『한국경제, 추락인가 도약인가』(2007), 『한국경제 미래를 경영하라』(2009), 『시장이 붐벼야 사람이 산다』(2010), 『한국경제의 미래, 시장에 답이 있다』(2011), 『한국경제, 새로운 희망을 말하다』(2012), 『우리에겐 아직 더 많은 성장신화가 필요하다』(2013) 등 총 7권의 칼럼집을 발간하여 왔다.

올해 발간되는 『한국경제, 새로운 도약을 꿈꾸다』는 지난 2013년 1월부터 12월까지 온라인에 게재되었던 143편의 글 가운데 총 74편을 엄선하여 엮었다. 당시 부각되었던 다양한 이슈들에 대해 국내 전문가들의 신념을 밑바탕으로 집필된 각각의 칼럼을 '한국경제, 어디로 가고 있는가',

'창조경제와 경제민주화, 어떻게 볼 것인가', '글로벌 경쟁에서의 한국경제 생존전략', '기업의 선택: 생존과 상생을 말하다', '국민행복시대를 여는 발걸음', '규제에서 자유로: 한국경제가 나아가야 할 길' 등 총 6개의 장으로 구성하였다. 바쁜 와중에도 시간을 할애하여 귀중한 글을 보내주신 원외 필진과 본원의 연구진에게 감사의 뜻을 전하며 내년에도 아낌없는 제언 기고를 청하는 바이다. 아울러 발간 과정에 이르기까지 애써주신 모든 분들에게 감사드리오며, 이 책에 게재된 각 칼럼의 내용은 한국경제연구원의 공식적인 견해와 반드시 일치하는 것은 아님을 밝혀둔다.

2014년 갑오년, 청마(青馬)의 해가 밝았다. 올해에도 한국경제에 대한 전망은 그리 밝지 않은 가운데 이웃나라의 20년이 넘는 장기불황의 긴 터널을 그대로 답습하게 될 것이라는 우려도 확산되고 있다. 돌이켜보면 한국경제가 어렵지 않은 적이 별로 없었다. 하지만 그 숱한 어려움 속에서도 우리 국민들의 중단 없는 노력과 기업인들의 불굴의 기업가 정신이 있었기에 오늘날의 경제성장을 달성할 수 있었다. 저성장의 악순환을 기업가 정신으로 극복하여 거침없이 내달리는 청마처럼 한국경제가 다시금 활기를 되찾는 한 해가 되기를 희망한다.

2014년 1월

한국경제연구원 원장 최병일

차 례

 1장   한국경제, 어디로 가고 있는가

2장 창조경제와 경제민주화, 어떻게 볼 것인가

3장 글로벌 경쟁에서의 한국경제 생존전략

4장   기업의 선택: 생존과 상생을 말하다

5장 국민행복시대를 여는 발걸음

6장　규제에서 자유로: 한국경제가 나아가야 할 길

1장

한국경제,
어디로 가고 있는가

2013, 집권 그 첫 일 년

: 쏠림을 넘어 상생으로

최병일 (한국경제연구원 원장)

01

2012년 총선과 대선을 아우르는 시대정신은 '변화'였다. 경제민주화, 정치혁신, 사법개혁 등 한국사회 전방위에 걸친 변화를 요구하는 민심의 쓰나미가 거세게 몰아쳤던 한 해였다. 보수와 진보 정치세력 모두 변화를 기치로 내걸었다. 그들은 왜 변화를 갈망하는가? 현실이 불만이고, 미래가 불안하기 때문이다. 대학 4년 내내 스펙 쌓기에 동분서주해야 하고, 100통이 넘는 이력서를 써야 하는 현실은 불안하다. 법치주의 국가에서 법은 힘없는 서민을 보호하기보다 힘센 권력 편이라는 '유전무죄 무전유죄' 인식이 판을 치는 현실에 불만이다. 왜 이럴까. 분명 이 세대는 앞선 세대보다 더 풍요롭고, 더 많이 교육받고, 남녀 구별 없이 내 꿈을 펼치는 자랑스러운 대한민국의 국민인데 말이다. 세계 역사에서 유례없는 압축 성장을 구가하면서 산업화와 민주화를 동시에 이룩해 낸 멋진 대한민국인데 말이다.

박근혜 대통령 당선인은 선거운동 기간 동안 국민들의 변화 요구에 보수정당의 후보로서는 파격적인 변신을 거듭하면서 승리를 쟁취했다. 경제생태계의 변화를 요구하는 목소리에 경제민주화를 진보정당보다 먼저 들고 나왔다. 국민들의 가슴을 짓누르고 있는 미래에 대한 불안에는 복지확대 공약을, 사회갈등의 치유책으로는 국민대통합과 대탕평을 기치로 내세웠다. 그동안 정치인으로서 박근혜 당선인이 보여 왔던 말의 무게와 진정성을 볼 때, 그 공약들은 실천을 염두에 두고 고심한 것들이리라. 박근혜 당선인의 '약속은 지켜져야 한다'는 말은 허언과 식언을 정치인의 언어와 동일시하는 한국사회에서 강한 울림을 갖는다.

약속을 지키는 것은 기본이다. 그러나 더 중요한 것은 '약속은 제대로 해야 하고 제대로 한 약속은 반드시 지켜야 한다'는 것이다. 박근혜 당선인이 고심해야 할 것은 모든 공약을 다 지켰는데도 자신이 내건 큰 목표인 중산층 복원과 수출, 내수를 양축으로 하는 쌍끌이 경제로 한국경제의 패러다임 변화를 이루어내지 못하는 경우다. 개별 공약의 실천에 골몰하였는데도 궁극적으로 도달해야 하는 목표에 이르지 못한다면 이는 전투에서는 이기고 전쟁에서는 지는 우를 범하는 것이다. 개개의 공약이 서로 충돌하거나 더 큰 원칙과 충돌한다면 이는 조정되는 것이 옳다. 표를 의식한 무리한 공약을 신속하게 걸러내고 현실에 녹아들어가는 실효성 있는 정책을 더 큰 비전에 일치되게 적극적으로 일관성을 가지고 펴나가는 것은 박근혜 정부 성패의 관건이다.

| 일자리 확충, 복지 혜택 등 사회적 아젠다 해결을 위해선, 잠재성장률 제고의 노력이 선행되어야

중산층 복원과 내수기반 살리기는 한국경제의 최우선 과제다. 1997년 외환위기 이후 초래된 양극화를 극복하고 한국사회가 건전성을 회복하려면 심각한 쏠림 현상을 해소하여 경제참여자에게 공정한 기회를 제공해주어야 한다. 이 과정에서 경제적 강자를 견제하고 약자를 보호하는 것은 불가피하겠지만 기업의 글로벌 경쟁력을 스스로 훼손하는 자해행위가 벌어져서는 안 된다. 대기업의 일탈과 탈법행위에 대해 준엄한 법치를 실천하고 제도를 보완하는 정부의 역할이 필요하지만, 취약한 내수기반을 확충

하여 좋은 일자리를 더 많이 만들어내고 고용과 복지문제를 해결하는 것은 정부의 강제만으로는 어렵다는 것 역시 지난 10여 년 세월의 교훈이다.

고단한 민생을 추스르기 위해서는 내수 기반이 획기적으로 살아나야 한다. 내수 기반이 취약한 원인은 영세성, 생산성 취약, 정책 실패 3가지 때문이다. 영세 자영업자들의 상당수가 도소매, 숙박, 요식업종에 몰려 있고 이미 포화 상태에 다다른 이들 간의 차별성 없는 경쟁이 하우스푸어, 워킹푸어를 양산해낸다. 이에 더해 불합리한 세제, 행정편의주의적 규제, 창업훈련 부족 등의 정책 실패는 서비스 산업 빅뱅을 저해하고 내수 위축을 가져오는 악순환을 고착화시키고 있다. '경제적 약자 = 착한 사람 = 피해자' 등식으로 일관하는 경제민주화 프레임은 새로운 기로에 선 한국경제의 만병통치약이 될 수 없다.

우리가 이제부터 가야 하는 길은 지금까지 가보지 않은 길이다. 3%대에도 미치지 못하는 저성장이 일상화된 사회, 투자는 있지만 일자리는 쉽사리 만들어지지 않는 사회, 급속한 저출산 고령화로 역동성을 상실해가는 사회가 우리 앞에 놓인 미래상이다. 경제적 몸집을 키우는 동안 사회적 자산(Social Capital) 축적을 등한시하면서 빚어진 사회구성원 간 신뢰 부족, 51 대 48이라는 선거 결과가 보여주는 이념 대립과 세대 간 갈등은 한국사회의 지진대이다. 정부의 요란한 구호나 강압만으로 일자리가 만들어지고 지켜질 수 있다면 그것은 또 다른 유토피아일 뿐, 여전히 우리는 성장에 목마르다. 지금 성장을 이야기하면 마치 1970년대 개발 시대로의 회귀를 주장하는 시대착오자로 매도되기 십상이지만, 그럼에도 성장을 이야기해야 하는 이유는 잠재성장률을 1% 포인트라도 올려야 일자리가 더 만들어지고 더 많은 복지혜택도 가능하기 때문이다.

잠재성장률을 더 올린다 하더라도 여전히 일자리가 부족하고, 골목상권을 채우고 있는 소상공인들의 삶이 팍팍하다면 결론은 명확해진다. 제대로 된 상생, 분열을 치유하는 통합으로 가기 위해서 모두가 지금의 위치에서 한 걸음 뒤로 물러나 공동체의 더 나은 삶을 위해 무엇을 할 수 있을지 고민해야 한다. 대기업 집단은 사회적 가치를 우선순위에 두면서 글로벌 경쟁력을 강화하여 협력기업들과 과실을 더 나눌 수 있도록 해야 하고, 소상공인들은 보호에만 기댈 것이 아니라 자생력을 높이려는 각고의 노력을 해야 할 것이다. 일자리를 만들기 어렵다면 일자리를 나누어야 한다. 비정규직의 정규직화 구호만으로는 일자리 문제를 해결할 수 없다는 것을 인정하는 용기가 있어야 상생으로의 길이 열린다. 바야흐로 사회적인 대타협이 필요한 시점이다.

새 정부 첫 일 년은 임기 5년의 명운을 결정하는 진실의 순간이다. 집권 내 반드시 해야 하는 것과 할 수 없는 것을 가려내어 국민들을 설득하고 이해를 구하는 것이야말로 지지가 식기 전인 집권 초기에만 할 수 있는 일들이다. 과거 많은 정권이 당장의 인기에 연연하여 첫 해를 제대로 관리하지 못하는 우를 범했다. 어설픈 정권인수, 조각 실패는 정권의 핵심정책 좌초로 이어졌다. 단언컨대, 박근혜 정부의 성패는 집권 첫 해에 달렸다. 성공한 정부의 행복한 국민이 되느냐 마느냐의 기로, 2013년의 출발점에 우리는 서 있다.

국민통합은 정체성 확립부터

02

현진권(한국경제연구원 사회통합센터 소장)

박근혜 대통령 당선인은 국민대통합을 국정 운영의 중요한 목표로 제시했다. 사회의 모든 이슈에 대해 소득계층, 지역, 세대, 이념 등으로 분열된 우리 사회를 볼 때, 국민대통합은 시급히 이루어야 할 현안이다. 그러나 이는 쉽지 않다. 역대 정부에서 모두 국민통합을 외쳤지만, 성공한 정권은 없었다. 국민통합은 구체적 정책이 뒷받침되지 않는 정치 구호적 성격을 가지므로 쉽게 추진력을 잃어버리게 된다. 박 당선인이 약속의 실천을 강조해온 만큼 역대 정권의 실패를 반면교사 삼아 성공적으로 국민통합을 이루길 기대한다. 국민통합을 위해 가장 중요한 것은 구체적인 방향을 확실히 정립하는 것이다. 통합은 단순히 여러 가지 것들의 섞임이 아닌 우리 사회가 궁극적으로 지향하는 방향으로의 통합이어야 하기 때문이다.

통합 그 자체가 아닌 통합의 방향성이 중요하다는 예시로 필자가 자주 드는 사례가 통일에 관한 노래이다. 우리 국민이 즐겨 부르며 정서적으로 공감하는 대표적인 노래로 〈우리의 소원은 통일〉을 들 수 있다. 가사에 담긴 통일에 대한 염원에는 국민들의 일치된 공감이 있을지라도 실제 정책에 있어선 통일 그 자체만 바라보는 접근을 경계해야 한다. 통일같이 모든 국민에게 영향을 미치는 정책은 감성적인 차원을 넘어서 냉철한 논리가 뒷받침돼야 한다. 소원이란 경제적 비용이 아무리 높아도 해야 하는 절대적인 경지를 의미한다. 통일이 우리 국민의 소원이라고 북한에 대한민국을 가져다 바칠 수 있을까. 시장경제 체제를 포기하고 사회주의 체제로 넘겨서 얻는 소원 성취를 원하는 국민은 몇몇 종북주의자를 제외하고는 없을 것이다. '우리의 소원은 통일'이라는 말 이면에는 그 통일의 방향이 자유주의와 시장경제 체제일 것임을 묵시적으로 가정하고 있는 것이며 국민들의 공감은 바로 여기에 깃들어 있는 것이다.

박 당선인이 내세운 '국민대통합'이라는 용어는 정치적 표현이며, 학문적 영역에서는 '사회통합(social cohesion)'이라는 용어를 사용한다. 사회통합이란 저성장이 일상화된 우리 경제 환경 속에서 우리 경제가 새로운 패러다임으로 들어가기 위한 사회자본(social capital)이다. 이는 신뢰(trust)로 표현할 수 있다. 지금까지는 자본과 노동 등과 같은 경제적 요인을 통해 경제성장을 할 수 있었지만, 이제 신뢰와 같은 사회자본이 축적되어 사회통합이 이루어져야만 좋은 정책을 추진할 수 있다. 이명박 정부 초기의 촛불시위는 국익을 위한 정책도 사회통합이 되지 않으면 제 효과를 발휘할 수 없고 그것이 또 다른 사회분열의 씨앗이 된다는 것을 보여준 단적인 예다.

| 사회통합의 기본방향은 자유주의와 시장경제체제, 감성적인 정치용어는 분열과 혼란을 가중시킬 뿐

사회통합을 이루기 위해서는 사회통합의 방향을 제대로 잡아야 한다. 사회통합을 계층, 세대, 지역별 단순한 섞음, 인위적 나누기로 이룰 수 있다고 생각하면 반드시 실패한다. 적당히 감성적인 정치용어를 개발하여 선전하는 수준의 사회통합이라면 이는 분열을 원하는 진영의 먹잇감이 된다. 사회통합의 기본방향은 '자유주의와 시장경제 체제'이다. 이미 헌법에 명시된 우리의 정체성이지만, 우리의 정체성마저도 많은 위협 속에서 지켜내야 하는 세상이 되었다. 말로는 통합과 상생을 운운하면서도 그 속 내를 들여다보면 대한민국의 체제를 부정하거나 이에 더해 북한의 체제를 옹호하고 대한민국에 대한 적개심을 드러내는 집단도 엄연히 존재한다.

이들 집단은 국민이라는 이름으로 우리 공동체 내에 존재하지만, 결국 정부의 어떠한 정책도 부정하고 사회분열을 시도하는 집단이다. 이명박 정부 초기의 촛불시위도 이들 집단들의 선동이 주요한 요인이다. 이들 집단에게 사회통합이란 어설픈 손짓은 활동무대를 마련해주는 것이자 결국 제2의 촛불시위의 가능성을 열어주는 계기가 된다. 박근혜 당선인은 '100% 대한민국'을 이야기하였으나 현실에서 국민 100%를 위한 사회통합은 없다. 우리 정체성을 인정하지 않는 집단에겐 사회통합이란 손짓보다는 우리의 정체성을 지키기 위해 법치주의를 앞세워야 한다. 선동에 능한 이들 집단에겐 사회통합을 통해 정치적 선동기회를 주어선 안 된다. 이들은 과거에도 이런 기회를 활용하여 자신들의 논리만을 내세우고 이것이 받아들여지지 않으면 그 책임은 소통부재의 정부 탓으로 돌려왔다. 사회통합의 기본 방향으로 국가 정체성 확립의 중요성을 분명히 해야 한다.

사회통합은 소득계층, 지역, 세대, 이념 등으로 나누어 볼 수 있다. 그러나 이들이 서로 다르기 때문에 골고루 섞는 것이 통합이라고 생각해선 안 된다. 시장경제 체제를 가진 국가치고 소득불균형이 없는 나라는 없다. 지역 간 갈등도 선진국이라고 예외가 아니다. 세대와 이념을 어떻게 통합할 수 있을까. 우선 통합에 대한 기본 시각을 바꿔야 한다. 통합의 반대는 갈등이다. 갈등은 우리 사회의 발전 원동력이 될 수 있다. 개인의 발전도 스스로의 자아갈등에서 시작한다. 자아갈등이 없이 개인의 정신적 성장과 지적 독립은 불가능하다. 사회적 갈등도 마찬가지다. 계층, 지역, 세대, 이념 간 갈등은 어찌 보면 자연스러운 현상으로 이를 나쁘게만 보고 제거하려고만 들어선 안 된다. 중요한 것은 이런 갈등을 우리 사회가 발전하기 위한 에너지로 전환하도록 하는 것이고 이 과정에서 갈등이 서로를 적으로 돌리는 극단으로 가지 않도록 하는 것이다. 사회통합의 기본 방향은 자신과 다른 상대 진영을 인정하는 것에서 출발한다. 나와 다른 것은 곧 틀린 것으로 규정하고 상대를 바꾸려고만 들면 문제가 생긴다. 법질서 범주 속에서 상대방 간의 차이를 존중하는 사회가 통합사회인 것이다.

사회통합을 앞세우면서 가장 오류를 범하기 쉬운 분야가 소득계층 간 통합정책이다. 소득 차이를 인정하지 않고, 무리하게 무조건적 세금 부과와 무차별적 복지로 소득 차이를 과감하게 줄여보려는 정책 방향은 필연적으로 사회통합이 아닌 사회분열을 가져온다. 정부는 일정 수준의 소득 재분배 기능을 해야 하지만, 성장속도를 고려하지 않은 무조건적 조세 및 복지정책은 우리 사회를 피폐하게 만들고 그로 인해 분열된다. 지역, 이념, 세대 영역에 비해 소득계층 영역은 상대적으로 정책목표와 수단이 논리적으로 뚜렷하므로, 정치권 및 관료들은 이런 정책 추진을 선호하게 된다. 박근혜 당선인이 국민대통합을 기치로 내세웠으므로 정치권과 관료들은 앞다투어 정책 경쟁을 할 것이고 이때, 가장 가시적이고 손쉬운 것이 소득불균형 완화를 통한 국민통합이다. 국민통합 의지를 너무 강하게 보이면, 어설픈 정책수단이 서둘러 개발될 수밖에 없다. 그 결과는 우리가 과거 정부들에게서 보아왔듯 오히려 더 큰 분열이었다. 이런 과오를 새겨 새 정부는 진정한 통합의 교두보를 쌓을 수 있기를 희망한다.

케인즈식 재정정책의 유혹

03

송원근(한국경제연구원 공공정책연구실장)

케인즈가 1936년 '고용, 이자, 화폐의 일반이론(The General Theory of Employment, Interest, and Money)'을 발표한 이래 정부의 재정지출을 통해 경기침체에서 탈출하고 경기를 부양하는 재정정책은 1970년대 스태그플레이션이 만연하기 전까지 선진국들의 핵심적인 경제정책이었다. 케인즈의 이론이 나온 시대적 배경은 대공황이다. 장기간 생산과 소득이 감소하고 실업의 급증과 더불어 디플레이션이 지속되었던 대공황이라는 현실은 케인즈로 하여금 시장경제에 대한 신뢰를 무너뜨렸다. 특단의 대책이 없으면 불황에 빠진 경제가 자동적으로 회복되기는 어렵다는 것이고 따라서 불황에서 벗어나 완전고용을 달성하기 위해서는 정부지출의 증대를 통한 확장적 재정정책이 필요하다는 것이 케인즈의 생각이었다.

불황과 인플레이션이 함께 진행되는 스태그플레이션이 서구 선진국들을 휩쓴 1970년대 이후 케인즈 경제학은 주류 이론의 지위를 잃었다. 그러나 최근 케인즈 경제학과 재정정책은 다시 각광을 받고 있다. 전환점은 역시 2008년 발발한 글로벌 금융위기와 이어지는 서구 선진국들의 경기침체, 그리고 더딘 경제회복에 있다. 글로벌 금융위기에 따른 수요의 급감은 확장적 통화정책과 더불어 대대적인 경기부양책을 촉발시켰다. 확장적 통화정책의 경우 정책금리가 0으로 떨어졌음에도 대출 및 투자·소비 증대의 효과가 없자 양적 완화라는 특단의 유동성 증대책을 통해 수요를 촉발시키려는 정책수단을 사용하고 있다. 그럼에도 불구하고 선진국의 경기회복은 더디기만 하다. 확장적 통화정책이 대출과 수요를 촉발시키지 못하고 있다는 증거이다.

제로 금리와 양적 완화에도 수요가 증대되지 않고 있는 현실은 케인즈의 설명처럼 경제가 유동성 함정에 빠져 있는 것으로 해석할 수 있다. 유동성 함정에 빠져 있다면 양적 완화와 같은 확장적 통화정책에 따른 유동성 공급의 증대에도 불구하고 현금 선호 현상으로 인해 이자율이 떨어지지 않아 투자로 연결되지 않기 때문이다. 현재의 상황을 유동성 함정에 빠져 있는 것으로 인식하는 것은 케인즈의 대공황에 대한 인식과 유사하다. 이런 인식에 근거해서 케인즈는 통화정책보다 재정정책을 더 선호했다. 폴 크루그먼을 비롯한 일군의 경제학자들이 재정위기에도 불구하고 선진국 경제의 회복을 위해 더 큰 규모의 대대적인 재정정책을 시행해야 한다고 반복적으로 주장하는 것은 이런 인식에 기인한다.

| 재정정책이 현실경제에 미치는 영향과 수준은 명확하게 입증되지 않아

케인지언의 시각으로 보면 문제는 유효수요 부족이고 이를 해결하기 위해서는 재정정책이나 통화정책 수단을 이용한 경기부양책이 필요하다. 글로벌 금융위기 이후 선진국 경기가 회복되지 않고 있는 것은 유동성 함정에 빠져 금리 인하나 양적 완화와 같은 극단적인 통화정책도 효과가 없고 재정정책은 충분하지 않기 때문이라는 결론에 도달한다. 따라서 더욱 강한 재정정책이 필요하다는 주장이 나오는 것이다. 유로존의 국가들뿐만 아니라 미국까지도 대규모 재정적자와 국가부채의 누적으로 재정적 어려움을 겪고 있는 상황에서 더 큰 규모의 재정정책을 통한 경기부양이 필요하다는 주장은 재정건전성을 고려한다면 납득하기 어려운 주장이다.

그럼에도 불구하고 대규모 재정정책을 주장하는 이유는 재정건전성을 제고하기 위한 긴축정책이 경제위기를 더 심화시키기 때문이라는 것이다. 일반적으로 불황기에는 조세수입이 감소하고 실업의 증가에 따라 재정지출이 늘어 재정정책의 변화 없이도 재정적자가 발생할 수 있다. 따라서 재정위기를 겪고 있는 국가에서 불황이 지속된다면 재정적자가 증대될 수 있다. 재정건전성을 제고하기 위한 긴축정책이 경기불황을 심화시킨다면 재정위기는 더 악화될 것이다. 그렇다면 여기서 핵심 쟁점은 재정정책이 경제에 미치는 영향과 수준이다.

정부지출의 변화에 따른 국민소득 수준의 변화를 나타내는 계수를 재정승수라고 하는데 이 재정승수의 크기가 재정정책의 효과를 보여주는 핵심이 된다. 재정승수의 크기가 1 이상이라면 정부지출의 증대는 GDP 혹은 국민소득을 증대시킨다. 반면 재정승수가 1 이하라면 정부지출의 증대는 증세 혹은 국가부채 증가에 따라 국민소득을 오히려 감소시킨다. 재정승수를 추정한 연구들에 따르면 다양한 결과를 보여주고 있다. 한 연구에 따르면 미국의 경우 차입에 의해 조달되는 정부지출의 승수는 0.8에서 1.5 사이로 나타난다. 반면 조세수입에 의해 재원이 조달되는 경우 재정승수는 1 이하로 매우 낮게 나타난다. 이 결과들만 놓고 보면 재정정책 효과의 명확한 방향성을 찾기는 어렵지만 케인즈 모형에서 유추되는 높은 재정승수가 현실에서는 나타나지 않고 있다는 점은 분명하다.

재정정책의 효과가 미약한 것은 구축효과 때문이다. 정부지출의 증가는 증세나 차입을 통해 조달된다. 증세에 의해 조달되는 경우 정부지출의 증가는 민간의 지출과 소득의 감소를 가져오고, 차입에 의해 조달되는 경우에도 실질금리가 인상되어 마찬가지로 민간부문의 지출 감소를 가져온다. 즉, 정부지출의 증가는 민간의 소비와 기업투자의 감소를 가져오게 되는 것이다. 재정승수를 추정한 연구에서는 이와 같은 재정정책의 구축효과를 파악하기가 쉽지 않다. 최근의 한 연구[1]에 따르면 정부지출의 증가는 민간 부문의 투자, 소비를 감소시키는 것으로 나타났다. 정부지출을 증가시켜 생산과 소득을 늘리는 것은 민간의 소비와 투자가 변동이 없거나 증가하는 경우에만 가능한 일이다. 그러나 정부지출의 증가가 민간의 투자와 소비를 감소시킨다면 재정정책의 경기부양 효과는 미미함을 뜻한다.

재정정책의 단기적 효과로 실업의 감소를 언급하는 경우가 많다. 정부지출의 증가가 실업을 감소시킨다는 증거는 다양한 경험적 연구결과들에서도 찾아볼 수 있다. 그러나 문제는 정부지출의 증가를 통한 고용증가가 거의 대부분 정부부문의 고용증가라는 점이다. 정부부문의 고용증가는 공공부문의 비대화로 이어진다. 재정정책의 가장 긍정적인 효과라고 할 수 있는 고용의 증가도 결과적으로 공공부문의 비대화로 귀결되는 것이다. 공공부문 비대화에 따른 낭비와 비효율이 그리스 등 유로존 국가들의 재정위기의 주요 원인이 되었고 국가경제에 얼마나 파괴적인 영향을 미쳤는가는 재론할 필요도 없다.

결론적으로 케인즈식 재정정책은 경기부양 효과는 미미하면서 오히려 민간의 투자와 소비 등 경제활동을 위축시키고 공공부문의 비대화로 귀결될 가능성이 높다. 저성장이 지속되는 상황은 케인즈식 재정정책을 시행하고픈 유혹에 빠지기 쉬운 상황이다. 그러나 정부지출의 증대를 통한 경기부양은 기업의 투자, 민간의 소비를 위축시킬 뿐만 아니라 이것이 반복적으로 이루어질 경우 공공부문 비대화에 따른 경제 전체의 효율성 감소, 재정건전성의 악화라는 결과를 맞게 된다. 한국경제의 저성장을 극복하는 방안은 결코 케인즈식 재정정책이 아니다.

---

1) Ramey, V.A.(2012), "Government Spending and Private Activity", NBER Working Paper 17787.

마가렛 대처 전 영국 총리가
한국경제에 남긴 교훈

최원락(한국경제연구원 연구위원)

철의 여인으로 영국병을 치유하고 영국의 경제부흥을 이끌었던 마가렛 대처 전 영국 총리가 2013년 4월 87세를 일기로 타개하였다. 마가렛 대처는 영국 최초의 여성 총리로 1979년부터 1990년 말까지 11년간 세 번이나 총리에 재임하면서 장기불황에 빠진 영국경제를 강력한 지도력으로 회생시켰다는 평가를 받는 인물이다. 영국의 초대 총리 로버트 월폴 경부터 현 데이비드 캐머런 총리에 이르기까지 57명의 총리 중 이름에 '~ism'이 붙는 유일한 인물이기도 하다. 대처 전 총리는 "생각을 조심하라, 말이 된다. 말을 조심하라, 행동이 된다. 행동을 조심하라, 습관이 된다. 습관을 조심하라, 성격이 된다. 성격을 조심하라, 운명이 된다. 결국 우리의 운명은 생각하는 대로 된다. 나는 언제나 이길 수 있다고 생각한다. 그래서 이 세상 어느 누구도 나를 굴복시킬 수 없는 것이다"와 같이 강한 정신력을 나타내는 명언으로도 유명하다.

| 작지만 원칙이 선 강한 정부를 토대로 영국경제 호황의 토대를 일궈

대처 총리가 처음 집권한 1970년대 영국은 과도한 사회복지와 노조의 막강한 영향력으로 지속적인 임금 상승 속에 생산성이 저하되어 경제 전체가 침체하는 영국병에 시달리고 있었으며 결국 1976년에는 IMF의 금융 지원을 받는 상황에 처하였다. 이러한 상황 아래 집권한 대처 총리는 규제 완화와 작은 정부, 자유 시장, 민영화로 대변되며 '대처리즘'으로 불리는 특유의 통치철학을 실천하였다. 먼저, 영국병을 고치기 위해 경제 전 부문에 걸쳐 시장경제 원리를 중시하는 개혁을 단행하였다. 재정지출을 삭감하고 공기업을 민영화하였으며 규제를 완화하고 경쟁을 촉진하는 등 공공부문의 개혁을 추진하였다. 1970년대 당시 영국은 물론 유럽 각국의 산업은 대부분 정부 주도로 방만하게 운영되고 있었다. 이러한 가운데 대처 총리는 철강, 자동차, 항공, 석유 및 가스, 통신 등 경제 전 분야에서 연약한 공룡으로 존재하던 공기업의 민영화를 강력하게 추진하였다. 미국의 공무원 노조가 대처의 민영화 정책을 '기업의 탐욕과 못된 공무원이 만들어낸 것'이라고 비난하는 등 노동조합의 저항이 만만치 않았으나 대처 총리는 1984년 3월부터 1년 동안 파업으로 버틴 탄광노조를, 실업률이 10%를 넘어가는 상황에서도 철저한 원칙에 입각해 처리하였다. 1980년에서 1987년까지 공무원 수를 75만 명에서 64만 명으로 줄였으며, 1979년에서 1989년까지 기간 중에 국영기업 50여 개를 민영화하였고, 1986년에는 '빅뱅'으로 알려진 금융개혁을 단행하기도 하였다. 대처리즘은 대서양을 넘어 미국으로 건너가 미국의 초장기 경제호황을 일군 레이거노믹스로 이어지면서 세계 경제의 새로운 출발점이 되었다.

대처 경제정책의 핵심은 작지만 원칙이 선 강한 정부를 토대로 노동시장의 유연화와 자유 시장경제의 중시, 규제완화 및 민영화와 경쟁의 촉진으로 요약할 수 있다. 이러한 대처의 정책은 토니 블레어 총리 시절 영국 경제호황의 밑바탕이 되었다. 1990년대 들어서면서 영국경제는 세계적인 경기침체의 여파로 어려움을 겪게 되었으며 보수당 정권 역시 국민적 지지를 잃어가고 있었으나 노동당의 토니 블레어 총리는 대처의 경제정책 계승을 선언하고 이를 실천함으로써 영국 경제의 호황을 이끌 수 있었다.

국영기업의 민영화, 노동시장의 유연화, 외자의 적극적인 유치 등 대처리
즘을 계승한 정책이 영국 노동당에 의해 유지되면서 영국경제는 1990년
대 장기간의 경제 호황을 이어 갈 수 있었던 것이다.

| 시장의 원활한 작동과 경쟁을 저해하는 규제를 완화하는 한국적 대처
리즘으로 '창조경제'가 열매 맺기를

박근혜 대통령은 한국 최초의 여성 대통령이라는 점에서 대처 영국 전
총리와 닮았다. 박근혜 대통령이 과거 당대표 시절 언급한 '국가기강 확립
과 중산층 복원, 빈곤층에 기회 제공, 국민화합'의 4대 구상이나 법과 원
칙을 강조하고 있는 점 또한 닮았다. 신년인사회 때 "영국 대처 총리가 영
국병을 치유해서 도약을 이룩한 것처럼 대한민국이 앓고 있는 중병을 고
쳐놓겠다"고 강조했던 기억이 생생하다.

그동안 고도성장을 지속해오던 한국 경제는 '낮은 곳에 열린 과일은 이
미 거의 따버린 효과' 등으로 성장잠재력이 약화되고 미국경제의 가시적
인 회복 지연과 유로존 위기의 잔존, 그리고 세계 수출시장에서의 강력한
경쟁상대인 일본의 엔저정책으로 어려운 국면에 처해 있다. 대를 이어갈
수록 '막가파'의 진수를 보여주고 있는 북한의 도발과 위협 또한 국가 위
험도를 높이고 한국의 대외 신용도를 낮추며 경제에 악영향을 끼치고 있
다. 새 정부가 주창하는 최상위의 캐치프레이즈는 '창조경제'인 것으로
알고 있다. 창조경제와 연관된 언급은 아니겠지만 대처 전 총리의 "다르게
생각하고, 다르게 행동하라. 세상을 지배하는 사람은 같은 생각을 하는 다
수가 아니라 다른 생각을 하는 소수다"라는 명언은 창조적인 아이디어 및
혁신적 마음가짐과도 서로 통하는 것처럼 보인다.

'창조경제'가 성공의 열매를 맺기 위해서는 민간 부문에서 자발적인
창의와 혁신의 불꽃이 타오를 수 있도록 정부가 환경을 조성해야 한다. 작
지만 강한 정부를 기초로 창조경제가 꽃피울 수 있도록 제도와 정책을 정

비하고 시장의 원활한 작동과 경쟁을 저해하는 규제를 완화하는 한국식 대처리즘이 아쉽다. 마치 영국이 대처리즘에 힘입어 침체해 가던 경제를 다시 일으키고 경제부흥을 구가했던 것처럼 우리 경제가 '한국적 대처리즘'을 디딤돌로 '창조경제'의 풍성한 열매를 맺고 세계 경제 속에 우뚝 서는 미래로 나아갈 수 있기를 기대한다.

공기업 부채 증가의 합리적 비합리성

김영신(한국경제연구원 부연구위원)

최근 기재부가 발표한 295개 공공 기관의 부채는 493.4조 원으로 전년에 비해 34.4조 원이 증가한 것으로 나타났다. 이 가운데 28개 공기업의 부채는 약 353.6조 원으로 GDP 대비 약 28%를 차지한다. 공기업 부채는 해마다 증가하고 있을 뿐만 아니라 자본 대비 부채비율도 200%를 넘어 지속적으로 악화되고 있는 추세이다. 공기업의 현금 흐름 및 수익 개선 가능성이 높지 않은 가운데 이 같은 부채 증가는 공기업의 부채 문제를 공기업 스스로가 해결하기 더욱 어렵게 한다. 이제는 공기업 부채 증가의 늪에서 벗어나기 위한 특단의 대책이 필요한 시점이다.

| 공기업 지배구조의 문제점, 도덕적 해이와 만성화된 공기업 부채

공기업 부채는 공기업을 둘러싼 이해관계자들에 의해 증가될 수밖에 없는 구조이다. 공기업 최고 경영진의 임명 과정에서 정부 및 정치권의 영향이 크게 작용한다. 여기에 정부가 단기 경기부양을 위해 공기업을 이용하는 관행이 존재한다. 공기업의 속성상 조직 규모를 키우려는 유인이 존재하기 때문에 국책사업을 마다할 유인이 약하다. 따라서 공기업의 부채는 주로 무리한 정부사업을 대행하는 과정에서 발생했다고 볼 수 있다. 특히 지난 정부 때 주요 (준)시장형 공기업의 주택건설 사업, 4대강 사업 등의 국책사업으로 인해 공기업 부채가 크게 증가했다. 다른 한편으로는, 정부의 공공요금 인상 제한에 따른 영업 손실로 공기업 부채가 증가하기도 하였다. 그런데 국책사업을 수행하기 위해 공기업이 조달한 단기차입금, 사채 등 금융성 부채의 증가는 공기업의 재무건전성을 크게 악화시켰다. 심지어는 영업 이익으로 이자를 갚기 버거운 공기업도 있다. 그러나 공기업 부채가 아무리 증가하더라도 민간기업과 달리 파산에 대한 걱정이 없다고 볼 수 있다. 정부가 공기업에 대한 지배적 지분을 소유하고 있어 궁극적으로 정부가 공기업의 결손을 보전할 수밖에 없기 때문이다.

정부의 공기업에 대한 궁극적인 책임은 공기업의 방만한 경영과 도덕적 해이를 가능하게 한다. 정부의 낙하산 인사가 공기업의 독립적 경영을 침해하지만 동시에 공기업 외부 바람막이 역할을 할 수 있다. 특히 힘 있는 정치인 또는 관련 부처 고위 공무원 출신이라면 더욱 그렇다. 예를 들면, 정부 낙하산 인사에 대해 출근 저지 투쟁을 하는 공기업 노조와 경영자는 타협할 유인이 존재한다. 그래서 해마다 부채가 증가함에도 불구하고 공기업의 높은 임금 및 성과급도 구조적으로 가능하다. 만약 민간 기업이 취약한 재무구조하에서 과도한 부채를 안고 있는 상황이라면 높은 임금 수준은 유지되기 어려울 것이다. 보유자산 매각, 사업 조정, 원가 절감 등 혹독한 자구 노력을 통한 부채 감축이 요구될 것이다. 이와 달리 공기업은 스스로 부채 감축을 기울이기보다는 정부 지원을 통한 정치적 해법을 기대할 유인이 크다. 많은 공기업들이 시장에서 독점적 위치에 있으므로 정부의 요금통제가 완화되면 언제든지 공공요금 인상을 통해 손쉽게 이익을 취할 수 있다. 물론 현실적으로 정부가 물가관리 명분으로 공공요금 인상을 쉽사리 용인하지 않을 것으로 보인다.

최근에 정부는 공기업 부채 관리를 위해 사업별 구분 회계와 공기업 사업에 대한 사후평가제도를 도입하려 한다.[2] 구분 회계를 통해 공기업 부채 중 정부의 국책사업 책임에 따른 부분과 공기업 책임에 따른 부채를 분리해서 관리하려는 것이다. 사후평가제도는 공기업의 사업에 대해 낭비적·비효율적 요인이 있었는지 사업성과를 사후 점검하려는 제도이다. 그러나 이 같은 조치로 만성화된 공기업 부채 문제가 해결될 것 같지는 않다.

| 공기업의 투명성, 경영효율화를 위해서는 책임지는 주체가 필요

공공기관에 대한 감시와 통제는 이미 공기업의 신규 사업에 대한 예비 타당성 조사와 공공기관 경영평가 등을 통해 이루어지고 있다. 이외에도 관계 부처 및 감사원 감사, 그리고 가을 국정감사를 통해 공기업 부채는 점검될 수 있다. 이러한 이중 삼중의 견제장치에도 불구하고 지금까지 공기업 부채는 왜 지속적으로 증가해 왔는가? 그것은 공기업을 둘러싼 이해관계자들의 편익 추구가 '합리적'이기 때문이다. 환언하면, 이해관계자의 예상되는 기회비용보다 기대편익이 크기 때문이다. 전술한 바 있듯이 집권여당을 포함한 정치인은 정치적 지지를 목적으로 경기부양 및 물가통제를 위해 공기업을 이용할 유인이 강하고, 공기업을 관리·감독하는 정부도 이에 편승할 유인이 강하다. 인사권을 행사하는 주체에 순응하는 것은 지극히 자연스런 현상이기 때문이다. 마찬가지로 공기업 내부적으로도 높은 임금수준과 복지체계를 건드리지 않는 한 정부사업을 거부할 유인이 없다. 외부 감독기관이나 공기업 경영평가위원의 경우에도 공기업에 대한 정보에서도 열위에 있을 뿐만 아니라 공기업 감시와 견제를 위한 기회비용에 비해 편익이 작다. 요약하면 공기업 부채에 대해 정치인, 정부, 공기업 등 그 어느 누구도 책임을 지지 않는 구조이다. 공익을 명분으로 한 공공사업이므로 정책 실패라고 규정하기도 어렵고 책임을 묻기는 더 어려운

---

2) 기획재정부 보도자료(2013. 4. 30)

구조이다.

공기업의 과다한 부채는 궁극적으로 공공요금 인상 또는 세금의 증가로 국민 부담으로 귀결될 것이다. 공기업의 부채 증가는 관련 이해당사자 입장에서는 합리적이지만 사회 전체적으로는 비합리적인 결과로 나타난다.[3] 공기업 부채증가로 인한 사회적 비용이 관련 이해당사자가 누리는 편익보다 크다. 게다가 공기업이 제공하는 재화와 서비스 가격이 통제될 경우 이용자 간 자원배분의 왜곡이 발생한다. 교차보조의 편익이 크면 클수록 이용자 간 형평성이 약화된다. 따라서 공기업의 투명성과 책임성, 그리고 경영효율화를 원한다면 공기업에 대해 책임지는 구체적인 주체가 있어야 한다. 민간과 같은 경쟁 압력이 없고 사업 실패나 방만 경영에 따른 합당한 책임이 따르지 않는다면 공기업 부채는 기록을 경신할 것이다.

---

3) Caplan, B. "Economists Versus the Public on Economic Policy," "Rational Ignorance," and "Rational Irrationality" in Rowley, Charles, and Friedrich Schneider, eds. 2004. The Encyclopedia of Public Choice. Boston: Kluwer Academic Publishers.

지방재정, 이대로 괜찮은가

06

허원제(한국경제연구원 부연구위원)

연일 지자체들의 재정부족 사태에 관한 얘기가 끊이질 않고 있다. '지자체 무상보육 예산 고갈', '지방정부 세입(歲入) 부족', '지방정부 디폴트 가능성' 등 지방정부의 재정운용에 경종을 울리는 용어들을 어렵지 않게 접할 수 있을 것이다. 앞으로 대선공약에 따른 복지사업 확대로 인해 막대한 재정지출이 예정된 마당에 지방정부의 재정부담 가중 심화는 불 보듯 빤한 일이 될 것이며, 앞선 위기성 용어들은 우리에게 전혀 낯설지 않고 오히려 그 심각성이 더욱 거세게 밀려드는 상황이 될 것임에 의심의 여지가 없어 보인다. 그만큼 지방재정에 대한 정확한 평가와 올바른 인식이 매우 중요하다 할 것이다.

| 낮은 '세입(歲入) 대비 지방채 비중'은 지방재정건전성을 과대평가하게 할 수 있어

그러나 순탄치 못한 지방재정의 모습에도 불구하고, 우리나라 244개 지방정부들의 지방채 비중은 2011년 결산 총괄회계·순계 기준[4]으로 전체 세입(歲入) 대비 3.8%선(결산 일반회계·순계 기준: 평균 2.3%)에 머물고 있다. 매우 낮은 수치이다. 지방재정건전성이 세입 대비 지방채무 비중만

으로 평가될 경우 '일정 시기에 확실하게 지급되어야 할 부채에 대해 정부
가 대처할 수 있는 충분한 재원을 보유하고 있어 채무불이행을 발생시키

〈그림 1〉 우리나라 전체 지방정부의 연도별 세입 대비 지방채 비중(%) 변화 추이

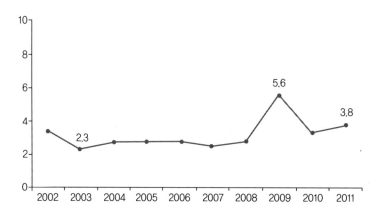

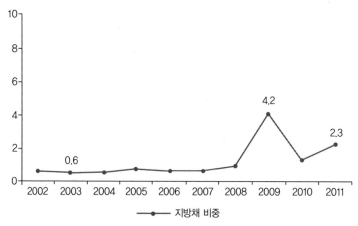

주1: 세입결산 총괄회계 순계기준(上), 세입결산 일반회계 순계기준(下)
주2: 본 재정분석의 목적은 전국단위의 재정현황을 파악하는 것이므로 순계규모를 사용하여
　　분석함.
자료: 안전행정부, 재정고 지방재정통계, 각 연도

지 않으면서 궁극적으로 재정수지 균형을 달성할 가능성이 있는지'를 나타내는 재정건전성이 결코 나빠 보이지 않는 것이다. 2002~2010년 사이의 세입 대비 지방채무 비중에서도 마찬가지의 모습을 찾을 수 있다.

예컨대 〈그림 1〉의 위쪽 그림에서 알 수 있듯이 2002~2010년 우리나라 전체 지방정부의 지방채 비중은 총괄회계 기준 세입 대비 2.3%(min, 2003년)~5.6%(max, 2009년) 수준이며, 일반회계 기준(아래 그림)으로 보았을 때는 그 수치가 더욱 낮아져 0.6%(min, 2003년)~4.2%(max, 2009년)를 나타내고 있다.

| 커져만 가는 중앙정부에 대한 재정의존도

이처럼 우리나라 지방정부는 지방채의 비중이 그리 높지 않기 때문에, 지방채 비중만으로 지방정부의 재정 상태를 낙관적으로 해석해서는 안 될 것이다. 이를 살펴보기 위해 〈그림 2〉에서처럼 지방재정 재원[5]별 비중의 변화 추이를 분석해 보면, 2000년대 후반으로 갈수록 자체재원 비중은 감소하고 이전재원 비중은 증가하는 것으로 보여 지방채 발행으로 메울 재정 부족분을 중앙 의존재원으로 메우고 있음을 알 수 있다. 반면 지방채 비중은 자체재원 비중의 증감과 상관성 없이 큰 변동이 없다. 다시 말해, 중앙정부에 대한 재정의존도가 높은 지방정부일수록 재정상태가 좋게 보일 수 있는 것이다.[6]

---

4) 총괄회계는 일반회계, 공기업특별회계, 기타특별회계를 모두 포괄하는 회계. 총계는 일반회계와 특별회계 간 또는 회계 내 계정 간 중복계산분을 차감하지 않고 이중계산된 규모까지 그대로 파악한 후, 발생한 모든 세입과 세출을 계상한 것(회계 간 단순한 합계). 반면에, 순계는 총계에서 회계 간 또는 회계 내 계정 간 거래로 인한 중복 분을 모두 차감한 규모로서, 예를 들어 징세비 등 중간경비를 공제한 순수입만을 세입으로 계상한 것(회계 간 중복 분을 제외한 합계). 따라서 실질적인 지방재정의 전국규모를 파악·분석하는 데는 순계개념이, 개별 지자체의 재정규모를 나타낼 때는 총계 개념이 유용함.
5) 지방재정 재원 = 자체재원(지방세수입, 세외수입) + 중앙정부 이전재원(지방교부세, 조정교부금 및 재정보전금, 보조금) + 지방채
6) 주만수(2012), '지방재정건전성 강화방안', 한국경제연구원

〈그림 2〉 지방재정 재원별 비중(%)의 시계열 비교 분석

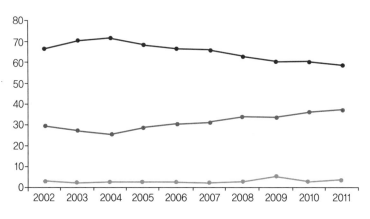

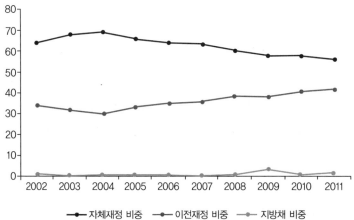

—●— 자체재정 비중   —●— 이전재정 비중   —●— 지방채 비중

주1: 세입결산 총괄회계 순계기준(上), 세입결산 일반회계 순계기준(下)

주2: 본 재정분석의 목적은 전국단위의 재정현황을 파악하는 것이므로 순계규모를 사용하여
　　 분석함.

자료: 안전행정부, 재정고 지방재정통계, 각 연도

**| 높은 중앙재원 의존도를 가진 지방정부에 대해서 특단의 재정건전성
관리 대책이 어느 때보다도 시급해**

재정지출에 대한 대응을 위해 재정수입 확보가 '안정적'이면서 '지속

적'으로 이뤄질 수 있어야 재정건전성이 우수하다고 할 수 있다. 그런 의미에서, 중앙정부에 의존하고 있는 재원은 특성상 안정적이고 지속적인 확보를 담보할 수 있는 재원이 아니다. 중앙정부의 사정에 따라 지방정부의 재원조달에 차질이 생길 수 있고, 그만큼 재정수지 균형을 위한 충분한 재원 확보와는 거리가 멀어지기 때문이다. 따라서 지방재정이 건전한가 하는 것은 단순히 지방채 비중만으로 판단할 것이 아니라 하겠다. 우리 지방정부들의 지속적으로 커져만 가고 있는 중앙재원 의존 비중을 고려하면서, 지방재정 상황이 이대로 괜찮은지 면밀히 되짚어 볼 필요가 있다. 특히 세입 대비 이전재원 비중(〈표 1〉 참조)이 50%에 육박하거나 이미 넘어서 버린 시·도·군·구(2011년 기준 총 237개)의 재정건전성에 대한 올바른

〈표 1〉 연도별 지방정부의 세입 대비 중앙정부 이전재원 비중 평균(%)

평균(%)	전국	특별·광역시	시	도	군	자치구
2002	38.9	11.7	48.5	40.0	61.4	47.1
2003	37.1	12.2	46.1	36.7	55.1	49.9
2004	33.7	12.6	42.5	31.5	50.6	47.0
2005	37.0	13.4	45.9	35.7	57.7	47.3
2006	39.1	16.1	48.6	36.3	59.4	50.3
2007	39.5	18.8	46.4	37.8	57.0	53.6
2008	42.1	21.5	50.9	38.4	59.8	53.8
2009	43.0	24.8	53.7	37.2	56.1	58.0
2010	45.1	24.0	52.4	43.5	63.7	55.1
2011	46.1	24.4	51.2	45.2	65.0	60.0

주1: 세입결산 총괄회계 총계기준
주2: 자치단체별 평균치 산출 목적에 따라 총계규모를 사용하여 분석함.
자료: 안전행정부, 재정고 지방재정통계, 각 연도

인식은 어느 때보다 시급할 것이며, 이들을 옥죄어 올 향후 재정위기 가능성에 대비하는 유비무환의 자세가 필요하다.

스페인을 비롯한 유로존(Eurozone) 국가들의 재정위기에서 드러났듯이, 지방재정 위기가 국가 전체를 부도위기에 직면케 하는 중요 위험요인으로 작용하고 있다. 지방재정 상황을 더욱 정확하게 파악하고 관리하는 노력이 매우 중요한 시점이다.

한국경제가 비상할 수 있는 길

07

안재욱(경희대학교 경제학과 교수)

한국 경제가 걱정이다. 저성
장 늪에 빠져 헤어 나오지 못하고 있을 뿐만 아니라 성장 동력이 떨어져
경제가 다시 도약할 수 있을지 의문이 든다. 최근 5년의 평균 경제성장률
이 2.9%에 불과하고 올 경제성장률도 3% 미만으로 예측되고 있으며 내년
전망도 그리 밝지 않다. OECD 성장보고서는 한국의 성장잠재력은 2030
년대 후반에 가면 0%대로까지 추락할 수 있다고 예측하고 있다.

지난해 발간된 애쓰모글루와 로빈슨이 쓴 『국가는 왜 실패하는가』를
보면 경제성장과 국가의 번영은 정치 및 경제제도와 밀접하게 관련되어
있다. 세계 각국의 수많은 사례를 분석하여 국가를 발전시키는 요인은 정
부의 계획과 개입이 아닌 분권화된 경제와 자유롭고 경쟁적인 시장에 있
다는 결론을 내리고 있다. 법질서를 존중하고 개인재산권을 잘 보호하는
국가는 발전하고 번영하고 그렇지 않은 국가들은 쇠퇴한다는 수많은 국가
사례들을 제시하고 있다.

한국 경제가 침체되어 있고 성장 동력을 찾지 못하고 있는 이유는 바로
이런 제도에서 멀어지며 역주행하고 있기 때문이다. 지난 20여 년 동안 정
부는 자유롭고 경쟁적인 시장을 만들기보다는 정부가 경제에 깊숙이 개입

하며 경쟁을 제한하고 기업 활동을 위축시키는 조치들을 취해왔다. 김대중 정부와 노무현 정부는 기업에 대한 간섭과 규제를 강화하고 세금을 늘렸으며, 불법노조 활동에 대한 방관적 태도로 인해 노사분규가 급증하도록 만들었고 노동시장의 유연성을 급격하게 떨어뜨렸다. 이명박 정부는 동반성장이란 이름으로 기업형 슈퍼마켓 규제, 하도급거래규제강화, 중소기업적합업종제도 등을 도입했다. 박근혜 정부가 들어서서는 경제민주화란 이름으로 기업에 대한 규제를 강화하고 있다. 순환출자 규제, 일감몰아주기 규제, 하도급법, 집행임원제 의무화와 집중투표제 의무화 등의 상법개정안, 금산분리 등의 법안이 봇물 터지듯 쏟아져 나오고 있다.

이러한 상황에서는 기업가 정신을 기대하기 어렵다. 기업가 정신은 경제성장과 발전의 핵심적 요소다. 일반적으로 경제성장을 위해 노동, 자본과 같은 생산요소를 많이 투입해야 한다고 생각하지만, 그것은 과거의 이론이다. 현대의 많은 문헌은 경제성장에서 중요한 것은 투입되는 생산요소의 양이 아니라 그것을 결합하는 방법에 있음을 보여주고 있다. 생산요소를 이용하여 생산방법을 개선할 뿐만 아니라 이전에 없던 재화와 서비스를 생산 공급하는 역할을 하는 것이 바로 기업가다.

기업가는 그 성공 여부를 알 수 없는 불확실한 상업세계에서 아직 발견되지 않은 이윤 기회를 능동적으로 찾아 나서며 위험을 감수하는 사람들이다. 이런 행동으로 새로운 제품을 개발하고, 새로운 생산방법을 도입하며, 새로운 원재료를 발견하고 새로운 시장을 개척하고, 새로운 형태의 조직을 만든다.

잘 알고 있는 것처럼 18세기에 증기기관이 발명되었다. 그러나 기업가들의 노력이 없었더라면 증기기관은 그저 과학사에서 잠깐 언급하고 넘어가는 하나의 발명에 그치지 않았을 것이다. 새로운 시도를 두려워하지 않고 현실에 안주하지 않은 기업가들이 증기기관을 새로운 동력기관으로 사용하여 증기선과 증기기관차로 만들어 운송업의 새 역사를 열었다. 실패하면 전 재산을 날릴 뿐만 아니라 빚더미에 올라설지도 모르는 위험을 무릅쓰고 과감하게 투자한 결과였다.

오늘날 한국 경제뿐만 아니라 세계경제가 비약적인 발전을 하게 된 근본적인 원인은 바로 이러한 기업가 정신 때문이었다. 실패를 두려워하지 않고 창조적 파괴를 수행하는 기업가의 도전정신과 창의성 때문이었다. 기업가 정신이 없으면 혁신은 불가능하고 창조적 파괴를 통한 경제발전 역시 불가능하다. 기업가 정신이 살아 있어야 혁신이 생기고, 그 혁신으로 인해 분업이 늘고 생산성이 향상되어 경제가 성장하고 발전하게 된다.

기업가 정신은 정부의 시장 개입이 최소한에 그치고 사유재산권이 잘 보장되고 자유롭고 경쟁적인 시장에서 들불처럼 일어날 수 있다. 경제제도가 기업가들의 생산적인 행위에 대해 더 많은 보상을 해준다면 기업가 정신이 발현되고, 그렇지 않다면 기업가 정신은 쇠퇴하여 혁신과 기술진보의 유인도 감퇴한다.

한국경제가 저성장의 수렁에서 빠져 나오고 성장 동력을 회복하여 탄탄대로의 경제성장을 이루기 위해서는 기업 활동을 억제하고 기업가 정신을 훼손시키는 작금의 기업환경을 개선해야 한다. 지금 봇물처럼 쏟아지고 있는 각종 기업규제 법안들을 철회하고 기존의 기업규제들을 대폭 완화해야 한다. 그렇지 않으면 우리의 장래는 매우 암울하다. 정치권도 국가의 장래를 위해 정쟁(政爭)으로 허송세월하지 말고 기업하기 좋은 환경조성에 최선을 다해 협조해야 한다.

기로에 선 한국경제

양준모(연세대학교 경제학과 교수)

08

글로벌 금융위기의 화마(火魔)가 휩쓸고 간 지도 수년이 지났지만 아직도 우리 경제는 활력을 찾지 못하고 있다. 세계 경제에는 하방 위험이 여전히 남아 있다. 유로 지역의 재정위기가 장기화되면서 경제주체의 신뢰가 저하되고 있다. 더욱이 디레버리징이 진행되고 있어 유로 지역의 경기가 급속히 회복될 것으로 기대하기 어렵다. 미국은 과도한 재정 지출로 인해 어려움을 겪고 있다. 현재 민주당과 공화당이 재정 지출에 대한 견해 차이로 충돌하고 있고, 오바마 대통령의 지도력이 약화되고 있다. 정부의 업무일시중단 사태도 발생했으며, 부채 한도 상향 조정에 대한 논란도 격화될 것으로 보인다. 양적 완화 정책으로 금융여건이 호전되고, 주택경기가 개선되고 있으나, 재정 및 고용 문제로 미국 경제가 본격적으로 성장할 것인지는 불확실하다. 일본은 공격적인 경기부양 정책을 실시하고 있기 때문에 단기적으로 일본 기업의 국제 경쟁력이 강화될 것으로 보인다. 이로 인해 위축된 세계 시장에서 수출 경쟁이 격화될 것이다. 우리나라는 이렇게 준엄한 현실을 직시하지 못하고 상반되고 혼란스러운 정책 기조를 내놓음으로써 경제의 어려움을 가중시키고 있다.

44

| 저성장의 늪에 빠진 한국경제

우리나라의 잠재 성장률은 1990년 이후 지속적으로 하락하였다. 1987년 이후 노사갈등이 표면화되었으며, 사회적 갈등이 신속하게 해결되지 못함으로써 사회경제적 조정 비용이 상승하였다. 더욱이 외환위기와 글로벌 금융위기를 거치면서 우리 경제의 활력이 떨어지고 있다. 두 번의 경제 위기로 인해 소득불평등이 심화되었다. 위기가 발생하면 상위 10%의 가계 소득보다 하위 10%의 가계 소득이 상대적으로 더 크게 하락한다. 경제 위기와 고비용으로 소득불평등이 악화되었음에도 불구하고 소득불평등을 해소하기 위해 대증요법적 정책에 대한 요구가 증가하고 있다.

대증요법을 위해 사회복지지출을 증가시키면 경제 성장률이 하락한다. 또한 조세부담이 증가해도 경제 성장률이 하락한다. 경제 성장률이 하락해서 실업이 증가하면, 소득불평등이 악화된다. 결국 저성장의 기조 속에서 대증요법적 정책을 실시하면, 경제 성장을 악화시켜 소득불평등을 악화시키고 사회복지지출 수요를 다시 증가시킨다. 결국 악순환으로 인해 우리 경제가 저성장의 늪에 빠지고 재정악화로 인한 경제 위기를 잉태하게 된다.

| 정치논리의 폐해

정치논리는 문제해결에 도움을 주지도 못하면서 경제적 폐해를 야기한다. 일례로 KTX 천성산 터널 공사로 도롱뇽이 죽는다고 천성산 내원사에 거처하던 지율 스님이 단식을 하셨다. 2003년 노무현 대통령이 공사 중단을 지시했고, 이후 공사 지연으로 많은 사회적 비용이 발생하였다. KTX가 개통된 지 수년이 지난 지금, 천성산 습지에는 아직도 도롱뇽이 살고 있다고 한다.

레미콘 사업이 중소기업 적합업종으로 지정되어 중소기업들에게 도움을 주었다. 그리고 분리발주를 통해서 중소기업의 수익을 올리도록 정책적 배려를 했다. 좋은 정책이지만 그러나 이로 인해 동양그룹 사태가 발생했다는 주장도 있다. 동양그룹은 레미콘 사업 인수에 5000억 원을 투자했지만 경기 침체로 인해 2012년 한해에만 2945억 원의 손실이 발생했다. 동양그룹 사태는 많은 피해자가 발생한 만큼 향후 철저한 조사를 통해 책임소재를 밝혀야 한다. 그러나 동양그룹 사태가 일어나자 정치권은 사태의 원인을 분석하기보다는 금산분리와 상호출자 금지, 그리고 의결권 제한 정책을 추진해야 한다고 목소리를 높이고 있다. 그러나 이번 사태의 발생원인은 정치권 주장과는 거리가 멀다.

동양그룹의 주요 지배구조는 상호출자가 문제되는 구조가 아니다. 더욱이 금산분리와도 관계가 없다. 동양증권 등 비은행금융계열사는 비금융 자회사를 소유하고 있지 않다. 물론 동양레저가 동양증권의 지분을 소유하고 있기 때문에 비은행금융계열사에 대한 영향력이 있다. 이에 따라서 불완전 판매가 있었는지 조사하고 불완전 판매가 있었다면 현행법에 의해 민형사상 책임을 물을 수가 있다. 현행법에서도 금융계열사의 대출이 제한되어 있기 때문에 동양그룹의 부채는 대부분 시장성 차입금으로 시장에서 조달되었다. 더더욱 현재현 회장의 동양증권에 대한 지분이 0.71%이기 때문에 의결권 제한과도 관련이 없다. 그럼에도 불구하고 정치적으로 민감한 사태이기 때문에 정치권이 목소리를 높이고 있는 것이다. 만약 타당성도 없는 악법이 관계가 없는 사태를 빌미로 국회를 통과한다면 그 폐해는 고스란히 국민들이 감수해야 한다.

| 절실하게 필요한 경제 시스템 개혁

현재 우리 경제는 고령화가 진행되어 활력을 잃고 있으며 국제적 기술 경쟁이 치열해지고 있는 상황에 놓여 있다. 이러한 상황에서 우리 경제가 지속 가능한 성장을 위해서는 성장 동력의 확보와 함께 경제 시스템 개혁이 절실히 필요하다. 기본적으로 저출산과 인구 고령화로 과거와 같이 생산요소를 증가시켜서 성장하는 전략은 유효하지 않다. 따라서 총요소생산성을 제고하는 방안을 마련해야 한다.

지난 20년간 우리나라는 효율적인 갈등 해소 체제를 구축하지 못했다. 밀양사태에서 볼 수 있듯이 갈등이 증폭되어 우리 모두가 손실을 감수해야 하는 상황이다. 합리적인 노사관계도 강화돼야 한다. 현재와 같은 고비용 구조로는 지속적인 성장이 어렵다.

기술생태계도 개혁의 대상이다. 국가 연구개발 지출도 정치적 영향을 받아 국가혁신체제의 효율성이 떨어져 있다. 효율적인 국가혁신체제를 통해서 실질적인 기술혁신이 일어나고, 기술혁신이 산업의 고부가가치화를 이끌어야 한다. 산업의 고부가가치화는 고등교육을 받은 국민들에게 좋은 일자리를 제공하기 위해서 반드시 필요한 과제이다.

기업들이 혁신하고 신산업을 창출할 수 있는 환경을 조성하는 것도 중요하다. 타당성도 없는 규제 법안을 경제민주화라는 미명하에 추진해서는 우리가 필요한 경제 환경을 만들어 나갈 수 없다. 우리나라 경제는 위기의 기로에 서 있다. 인도가 화성을 탐사하고 중국이 우주선을 쏘고 있다. 우리나라의 특허 수는 1위 국가에 대비해 6%에 불과하다. 고비용 구조에서 국가기술력도 없다면 우리 경제의 미래는 없다. 하루빨리 국민들에게 분명한 정책기조를 제시하여 위기를 극복하고 새로운 미래를 창조하길 바란다.

한국경제는 어디로 가고 있는가

조장옥(서강대 경제학과 교수)

09

석학 루카스(Robert Lucas, Jr.)가 우리 경제를 필리핀과 비교하면서 기적이라고 일컬은 논문을 발표한 것이 1993년이다. 그의 논문 제목은 '기적 만들기(Making a Miracle)'였다. 당시까지만 해도 우리 경제의 성장과 발전은 기적이었던 것이다. 우리의 평균 경제성장률은 70년대 10.3%로, 매 7년마다 실질 GDP가 두 배로 성장하였다. 그리고 1980년의 비상상황을 제외하면 80년대 평균 경제성장률은 9.8%로 70년대에 버금가는 성장을 이룩하였던 것이다.

그러나 루카스가 기적이라고 부를 때 노벨상의 석학조차 눈치 채지 못하게 우리 경제는 서서히 기적을 멈추고 있었다. 1989년부터 2008년까지 20년 동안 우리 경제의 성장률은 평균적으로 매년 0.24%씩 감소하고 있었다. 같은 기간 우리 경제의 추세(잠재) 성장률이 5% 정도 추락한 것이다. 2008년부터 2012년까지 우리의 평균 경제성장률은 2.9%로 70년대 또는 80년대와 비교하면 상상하기 어려울 정도로 낮다. 이 기간 동안 미국에서 시작된 금융위기와 유럽의 재정위기 등 세계적인 경제위기가 있었음을 고려한다고 하여도 우리 경제가 이제 저성장 국면에 진입하였음을 부인하기 어려워 보인다.

그런데 놀라운 것은 우리 경제의 진행경로가 정도의 차이는 있지만 일본의 그것과 빼어 닮았다는 점이다. 2차대전 이후 일본경제는 경이적인 성장을 이룩하였다. 1956년부터 1975년까지 20년 동안 일본의 평균 경제성장률은 15.5%로 이 기간 동안 일본의 실질 GDP성장률은 4년 반에 한 번씩 배로 증가하였다. 다시 말해 같은 기간 동안 일본의 GDP는 약 네 배반 증가한 것이다. 그러나 일본의 GDP 증가율은 1976년부터 1998년까지 평균적으로 매년 0.46% 감소하였다. 23년 동안 일본의 추세(잠재) 성장률이 물경 10% 이상 감소한 것이다. 1998년부터 2011년까지 일본의 평균성장률은 −0.02%에 머물고 있다.

| 한국과 일본의 고속성장은 풍부한 노동 때문에 성립했던 전형적인 내생적 성장

놀랍지 않은가, 일본과 우리의 성장경로가 어찌 이리도 닮았는지! 왜 이와 같은 결과가 나타나는가에 대하여 이론적으로 자세히 설명하기에는 허락된 지면이 너무 짧다. 그러나 여기서 몇 가지 점을 지적하고 싶다. 먼저 추세로 볼 때 한국과 일본의 성장률 하락은 경제의 구조적인 측면을 반영하고 있다는 점이다. 일본의 장기불황에 대하여 1980년대 후반 자산시장 거품이 붕괴되어 일어났다는 주장이 있으나 이는 전혀 사실과 다르다.

아직도 거품붕괴론과 일본의 장기불황을 연결하여 설명하는 것은 데이터를 잘못 읽은 소치라고밖에 달리 말할 수 없다. 1950년대 이후 일본의 성장률을 시간에 대하여 그려놓고 보면 추세성장률의 하향화가 1970년대 후반부터 시작되었음을 너무도 분명하게 읽을 수 있다. 그리고 1980년대 후반 거품에 따라 성장률이 평균적으로 잠시 5%~6%대에서 몇 년 머문 적은 있으나 거품이 하향추세를 일으킨 것이 아니라는 사실은 분명하다. 결론적으로 1980년대 후반의 버블은 일본의 성장률 추세하향화의 근본 요인이 아니다. 결국 일본의 성장률 하락추세는 구조적이고 실물적인 요인 때문이었던 것이다.

그렇다면 고성장이 저성장으로 이행하는 변화는 무엇 때문에 나타나는 것일까? 가장 근본적인 것은 노동시장이라고 본다. 전후 일본이나 경제개발 초기에 우리나라에는 실물자본 부족으로 인한 유휴인력이 존재하였고 특히 우리의 경우에는 농촌을 중심으로 대규모 산업 배후인력이 존재하였다. 이와 같은 경우 실질임금의 상승 없이 노동을 고용할 수 있기 때문에 자본의 생산성이 체감하지 않는다. 축적되는 자본과 관계없이 자본의 생산성이 체감하지 않으니 투자가 계속하여 크게 일어나고 그 결과 고속성장이 일어난 것이다. 이와 같은 상황은 근래 강조되고 있는 전형적인 내생적 성장의 한 형태라고 할 수 있다. 다시 말해 풍부한 노동 때문에 고속성장이 일어난 것이다.

그러나 경제성장과 함께 잉여 노동력이 소멸되면 실질임금의 상승과 함께 자본의 생산성이 빠르게 하락하고 투자와 경제 성장률 또한 빠르게 감소한다. 일본과 우리는 이 점에 있어서 대동소이하였으며 그 결과를 데이터가 극명하게 보여주고 있다. 실제로 우리와 유사한 경험을 하고 있는 대만이나, 2차대전으로 자본이 크게 파괴된 독일, 프랑스, 이탈리아도 정도의 차이는 있지만 전후에 매우 유사한 경험을 한 바 있다. 여담으로 이와 같은 추론을 중국의 고속성장에 대입하여 보면 의미 있는 결론에 다다를 수 있다. 최근 중국의 실질임금이 빠르게 상승하고 있다. 이는 노동시장이 빡빡해지고 있음을 의미하고 중국의 고속성장이 머지않아 멈추고 저성장으로의 이행이 시작될 것임을 함의한다는 점이다.

| 장기적인 추세로 성장률이 하락하는 경우에 단기적인 경제부양책은 정책실패만을 초래

그런데 여기서 중요한 것은 저성장으로의 이행이 완료되는 시점에서 일본의 대응이 크게 잘못되었다는 점이다. 장기적인 추세 때문에 성장률이 하락하는 경우에는 연구 개발과 효율적인 경제체제로의 구조개혁과 같은 장기적인 정책을 통해 성장률의 추세적인 하락을 막고 장기성장률을 제고하는 것을 기본으로 하여야만 한다. 그러나 일본정부는 단기적인 부양책을 통해 장기적인 추세성장률을 높이고자 하는 전혀 엇박자의 정책을 시행하였다. 게다가 정책도 경제주체들의 기대를 변화시킬 수 있을 만큼 크고 확실하게 시행한 것이 아니라 찔끔찔끔 작고 길게 시행함으로써 나라 빚은 산처럼 증가하고 이자율은 0%로 하락하였으나 정책의 효과는 나타나지 않는 정책실패를 초래한 것이다.

정책에 있어 우리 정부도 일본의 실패를 답습하고 있다. 찔끔찔끔 재정지출을 증가시킴으로써 정책의 효과는 없고 나라 빚만 증가시키는 실패의 길을 가고 있으며 한국은행은 지금 이 나라의 상황이 어떤 것인지 전혀 인식하지 못한 정책으로 일관하고 있다. 더욱이 4대강 사업은 정책실패의 전형으로 장기성장률이 좌우되는 결정적인 시기에 기회비용을 전혀 고려하지 않은 정책이었다고 아니할 수 없는 것이다. 4대강 사업 자체의 잘잘못을 여기서 따지자는 것이 아니라 그 몇십조 원을 연구개발과 서비스 산업의 생산성 증대와 같은 경제의 구조개혁에 투입하였을 때의 장기효과를 왜 생각하지 못하였느냐는 말이다.

결국 주장하고 싶은 것은 지금 우리는 장기적인 성장의 측면에서 매우 중요한 시점을 지나고 있다는 점이다. 대응에 따라서는 지금의 저성장이 지속될 수도 있고 보다 높은 추세성장률을 회복할 수도 있다고 본다. 가부간에 결국 지금 시작하고 있는 박근혜 정부 5년 동안 결정이 날 것이라고 본다. 지금 우리가 겪고 있는 거의 모든 경제적인 문제가 장기적인 성장률 하락 때문이라는 점을 지적하면서 박근혜 정부가 앞으로 5년 동안 추세성장률 회복을 통해 많은 경제문제들을 풀어나갈 수 있기를 기원해 본다.

저성장의 원인과 국가경쟁력

10

최성환(한화생명 은퇴연구소장, 고려대 국제대학원 겸임교수)

3.6%(2011년) → 2.0%(2012년) → 2.8%(2013년 전망치). 우리나라의 성장률이 2012년 2.0%로 내려앉은 데 이어 2013년에도 2% 중후반대에 머물 것이라는 전망이다. 이 경우 우리 경제는 한국은행이 국내총생산(GDP) 성장률 통계를 발표하기 시작한 1953년 이후 처음으로 내리 3년 2~3%대 성장이라는 초유의 저성장을 기록하게 된다. 내년에도 만약 4%대로 올라서지 못한다면 불명예스러운 기록이 무려 4년으로 늘어나게 된다. 1980년대만 하더라도 연평균 8~9%대의 성장을 하던 우리 경제가 불과 20여 년 만에 2~3%대의 저성장시대로 진입하고 있는 것이다.

1인당 소득 5000달러 시대와 현재와 같은 2만 달러 시대를 직접적으로 비교할 수는 없다. 소득수준이 낮을 때는 고성장이 가능하지만 소득수준이 높아질수록 성장세가 둔화된다는 것은 역사적 경험이다. 그렇기는 해도 최근 우리 경제의 저성장세는 잘못하면 성장 동력 자체를 잃어버리는 것은 아닌가 하는 우려를 낳을 정도로 심각한 상황이다. 도대체 어디에서 저성장의 원인을 찾을 수 있을 것인가?

먼저 저출산과 고령화를 생각해볼 수 있다. 여성 1명이 평생 낳을 것으로 예상되는 출생아 수를 의미하는 합계출산율이 1.3명으로 전 세계적으로 가장 낮은 수준이다. 그러나 우리나라의 고령인구비율은 12%대인 가운데 전체 인구에서 생산가능인구(15~64세)가 차지하는 비중도 72%대로 주요국 중에서 가장 높은 편이다. 또한 생산가능인구는 2017년부터 줄어들 것으로 전망하고 있다. 더욱이 집집마다 직장을 못 잡아 고민하는 청년과 중장년층이 더 많은 것을 보면 아직까지는 일자리가 없는 것이 문제지 일할 사람이 없는 것이 문제는 아닌 것이 확실하다.

다른 한편에서는 2008년 글로벌 금융위기에 이은 2011년 유럽 재정위기의 여파로 세계 경제가 침체를 벗어나지 못하고 있기 때문을 지적한다. 수출의존도가 높은 우리 경제가 세계 경제의 부진으로 인해 덩달아 부진하다는 것이다. 실제로 작년의 경우 전 세계 교역량 증가율이 2.5%에 그치면서 과거 20년 평균 6%의 절반에도 못 미쳤다. 이 바람에 우리나라 수출증가율도 2011년 18.5%에서 작년에는 −2.2%로 급락하면서 오히려 성장에 걸림돌이 되었다.

그러나 이런 가운데서도 선전한 나라를 찾아볼 수 있다. 작년 수출증가율에서 미국(4.4%), 독일(4.1%), 프랑스(4.0%), 중국(7.9%) 등은 플러스를 기록했다. 세계의 공장인 중국은 그렇다 치더라도 미국과 독일, 프랑스의 수출이 플러스를 기록했다는 사실에 주목할 필요가 있다. 특히 제조업분야가 취약하다는 미국의 경우 작년에 수출을 앞세우면서 성장률이 우리나라(2.0%)보다 높은 2.8%를 기록했다.

여기서 짚고 넘어갈 부분이 국가의 경쟁력이다. 한 국가의 종합적인 경쟁력을 평가하는 국가경쟁력지수는 세계경제포럼(WEF)과 국제경영개발원(IMD)에서 매년 발표하고 있다. 우리나라는 경제규모에서는 세계 15위를 차지하고 있지만 경쟁력 순위는 각각 25위와 22위로 덩칫값을 제대로 못하고 있다. 특히 지난 9월 초에 발표된 WEF 순위는 작년 19위에 비해 6단계나 떨어진 것이다. 한 나라의 국가경쟁력이 위기 또는 전쟁이 아니라면 어느 날 갑자기 크게 좋아진다거나 크게 나빠지는 게 아니라는 측면에서 WEF의 국가경쟁력 산출 기준과 범위, 방식 등에 문제가 있다고 비판할 수도 있다. 하지만 우리나라의 경쟁력이 확실하게 10위 이내로 진입하지 못하고 있는 것은 사실이다.

| 기업의 기(氣)가 살아야 경제도 살고 일자리도 늘어나

이처럼 우리 경제가 경쟁력이 뒤떨어지고 있는 이유를 어디에서 찾을 수 있을까? 먼저 세계은행이 발표하는 '기업환경평가(Doing Business 2013)'에서 우리나라는 전 세계 183개국 중 2년 연속 8위를 차지하고 있다. 하지만 기업하는 사람들에게 과연 그런가 하고 물어본다면 십중팔구는 고개를 가로저을 것이다. 현장에서 느끼는 감은 상당 폭 다르기 때문이다. 이때 내놓을 수 있는 지수가 경제자유도와 부패지수이다. 미국의 헤리티지재단이 발표하는 경제자유도(34위)와 국제투명성기구(IT)가 발표하는 부패지수(45위)에서 우리나라는 30~40위권을 벗어나지 못하고 있다. 우리나라 기업과 개인들의 경제활동이 상대적으로 자유롭지 못할 뿐 아니라 부패 정도도 높다는 평가를 받고 있는 것이다. 작년에 불거진 저축은행 부실사태, 최근의 원자력발전소 부품 비리와 국세청 전직 고위간부의 뇌물수수 등이 좋은 예라고 할 수 있다. 결론적으로 과도한 규제와 부패, 지하경제 등이 우리 경제와 기업들의 발목을 잡고 있는 것은 아닐까?

저출산과 고령화는 저성장의 당장의 원인은 아니라지만 곧 다가올 재앙이다. 앞으로도 글로벌 경제는 위기가 수시로 반복되면서 불확실성을 더 키워갈 것이다. 그렇다면 이에 대응하기 위해서라도 우리 경제의 경쟁력을 탄탄하게 만들어가야 한다. 최근 모은행의 광고에서 "기업이 살아야 일자리가 늘어난다"고 말하는 것처럼 기업의 기(氣)가 살아야 경제도 살고 일자리도 늘어날 것이다. 한 나라 경제의 경쟁력의 핵심인 기업의 기를 살리기 위해서는 기업하기 좋은 환경을 만들어줘야 한다. 기업이 행복하고 그런 기업들을 바라보는 국민들이 행복한 나라가 곧 행복국가일 것이다. 기업하기 좋은 환경을 만들기 위해 글로벌 스탠더드에 맞지 않는 규제를 과감하게 풀고 세금을 낮출 것인가? 아니면 경제민주화 등을 내걸면서 계속 족쇄를 채울 것인가?

빅 소사이어티와 사회적 가치 그리고 정부의 역할

박정수(이화여자대학교 행정학과)

최근 읽은 세 가지 이야기를 정리해본다. 첫째, 복지논쟁을 하면서 스웨덴 모형을 많이 이야기하는데 스웨덴이 경제성장을 구가하던 시절(1850~1950)에는 현재와 같은 사회민주주의가 아니라 자유민주주의가 대세를 이루었다고 한다. 그때는 스웨덴의 부자 순위가 세계에서 4위 수준이던 것이 지난 몇십 년을 지나면서 14위로 추락했다는 것이다. 다행히 정부가 투명하고 관료제의 병폐가 상대적으로 덜해서 그나마 이 정도이지 세계적인 경쟁력을 갖춘 기업이 지난 50년간 거의 새로 생기지 못했다고 한다.

두 번째 이야기는 영국 이야기다. 보수당 출신의 젊은 총리인 데이비드 캐머런이 주창하는 '큰 사회 작은 정부(Big society, Little government)'에 대한 내용이다. 사회적으로 가치 있는 서비스를 정부에만 의존하는 것보다는 가족, 이웃, 나아가서 사회공동체 전체가 힘을 합해 노력하면 훨씬 효율적이고 효과적인 서비스 공급이 가능할 뿐만 아니라 리바이어던화되는 정부 부문을 피할 수 있어 바람직하다는 주장이다. 물론 노동당 일부에서는 이 역시 신자유주의적 발상의 일환으로 폄하하기도 하지만 우리나라의 사례에 비추어보면 시사하는 바가 매우 크다. 무상보육의 예를 들어보

자. 사람들에게 물었다. 0세 아이를 어린이집에 보내는 경우 정부의 부담
이 얼마나 되는지 아느냐고 말이다. 대개 한 20만 원 정도가 아닐까 한단
다. 놀라지 마시라. 0세 아이를 어린이집에 맡기는 경우 무상보육료 지원
이 한 달에 75만5천 원이나 된다. 이래서 무상보육예산이 유아교육을 포
함할 경우 올해 12.3조 원에 달하게 된다. 이 부분도 중앙정부 살림만 포
함한 것으로 지방정부 분담분 50.6%는 제외한 것이다. 이러한 현실에서
빅 소사이어티 접근을 해 볼 수는 없을까? OECD를 비롯한 많은 연구에
서 0~2세까지의 영유아는 가정에서 부모가 돌보는 것이 정서발달에 큰
도움이 된다고 한다. 출산휴가 및 육아휴직제도를 보다 활성화하는 경우
이들에 대해서는 육아수당이 20만 원이 지급되므로 그만큼 세금부담을 덜
수 있게 된다. 물론 부모의 경력 단절이 걱정이 될 수 있으나 이 부분은 노
사정대타협을 통해 사회공동체가 나설 수 있지 않을까 하는 생각이다.

셋째 이야기는 두 마이클의 토론 내용이다. 경영전략을 중심으로 비즈
니스계의 구루로 꼽히는 마이클 포터와 '정의란 무엇인가'라는 화두를 다
시 무대 위로 올려 정치철학의 거두로 우뚝 선 마이클 샌델이 TED(Tech-
nology, Entertainment, Design) 컨퍼런스에서 맞붙었다. 잘 알려진 대로
마이클 샌델은 경제의 영역은 경제의 영역에 국한되어야 하고 정부가 나
서야 하는 가치재 영역이 보건, 교육, 복지 서비스를 중심으로 크게 자리
잡고 있다는 주장을 했다. 반면에 마이클 포터는 기업도 지역사회나 비영
리단체(non governmental organization), 그리고 정부와 함께 사회적 가치
에 대한 추구가 없으면 지속 가능하지 못하다는 점을 지적하며 기업,
NGO, 정부 세 부문이 조화를 이룰 수 있다는 주장이다. 다시 말해 기업의
영역을 지나치게 편협하게 정의하려 하지 말라는 것이다. 물론 미국의 청
중들도 마이클 포터의 주장보다는 말라리아 퇴치 약을 개발하기보다는 비
아그라 시장을 확대하고자 하는 제약회사의 행태를 지적하는 마이클 샌델
이 더 큰 박수를 받았음은 물론이다.

위 세 가지 이야기에서 필자는 시장의 기능과 교환가치에 대해 우리가 느끼는 것보다 훨씬 더 큰 가능성을 보았다. 참여자의 자발적인 교환을 통해 '윈-윈' 함으로써 얻을 수 있는 정합(positive sum) 효익이 사회 전반에 걸쳐 충분히 발휘되지 못하고 있는 우리의 현실을 안타깝게 생각한다. 당연히 정부의 역할도 중요하지만 이와 함께 가정, 기업, 지역사회 등 사회 공동체가 제 몫을 다해줄 때 정부의 부담이 크게 덜어질 수 있으며 이는 낮은 조세부담과 낮은 수준의 정부통제로 이어진다. 국정원도 필요하고 군대, 검찰과 경찰도 필요하다. 기초연금(수당이라는 표현이 더 정확하다)도 필요하고 정부의 사회기반시설 확충도 중요하다. 하지만 잊지 말아야 하는 것은 그 비용은 누군가의 주머니에서 나와야 하며 이는 비자발적인 과정을 통해서 징수되고 배분되며 이러한 흐름을 통해서 새는 양동이 물의 양은 생각보다 많을 수 있다는 점이다. 우리나라 정부의 투명성 수준은 스웨덴과는 비교가 안 될 정도로 낮다.

자유방임 자본주의 경제 정책을 옹호하며

12

황수연(경성대학교 행정학과 교수)

　　　　　　　　　　　우리나라는 세계가 부러워하는
경제 성장을 이루었으며, 그 과정에서 정부가 산업 정책(industrial policy)
을 실시해 왔다. 1961년부터 수출 주도형 산업 정책이 실시됐고, 1973년
부터는 중화학 공업 육성 정책으로 바뀌었다. 그 뒤로 각 정부는 벤처 산
업, 녹색 산업 등 특정 산업을 육성하는 정책을 펴 왔다. 한국의 높은 성장
과 산업 정책이 병진했기 때문에 한국의 성장이 산업 정책에 의해 야기되
었다는 주장이 널리 퍼지게 되었다. 그러나 이론적으로 산업 정책이 경제
성장을 야기한다는 주장은 설득력이 약하다. 그리고 산업 정책에는 문제
가 많다.

　　초기의 산업 정책은 은행 부문 국유화를 통한 수출 주도형 산업화였다.
수출 목표를 달성한 기업에는 저리 융자와 수입 허가로 보상했으며, 수입
을 엄격히 통제하고, 수출업자들에게 무관세로 원자재를 수입할 수 있게
했다. 이런 식으로 유망 기업을 키우고 유치산업을 보호하는 과정에서 정
부가 특정 기업을 지원했다. 처음에는 정부가 승자와 패자를 선택하는 산
업 정책이 경제에 큰 피해를 끼치지는 않았다. 왜냐하면 이미 사업상 성공
이 증명된 수출업자들을 재정 및 규제 수단을 통하여 지원했기 때문이다.

| 산업 정책은 기업가 정신과 혁신을 저해해

이미 기업가의 자질이 증명된 기업가에게 지원이 이루어졌기 때문에 산업 정책이 잘 작동하는 것 같지만, 산업 정책은 장기적으로 유인을 왜곡하고 성장을 저해한다. 산업 정책으로 기업가들이 일단 특혜를 받으면 기업가들은 기업가 정신을 발휘하지 않아도 시장에서 버틸 수 있다. 실제로도 계속적인 정부 지원으로 정부와 수혜 대상 기업들 간에 정치적 연결망이 형성되었다. 그 결과 기업들의 지대 추구가 조장되었고 기업들은 생산적인 활동을 통해서보다 정치적 특혜를 통해서 경제적 이익을 추구하게 되었다.

과거 한국은 저임금의 이점과 선진국에서 개발된 기술을 이용할 수 있었다. 정부가 보호하지 않았더라면 이러한 산업들은 성장하지 못했을까? 아마 정부가 법치를 통해 재산권을 제대로 보호하고 경제적 거래를 보장하였더라면 산업들이 자연적으로 성장했을 것이다. 우리와 비슷한 입장에 있었던 홍콩과 싱가포르는 정부가 산업 정책을 통해 승자와 패자를 선택하지 않았음에도 불구하고 우리보다 경제 성장이 빠르고 부유하였다. 이렇게 보면 산업 정책이 없었더라도 혁신적인 기업들은 계속 번창하고 성장했을 것이며 기업가 정신을 발휘할 유인을 지니고 있었을 것이다. 오히려 만약 기업이 산업 정책으로 보조금을 받게 되면 정부 정책을 통해 얻게 되는 이점 때문에 기업가 정신을 발휘하지 않고 혁신을 하지 않게 되었을 것이다.

어느 나라나 정부가 성장을 장려하려는 목적으로 산업 정책을 통해 경쟁을 제한하면 그 산업은 고전하는 것을 많이 본다. 반면 그 나라의 가장 강력한 부문은 대체로 정부가 경쟁을 가장 적게 제한한 산업이다. 1990년대 이후의 일본이나 최근의 우리나라가 겪는 경제 침체에는 산업 정책(과 한국의 경우 경제 민주주의도)의 몫이 크다고 생각된다. 그렇지만 일본이 1950년대부터 1980년대까지 그리고 한국은 1960년 이후 40년 가까이 성장이 급속히 이루어지기도 했다. 그것은 아마 정부의 산업 정책 밖의 산업 덕분이었을 것이다. 이런 점을 고려할 때 한국과 일본의 경제가 산업 정책 때문에 성장한 것이 아니라 산업 정책에도 불구하고 성장했다고 말하는 것이 정확할 것이다.

한국이 작은 경제이기 때문에 한국의 기업들이 세계 시장에서 경쟁할 수 있도록 정부 도움을 필요로 한다는 주장도 있다. 이것 역시 산업 정책이 옳다는 증거가 될 수는 없다. 마이클 델, 스티브 잡스, 그리고 빌 게이츠는 모두 아주 큰 경쟁자를 가진 산업에서 정부 지원 없이 조그만 기업으로 출발하여 세계 정상에 올랐다. 델, 애플, 그리고 마이크로소프트가 컴퓨터 산업에서 주요 주자가 된 것은 미국의 산업 정책 때문이 아니라 미국이 산업 정책을 가지지 않았기 때문이다.

특히 동태적 측면에서 살펴볼 때 산업 정책의 약점은 적나라하게 드러난다. 만약 미국이 1960년대에 IBM과 같은 주요 기업을 지원하는 산업 정책을 집행했더라면 어떻게 되었을까? 컴퓨터 산업은 IBM과 같은 메인 프레임 컴퓨터에서 DEC(Digital Equipment Corporation)와 같은 미니컴퓨터, 애플·컴팩·델과 같은 마이크로컴퓨터로 계속 바뀌었다. 산업 정책으로 IBM을 지원했더라면 IBM은 구 사업 모델에 매달렸을 것이고 기업은 더욱 약해졌을 것이다. 산업 정책이 IBM을 지원하였더라면 마이크로소프트와 애플이 결코 성공할 수 없었을 것이다.

산업 정책은 수혜 기업들에게서 기업가 정신을 빼앗으며, 더욱 혁신적일지도 모르는 신설 기업들이 기성 기업들에 대항해 경쟁하는 것을 어렵게 한다. 그 결과 혁신이 저해되고 경제 성장이 억제된다. 그러므로 설사 과거의 산업 정책이 다소 장점이 있었다 하더라도 이제는 한국의 거대 기업들이 세계 시장에서 정부 특혜 없이 혼자 힘으로 서게 내버려 두어야 한다. 그래야만 오늘의 기업가들은 기업가 정신을 발휘하고 내일의 기업가들은 도전 기회를 가질 수 있을 것이다.

| 경제 민주주의가 대안인가

한국이 성장할 때 산업 정책으로 말미암아 성장의 과실이 모든 한국인들 사이에 공평하게 분배되지 않았다는 인식을 많은 사람들은 가지고 있다. 그들은 과거 산업 정책이 제조업자들과 정치 지도자들에게 많은 특권을 주었던 만큼 이제는 국민의 태반을 차지하는 근로자들에게 더 많은 이득을 나누어 주어야 한다고 주장한다. 기업들이 누린 독점적 관행, 토지 투기, 국가로부터의 특혜로 말미암아 자기들이 착취당하고 있다고 여기는 사람들은 자원과 정치적 권력을 자신들이 더욱 공정하다고 보는 방식으로 재분배하기 위해 국가 권력을 사용하려고 한다. 이러한 경제 민주주의(economic democracy)는 이상은 어떻건 현실은 경제 권력을 통제하고 자원을 재분배하기 위한 정부 개입의 한 형태다.

산업 정책은 기업에 특권을 부여하는 것인 데 반해, 경제 민주주의는 근로자 계급에 특권을 부여하는 것이다. 많은 사람들은 산업 정책이 수십 년간 기업들에게 특혜를 주었으며 근로자 계급을 산업화의 편익의 향유에서 배제했다고 생각한다. 그들은 이제 근로자들에게 혜택을 주는 것이 공정하다고 주장한다. 그러나 누가 혜택을 받건 상관없이 정부가 부여하는 특혜는 수혜 집단의 경쟁자들과 납세자들을 희생시키고 경쟁의 장을 어느 한쪽에 유리하게 왜곡한다.

오늘날 논자들 간에 대안은 산업 정책 아니면 경제 민주주의라는 식으로 논의가 이루어지고 있다. 그러나 두 가지는 모두 자유 시장이 아니라 정부에 의존하려는 점에서 공통적이다. 이런 환경에서 개인은 생산적이기보다는 지대 추구를 하고, 근로의 결실을 얻으려하기보다는 정치적 연결을 통해 이득을 취하려고 한다. 다시 말해 경제 민주주의도 산업 정책과 마찬가지로 한 집단의 정치적 이익을 다른 집단의 정치적 이익으로 대체한다. 따라서 여전히 사람들에게 생산적인 활동보다는 정치적 이전을 통해 경제적 이득을 추구하게 하는 유해한 효과를 가지고 있다.

우리나라에서 1987년의 민주화 이후 이러한 효과는 갈수록 현저하게 나타나고 있다. 사회의 구성원들은 열심히 일해서 생산을 증대시키려 하기보다 분배에서 어떻게 내 몫을 늘리고 남의 몫을 줄일 것인가에 치중하고 있다. 그 결과 정부 정책도 정치적으로 강력한 집단과 계층의 이익을 반영하고 정치적 영향력이 적은 쪽의 이익을 무시한다. 이상과 달리 경제 민주주의를 통해서도 모두에게 균등하게 이득이 돌아가지 않는다. 그러나 이것은 예상 밖이 아니다. 기본적으로 경제적 민주주의도 산업 정책과 마찬가지로 정부가 정치적으로 영향력 있는 특정 집단이나 계층에게 이득을 분배하는 제도이기 때문이다. 산업 정책으로 특정 기업이 이익을 얻고 다른 기업들이나 근로자들이 손해를 보듯이, 경제 민주주의로 정치적으로 영향력 있는 특정 집단이나 계층은 이익을 얻고 다른 집단이나 계층은 손해를 본다.

| 대안은 자유방임 자본주의 경제 정책

오늘날 한국에는 산업 정책과 경제 민주주의 중 하나를 선택해야 한다는 식으로 논의가 전개되고 있다. 그러나 대안은 산업 정책이냐 경제 민주주의냐가 아니다. 대안은 랜들 홀콤(Randall G. Holcombe)이 주장하듯이 자발적인 합의와 상호 유리한 교환에 토대를 둔 자유방임 자본주의 경제 정책이다. 자유방임 자본주의 경제 정책은 대기업도 편애하지 않고 근로자도 편애하지 않는다. 정부 정책은 재산권과 계약을 시행하고, 모든 사람이 법 앞에서 평등하게 취급되는 법의 지배를 확립할 뿐이다. 정부가 이렇게 중립적인 상황에서는 누가 부유해지는가는 시장의 힘이 결정한다. 남에게 더 많이 봉사하는 사람, 기업가적 정신이 더 풍부하고 더 혁신적이며 더 생산적인 사람이 돈을 더 많이 번다.

산업 정책을 옹호하는 사람들이나 경제 민주주의를 옹호하는 사람들이나 경제의 게임 규칙이 자기들에게 유리한 경제 정책을 옹호한다. 산업 정책은 의도적으로 특정 기업들에게 정부 편애와 지원을 제공하도록 설계된다. 경제 민주주의는 정부가 근로자들에게 경제적 이익을 주도록 게임의 규칙을 다시 작성하는 것을 의미한다. 양쪽 다 한 특정 이익을 다른 특정 이익보다 더 옹호한다. 그러므로 정부가 산업 정책이나 경제 민주주의를 추구하는 한, 반드시 이익 보는 집단이나 계층이 있고 피해 보는 집단이나 계층이 있다.

자유방임 자본주의는 누구에게도 특혜를 주지 않는다. 기업은 정부 편애나 지원 없이 시장의 규율 아래에서 실력으로 경쟁해야 한다. 근로자는 정부로부터 혜택을 받지 않고서, 채용 · 해고 · 보수 · 부가 급부에 대한 규제 없이, 그리고 노동 시장 바깥의 정부 지원 없이 시장 규율 아래에서 실력으로 경쟁해야 한다. 정부의 지원이 없는 공정한 경쟁의 장(level playing field)은 혁신과 기업가 정신이 보상받는 환경을 만들고 경제 진보를 초래한다. 산업 정책이나 경제 민주주의가 아닌 자유방임 자본주의 경제 정책이 번영을 낳는 경제 정책이다. 바람직한 미래의 경제 정책 방향은 산업 정책과 경제 민주주의를 폐지하고 자유방임 자본주의 경제 정책을 채택하는 것이다.

창의교육을 위한 제언

김정래(부산교대 교육학과 교수)

13

제18대 박근혜 대통령이 취임하면서 교육정책의 핵심으로 제시한 것이 '창의교육'이다. 교육 현장에서 사용하는 '창의력'과 비슷해 보이지만 다소 낯설어 보이는 '창의교육'의 실체를 떠나서 대통령의 의중은 젊은이들에게 용기와 희망, 그리고 보다 나은 취업기회를 제공하기 위한 것으로 보인다.

| 젊은 세대들의 '5ㄲ'란

흔히 젊은이들에게 회자되는 '5ㄲ'이라는 것이 있다. '꿈, 꾀, 끼, 깡, 꼴'이 그것이다. 실제로 대통령은 젊은이들에게 '꿈'을 실현시켜주고 '끼'를 발휘할 수 있도록 교육정책을 펴겠다고 언급하였다.

여기에다가 대통령이 국정운영에서 크게 부각시키고자 하는 '미래창조과학' 분야를 놓고 보면 젊은이들의 '꾀'를 가능한 무한 신장시킬 수 있도록 해야 할 것이다. 그러려면 정보화 사회의 패러다임이 요구하는 '융합'이 가능하도록 하는 정부조직개편도 이루어져야 하고, 이 부서를 이끌어 갈 관료 사회의 의식전환과 국민들의 호응과 적극적인 지지가 필요하다. 산업분야뿐만 아니라 삶의 전 분야가 융합의 세계로 변하고 있다. 상황이 이렇다면 기성세대는 자신들이 감당하지 못하는 융합 에너지의 원천인 젊은이들의 '꾀'를 존중해주어야 할 것이다.

벤처 산업이나 사회 융합 패러다임이 도전적으로 요구되는 만큼 젊은이들의 '깡'도 존중되어야 한다. 그러나 젊은이들의 '깡'이 기성세대에 대한 '이유 없는 반항'이거나 나라의 근본을 흔드는 종북(從北) 선동논리에 악용되어서는 안 된다. 그야말로 젊은이들의 '깡'은 자신들의 '꿈'을 실현하는 에너지로 활용되도록 해야 한다.

'꼴'은 젊은 세대가 선호하는 외모나 겉치레에 그쳐서는 안 될 것이다. 젊은이들이 지향해야 할 '꼴'은 크게 두 가지이다. 하나는 자신들의 '꿈'이 실현되는 형태에 대한 구체적인 청사진이 되어야 할 것이다. 다른 하나는 자신들이 살아가는 현재의 모습을 되돌아볼 줄 아는 자세가 '꼴' 속에 포함되어야 한다.

| '국민행복시대' 구현 여부를 결정하게 될 창의교육, 그 성공의 전제

그러나 대통령이 강조하는 창의교육이 이와 같은 '5ㄲ'에 근거한다고 성공하는 것은 아닌 듯하다. '5ㄲ'은 창의교육의 개념적 조건일 뿐이다. 창의교육이 성공하려는 몇 가지 전제가 더 고려되고 또 적극 실행되어야 할 것이다.

첫째, 경쟁력의 제고이다. 경쟁력 없는 창의교육은 알맹이 없는 구호에 불과하다. 다소 진부한 내용이지만, 교육학에서 언급되는 교육목표분류학에서 '창의력'은 정의적 영역(affective domain)이 아니라 인지적 영역(cognitive domain)에 속한다. 이 사실은 잘 알려져 있지 않지만, 반드시 짚고 넘어가야 할 중요한 사안이다. 인지적 능력으로서 창의력을 신장하는 데에는 각고의 노력과 인내가 요구된다는 말이다. 그리고 그 노고(勞苦)는 바로 경쟁력 확보 때문에 요구되는 것이다. 멀리 갈 것 없이 이번 조각에서 미래창조과학부 장관 전 후보자가 걸어온 궤적은 단순히 '창의'만으로 설명되지 않는다. 그의 성공은 각고의 인내와 노력, 그리고 그에 따르는 경쟁력의 확보 때문에 가능했던 것이다.

둘째, 경쟁력 확보를 통한 창의교육은 지금과 같은 교육평가 시스템이나 대학구조만으로는 불가능하다. 따라서 초·중등학교의 교육평가체제, 교원평가, 그리고 대학구조조정을 과감히 착수해야 한다. 특히 교육평가와 대학구조조정 문제는 의외의 저항이 따르기 때문에 정권 초에 신속하면서도 면밀하게 추진되도록 해야 한다.

셋째, 무엇보다도 경쟁에 대한 인식의 전환이다. '경쟁'을 정글의 법칙에 비유하는 등 그릇된 언어를 사용하는 것을 바로잡아야 한다. '경쟁'은 '전쟁'이 아니다. 경쟁에는 맞수 또는 라이벌(rival)이 필요하다. 반면 전쟁에는 라이벌이 아닌 적(enemy)만이 존재한다. 교육체제는 전쟁이 아니라 경쟁 체제 속에서 강화된다. 이러한 사실을 묵살하고 경쟁을 죄악으로 몰고 가면 글로벌 세상에서 우리 교육이, 우리 사회가 나락으로 떨어지고 만다. 이를 위하여 우선 세계적으로 우리나라 주요 대학의 순위가 어디쯤 와 있는지를 정확하게 직시하고 대책을 강구해야 한다. '서열화 조장'이니 하는 좌파 논객의 감언에 휘둘려서는 안 된다. 서열 없는 경쟁은 존재하지 않는다.

넷째, 교육제도 개편이다. 특히 이른바 악명 높은 '3불(不) 정책'을 폐기하고, 기여입학제 허용을 포함하는 재원확보 방안을 통하여 대학의 경쟁력과 수월성을 제고해야 한다. 반값등록금도 대학생이면 누구나 혜택을 받는 정책방향은 원론적으로 '창의교육' 정신에 맞지 않는다. 명칭이 '반값등록금'이 되었건 아니건, 저소득층 자녀 중에서 학업이 뛰어난 학생에게는 '반값'을 능가하는 파격적인 장학혜택을 부여해야 한다. 반면, 어려운 형편의 대다수 학생에게는 기회균등의 원칙을 적용하여 저학년에 장학혜택을 주고, 이후 엄격한 학사관리를 통하여 옥석을 가려야 한다. 엄격한 학사관리라 함은 지금과 같은 '학점 인플레'를 막아야 한다는 것이다. '수요자 중심 교육'을 표방하면서, 그리고 학생 모집의 연장에서 자행되는 인기 위주의 학점인플레 현상은 대학구조조정 차원에서 바로잡아야 한다. 또한 학사관리에 있어서 변별력이 없으면, 대다수 학생들에게 '기생심리'만을 조장해 주는 꼴이 된다.

끝으로 젊은이들의 '꿈'과 '끼'를 제대로 발산시키려면 자율과 선택이 가능한 교육정책이 시행되어야 한다. 무엇보다도 학교선택권의 회복은 젊은이들의 꿈과 끼를 존중하는 창의교육의 새로운 패러다임에도 부합되는 결정적인 사안이다. 학교선택권 회복의 핵심은 평준화 폐지에 있다. 여러 차례 지적한 바 있듯이, 평준화 정책은 그 정책 목표와 명분이 제대로 실현된 것이 하나도 없다. 평등을 실현한 것이 아니라 계층 간 불평등을 조장한다. 서울 강남 3구 등 특정 지역의 대학입학 실적을 보면 그 폐해를 명백히 알 수 있다. 중학교 교육 정상화에도 역행한다. 평준화된 대도시 중학생들이 단위학교별 입시가 없어서 사교육을 받지 않는 것은 아니다. 천문학적 재원이 소요되는 재정결함보조금 지급도 평준화된 사립학교에 지급된다. 이외에 평준화 정책을 폐지해야 할 여러 가지 근거와 이유가 있다. 그래서 평준화 정책이 교육 만악(萬惡)의 근원이라고 하는 것이다. 폐기해야 할 사회주의 유물인 배급제를 답습하는 평준화 정책을 끌어안고 교육정상화, 창의교육 운운하는 것은 모래를 쪄서 밥을 짓는다고 하는 것과 같이 어리석고 불가능한 일이다.

우리나라가 장기간 주저앉은 저성장의 늪에서 벗어나는 길은 새로운 패러다임에 입각한 창의교육의 진흥과 실현이다. 이는 '창의교육'을 강조하는 대통령의 국정방향이 올바르게 설정되었다는 징표이다. 그러나 그것이 실현되기 위한 전제와 실행 방안에는 여러 가지 저항과 암초가 도처에 도사리고 있다. 이를 어떻게 극복하는 것이 관건이고, 이것이 곧 창의교육의 성패, 그리고 나아가서 '국민행복시대'의 구현 여부를 결정하게 될 것이다.

2장

창조경제와 경제민주화,
어떻게 볼 것인가

01

황인학(한국경제연구원 기업정책연구실장)

박근혜 정부의 출범과 함께 '창조 경제론'이 화두이다. 대선공약에 이어 대통령 취임사에서 창조경제를 통한 일자리 창출을 최우선 국정목표로 제시했기 때문이다. 박근혜 대통령은 취임사에서 '과학기술과 산업이 융합하고 문화와 산업이 융합하고 산업 간 벽을 허문 경계선에 창조의 꽃을 피우는 것'으로 창조경제를 정의하고, 창조경제의 목표는 '융합의 터전 위에 새로운 시장, 새로운 일자리를 만드는 것'이라 했다. 박근혜 정부의 최종 목표는 중산층 70%를 재건하여 국민행복시대를 여는 것이다. 이 두 가지를 결합해 보면, 최근 계속해서 침체에 빠져 있는 한국경제의 성장엔진을 재점화시켜 고용을 창출하고 소득분배를 개선하기 위하여 창조경제를 국정운영의 핵심과제로 정하지 않았을까 추측된다.

창조경제론이 소기의 성과를 거두어 경제 재도약, 일자리 창출, 소득분배 개선의 목표가 모두 이루어지기를 바란다. 그러자면 모든 부문에서 국민과 기업의 '혁신하려는 의욕', '경제하려는 의욕'이 넘쳐나야 한다. 정부는 창조산업을 점지해서 육성하려 하기에 앞서 창의와 혁신에 기초한 경제활동이 자생적으로 일어나도록 환경을 만드는 일을 우선해야 한다.

정부가 융합에 기초한 신산업 또는 신기술을 직접 육성하려는 것은 과거 정부의 신성장동력 육성정책과 별반 차이가 없고 성공을 기대하기 어렵다. 지금의 경제환경은 과거의 추격, 모방시대와 다르고 정부의 선택이 시장의 선택으로 이어지지 않을 위험이 오히려 크다. 융합이든 또는 현 단계에서 우리가 알지 못하는 또 다른 무지(pure negligence)의 영역에서든 민간 부문에서 자발적 창의와 혁신에 기초한 신시장 개척활동이 왕성하게 일어나야 비로소 창조경제의 모습이 구현될 것이다.

| 창조경제의 근간은 기업가 정신, 새 정부는 창조경제 환경조성을 위한 '제도와 정책'의 정비부터 시작해야

창조경제의 성패는 기업가 정신의 진흥 여부에 달려 있다. 우리나라가 부존자원, 기술과 자본, 경험도 없이 경제개발에 착수한 지 50년 만에 1인당 국민소득이 100불에서 시작해서 2만 불을 넘는 선진국의 문턱에 오르게 된 것은 온 국민의 '잘살아 보자'와 '하면 된다'는 긍정 의지, 그리고 이를 뒷받침해주는 정부의 역할이 있었기 때문에 가능했다. 기업가 정신이야말로 부존자원에 의해 설정된 성장한계를 뛰어 넘어 개인과 국민경제의 생산가능영역을 확장시키는 요인이며, 진정한 의미에서의 경제발전 원동력인 셈이다. 우리의 경험이 그러했다. 그러나 지금은 예전과 달리 기업가 정신이 쇠퇴했다는 지적이 많다. '청년 NEET족이 100만 명을 넘는다', '생계형 창업은 많아도 혁신형 창업은 드물다', '중소기업이 중견·대기업으로 성장한 사례를 찾아보기 어렵다', '대기업의 사내 기업가 정신도 예전만 못하다'는 등 기업가 정신의 실종을 걱정하는 이야기마저 넘치고 있다.

상황이 이런데도 정부 차원에서 문제를 진단하고 대책을 마련하는 노력은 미흡했던 게 작금의 실정이다. 이명박 정부에 와서야 매년 11월에 기업가 정신주간 행사를 갖기 시작했으나 행사는 형식에 그쳤고 실질적인 성과를 거두지도 못했다. 우리 정부의 이러한 어정쩡한 태도는 다른 선진국의 대응자세와 사뭇 다르다. 예를 들어 EU에서는 '리스본 유럽 위원회'를 통해 일찍부터 EU 회원국의 '기업가 정신 고양(高揚)'을 핵심 의제로 채택하고 정기적으로 회원국의 기업가 정신 실태조사보고서를 작성하는 등 오랫동안 대책 마련에 부심해왔다. '신규 창업은 적고 기존 기업의 성장 사례는 드물다'는 것이 EU 회원국의 공통적인 고민이라는데, 이는 우리의 문제와도 다르지 않다. 우리도 더 늦기 전에 기업가 정신의 회복과 확산을 위해 정부 차원에서 종합적이고 효과적인 정책대안을 강구해야 한다.

기업가 정신이 중요하고, 지금은 우려할 만한 상황임에도 불구하고 정부 차원의 관심이 미흡했던 까닭은 아마도 기업가 정신을 개인의 기질과 역량으로만 치부했기 때문이 아닌가 싶다. 즉 개인의 도전과 모험정신, 융합지식과 혁신역량을 기업가 정신의 핵심요소로 본 것이다. 틀린 관점은 아니다. 그러나 기업가 정신은 정부가 통제하는 제도와 정책에 더 많이 영향 받는다. 예를 들어 한 번의 실패가 자산이 아니라 패망이 되는 사회, 융복합화 기술이나 상품을 개발해도 칸막이 규제 법령에 막혀 좌절하는 사회, 애써 만든 창조적 아이디어나 비즈니스 모델이 손쉽게 남의 손에 넘어가는 사회, 성공해도 사회적 인정이 아니라 질시와 비판이 가해지는 사회, 이러한 제도적 환경에서는 창의와 혁신의 도전적 기업가 정신이 발현되기 어렵고 따라서 창조경제의 구현도 요원할 것이다. 새 정부가 창조경제를 국정의 핵심과제로 삼은 만큼 앞으로 다양한 정책 메뉴가 넘쳐날 것이다. 그러나 기업가 정신의 회복과 확산이 뒷받침되지 않으면 그 어떤 정책도 사상누각(砂上樓閣)이 되기 십상이다. 창조경제의 근간은 기업가 정신이며, 기업가 정신은 단지 '정신'의 문제가 아니라 '제도와 정책'의 함수이다. 이 점을 감안하여 새 정부에서는 창의와 혁신에 기초한 기업가적 발견 과정이 자유롭고 충분하게 넘치는 창조경제 환경을 조성하는 일에 더 많은 관심을 갖고 제도와 정책을 정비하는 일부터 시작했으면 한다.

창조경제, 창조적 파괴, 그리고 기업가 정신

02

윤상호(한국경제연구원 연구위원)

　　　　　　박근혜 대통령이 새정부의 출범과
함께 화두로 던진 창조경제론(creative economy)에 대한민국의 모든 시각
이 고정되어 있다. 각 정부 부처의 새로운 수장들은 창조경제론에 기반을
둔 정책개발과 도입에 박차를 가하고 있으며, 많은 학자와 연구기관들은
창조경제의 의미와 당위성에 대한 검토에, 그리고 각종 분야의 기업들은
창조경제론으로 인해 변화하거나 새로 도입될 정책들을 예측하는 데 모든
신경을 곤두세우고 있다. 창조경제론이 향후 5년간 추진할 경제정책들의
중심축에 자리 잡고 있을 것이 분명하니 이러한 관심의 집중은 당연하다.

　창조경제론을 접하는 거의 모든 경제학자가 가장 먼저 머리에 떠올리
는 것은 20세기에 가장 영향력이 컸던 경제학자 중 한 명으로 알려진 슘페
터(Schumpeter) 교수이고 그가 제시했던 '창조적 파괴(creative destruc-
tion)'라는 개념일 것이다. 슘페터 교수가 『자본주의, 사회주의, 그리고 민
주주의*Capitalism, Socialism, and Democracy*』라는 저서를 통해 약 70년 전에 처음
거론한 창조적 파괴란 시장경제의 근간이 되는 기업가 정신을 통해 시장
질서가 끊임없이 탈바꿈하는 과정, 즉 계속되는 기업가의 도전과 노력으
로 기존에 존재하던 제품, 생산과정, 그리고 시장관행과 구조 등이 파괴되

는 현상을 설명한다. 치열한 경쟁 속에서 누구보다 먼저 소비자의 욕구를 충족시키려 매진하는 기업가에 의해 기술의 혁신이 가능해지고 신시장이 창출되며 경제도 발전한다는 아주 기본적인 시장경제의 원리를 말하기도 한다.

슘페터 교수가 제시한 창조적 파괴를 이해한다면 모호한 개념으로만 다가오던 창조경제의 실질적 의미를 파악할 수 있다. 향후 5년간의 경제 정책이 기반을 둘 창조경제란 적어도 필자가 이해하는 바로는 슘페터 교수가 제시한 창조적 파괴의 과정을 통한 선순환적 경제구조, 즉 기업가 정신을 통한 변화의 노력이 항상 존재하고 혁신을 통한 경제적 기득권 파괴가 자유롭게 이루어지는 경제구조를 구축하겠다는 것을 의미한다. 또한 대한민국의 경제를 기존의 생산중심적 산업에서 벗어나 지식경제에 기반을 둔 경제구조로 패러다임적 전환을 시도하겠다는 새 정부의 의지를 표출하는 수단이다. 경제성장 동력을 잃어가고 있는 한국경제에 시기적절한 정책적 방향의 제시이며 오늘만이 아닌 미래에도 항시 잊지 말아야 할 경제정책의 원칙이기도 하다.

│ 창조경제의 시작은 시장의 변화 요구를 파악하고 창조적 파괴라는 과정을 통해 경제발전을 견인하는 기업가 정신이 제대로 작동할 수 있는 시장 환경을 조성하는 것이어야

하지만 창조경제론를 이해하거나 정책적 기반으로서의 성공적 안착을 위해 간과하지 말아야 할 몇 가지가 있다. 우선 기업가 정신에 대해 널리 퍼져 있는 오해다. 기업가 정신은 한국사회 특히 젊은 세대에서 위험 회피적 성향이 강해졌다고 거론하며 위험에 대한 선호와 모험이 다시 필요할 때라고 많은 이들에 의해 주장되는 무조건적 혹은 무한적 도전 정신이 아니다. 기업가 정신은 누구에게도 보이지 않았지만 특정인에게만 이윤의 기회로 포착되어진 고착화된 경제적 기득권과 관행 등을 고도의 계산과

치밀한 계획을 통해 혁파해 나가는 도전 정신을 이야기하는 것이다. 즉 기업가 정신은 사회구성원의 위험선호도에 따라 결정되는 것이 아니라 각 구성원이 미개척 시장의 기회를 포착하는 창의적 선구안 및 계획을 구체화시키는 실행 능력을 갖고 있는가와 시장경쟁을 통한 혁파적 과정과 결과에 수긍하는 사회적 유연성 혹은 사회적 자본에 의해 결정되는 것이다.

또한 기업가 정신이 어느 방향에서 표출될 것인가도 주시해야 한다. 기업가 정신이 흔히 말하는 것처럼 긍정적 요소만 갖고 있는 것은 아니다. 기업가 정신이 경제학자들이 지대추구 활동(rent-seeking activity)으로 간주하는 경제적 행위, 즉 정치인의 특혜나 정부의 규제로 만들어지는 경제적 지대나 우월적 지위를 얻기 위한 소모적 경제활동으로 표출된다면 파괴적 창조라는 결과로 부메랑이 되어 날아오게 된다. 특히 창조경제론 혹은 지식경제에 기반을 둔 경제구조로의 전환이라는 미명하에 추진되는 정책들이 실제로는 기존의 경제적 지대의 소유권자만 새로 선정하거나 새로운 경제적 지대를 만드는 행위가 될 수 있다는 것은 정책입안자들이 꼭 명심해야 할 사안이다. 실제로 지식경제로의 경제구조 전환이라는 과제 중 대부분이 소프트웨어, 콘텐츠 제작 등 특정 산업에 대한 정부의 재정적 지원정책으로 이어져 정작 창조경제로의 전환에 쓰여야 할 대부분의 국력이 값싼 정부지원자금이라는 특혜만을 가장 먼저 탈취하기 위한 노력으로 소모되는 부정적 기업가 정신으로 표출될 것 같아 걱정이 앞선다.

창조경제의 시작은 시장에서 요구되고 있는 변화를 파악하고 창조적 파괴라는 과정을 통해 경제발전을 견인하는 기업가 정신의 정상적 작동을 막고 있는 시장규제가 무엇인지 밝히는 것이다. 그리고 창조경제론에 제대로 부합할 수 있는 정책은 지극히 정치적인 판단일 수밖에 없는 특정 산업의 부양을 위한 재정 및 세제 지원이 아닌 본래의 뜻에 충실한 기업가 정신이 제대로 작동할 수 있는 시장 환경을 조성해 주는 정책이다. 창조적 파괴를 통한 새로운 시장질서와 경제적 결과를 기업가의 혁신과 노력의 정당한 산물로 수긍하는 사회적 합의까지 더불어 이끌 수 있다면 창조경제론이 지금 대한민국 경제에 기여할 수 있는 부분이 매우 크다.

창조경제 버리고 남 모방하기 바쁜 反창조 한국경제

03

좌승희(KDI국제정책대학원 초빙교수)

요즘 한국은 창조경제를 찾느라고 분주하지만 별로 신통한 답을 못 찾고 있다. 중국 송나라 오도송(悟道頌) 중에는 이런 구절이 있다. "하루 종일 봄을 찾아다녀도 봄을 보지 못하고 산 고개 구름까지 짚신이 다 닳도록 돌아다녔네. 실망하여 집으로 돌아오니 문득 코끝을 스치는 매화향기. 아하, 봄은 바로 뜰 앞의 매화가지에 와 있었던 것을…" 한강의 기적이 바로 창조경제의 전형(典型)인 것을 모르고 밖에서 답을 찾고 있는 우리의 모습과 너무나도 닮지 않았는가 싶다.

| 한국경제의 눈부신 성장이 이미 창조경제의 창발 경험

창조경제란 무엇인가? 창조경제란 마차를 만들던 경제가 창의적인 새 아이디어와 노하우를 바탕으로 기차를, 나아가 자동차, 더 나아가 비행기, 우주선을 새롭게 만들어냄으로써, 경제의 차원이 더 복잡해지는 과정을 의미한다. 분야에 관계없이, 모방이냐 창조냐에 관계없이 새로운 재화와 서비스가 창출되어 경제의 복잡성이 증가되는 현상으로 이를 일컬어 복잡경제의 창발과정이라 할 수 있다. IT와 예술의 통섭이니, 모방과 창조니 하는 모든 논의는 사실상 지엽적이다. 어떤 경우든 새로운 재화와 서비스를 창출해 내지 못하면 경제적으로 아무런 의미도 없기 때문이다. 창조경제의 핵심은 어떤 과정을 통해서든 새로운 재화와 서비스를 창출해낸다는 데 있는 것이다.

한국경제의 경우, 1960년에 농업이 40% 이상을 차지하고, 제조업은 15%에도 못 미치고 그중 중화학공업은 30%도 안 되던 마차경제가 30년이 지난 1990년에 농업은 10% 미만으로 낮아지고 제조업은 27%로 그중 중화학 공업은 70%대로 급격히 높아져 그 복잡성이 획기적으로 증가하며 자동차경제로 전환되었다. 경제복잡성의 증가는 또한 30년간 연평균 8.5%가 넘는 GDP 증가와 80배 이상의 1인당 소득 증가라는 거시경제의 눈부신 변화를 수반하였다. 이런 변화는 인류 역사상 초유의 획기적인 창조경제의 창발 경험이었다. 그러나 지난 20여 년간은 산업구조 변화와 경제복잡성의 증가는 둔화되고 거시경제성장잠재력은 3%대 아래로 떨어지고 1인당 소득은 3배의 증가에 머물고 있다. 한국경제가 아직도 비행기, 우주선 경제로 도약을 못 이루고 있음이 지금의 창조경제 논의의 배경인 셈이다.

창조경제는 우리가 이미 이뤘던 것이며 외국은 바로 우리의 이 경험을 배우고자 애를 쓰고 있는데 우리는 지금 거꾸로 우리가 이뤄낸 성공 경험은 다 팽개치고 밖에서 그 답을 찾으려 남을 모방하는 데 애를 쓰고 있는 셈이다.

| **창조적 개인과 기업을 배려하지 않는 평등주의적 자원배분정책은 창조적 동기를 차단해 성과 없어**

창조경제는 창의적 인재와 혁신적 기술을 자본과 결합하여 새로운 재화와 서비스를 창출하는 기업이 일으키는 것이다. 어떤 정책이 이 일을 도울 수 있는가? 우수한 학생과 과학자와 연구자를 우대하는 수월성 교육과 과학기술 및 R&D정책, 기업의 규모에 관계없이 창의적 재화와 서비스를

창출하는 우수기업에 대한 지원제도와 정책 등이 바로 그것이다. 나아가 사회 전체가 수월성을 존중하고 성공하는 인재와 기업을 존중하는 진취적 이념을 수용할 수 있어야 한다. 창조적 노력으로 흥하는 이웃을 정책적, 이념적으로 존중할 줄 아는 사회라야 창조적 경제인과 과학자와 기업을 양산해 낼 수 있는 것이다. 그래서 경제적 차이, 차등을 적극 수용하는 사회는 창조경제를 일으킬 수 있으나 경제적 평등에 집착하는 사회는 창조적 동기를 차단하게 된다.

개발연대 한국은 바로 창조적 인재와 과학자, 기업을 적극적으로 우대하는 차별적 지원정책을 시행하였다. 중소기업육성정책이나 과학기술정책, R&D 정책, 교육정책 모두가 성과가 우수한 기업과 인재들을 더 대접하는 신상필벌의 원칙을 따랐으며, 이를 통해 창조에 대한 동기를 부여함으로써 사회 전체를 역동적으로 새로운 경제 창조에 나서게 하고, '하면 된다'는 이념을 사회이념으로 체화시킬 수 있었다. 보다 창조적 중소·중견기업들이 국가의 뒷받침하에 대기업으로 성장하면서 창조경제의 기적이 가능했던 것이다.

그러나 지난 20여 년은 개발연대와는 반대의 길을 걸었다. 이제 모든 경제·사회정책이 수월성이나 창조성보다 평등과 균형을 강조하는 민주정치이념하에 성과를 무시한 평등한 지원체제로 바뀜으로써 창조적 인재나 기업들이 상대적으로 폄하되었다. 수월성을 등한시하는 평준화교육, 평등주의적인 대학교육과 과학기술 및 R&D정책, 성장하는 기업을 역차별하는 획일적 대기업규제와 평등주의적 중소기업지원정책 등 창조적 동기를 차단하는 경제·사회정책들이 우리 경제의 역동성을 약화시키고 경제의 하향평준화를 부추겨 자동차 경제에서 비행기·우주선 경제로의 창발을 막고 있는 것이다. 과거 정부들의 벤처육성정책, 첨단동력산업육성정책, 녹색성장산업육성정책 등 이름만 다른 창조경제 노력들은 대부분 큰 성과를 못 냈다. 모두 창조적 개인과 기업을 배려하지 않는 평등주의적

자원배분정책이 그 원인이다.

경제적 결과의 불평등은 창조경제의 친구가 될 수 있으나 경제평등주의는 창조경제의 적이라는 불편한 진실을 잊지 말아야 한다. 이제 박근혜 정부의 창조경제는 성공 경험과 실패 경험을 앞에 놓고 선택하는 문제를 안고 있다. 평등주의에 치우친 정치적 자원배분은 당장 모두를 편안케 하지만 5년 뒤 성과는 많지 않을 것이다.

성공적인 창조경제를 위한 조건

: 무엇을 해야 할 것인가

전용덕(대구대 무역학과 교수)

04

창조경제란 발명, 발견, 혁신 등을 통해 부가가치를 극대화함으로써 경제성장을 이끌어가는 경제를 말하는 것처럼 보인다. 우리 사회가 남의 것을 모방하는 것만으로 점점 한계에 도달하고 있다는 점에서 창조경제라는 경제의 방향 제시는 아주 적절한 것처럼 보인다. 그러나 어떻게 발명, 발견, 혁신 등을 이끌어낼 것인가에 대해서는 각자 의견을 달리한다. 먼저 과학·기술계에 종사하는 전문가들은 창조경제를 위하여 과학과 기술의 진흥에 투자해야 한다고 주장한다. 인간에 유용한 재화나 서비스는 대부분 기술로 상용화되거나 구체화되고 그 기술의 기초는 과학이기 때문이라는 것이다.

다른 한편, 인문학자들은 문·사·철과 같은 인문학이 발명, 발견, 혁신 등의 시작이라고 주장한다. 무엇을 만들 것인가에 대한 통찰력은 인간에 대한 이해에서 나오고 문·사·철은 인간의 본성과 경험에 대한 지식을 제공하는 것이기 때문이라는 것이다. 인문학자들은 미국의 애플사를 그 예로 든다. 애플의 창업자인 스티브 잡스는 인문학에서 무엇을 만들 것인지에 대한 통찰력을 얻고 기술로 그 통찰력을 구현한다고 설명한 바 있다. 그 결과, 인문학자들은 인문학을 교양 정도로 생각해서는 발명, 발견,

혁신 등의 실마리를 찾을 수 없을 것이라고 지적한다.

누구의 주장이 옳은가? 만약 과학과 기술의 부족이 문제라면 선진국에 비해 신흥시장의 빠른 경제성장을 어떻게 설명할 수 있는가? 과학과 기술이 턱없이 부족하고 그 수준이 낮았던 1960~70년대에 우리의 경제성장이 그 어느 때보다 빨랐던 것을 어떻게 설명할 것인가? 인문학자들의 주장에 대해서도 그와 비슷한 말을 할 수 있다. 마이크로소프트의 빌 게이츠나 페이스북의 주커버그가 인문학에서 통찰력을 얻었다는 말을 듣지 못했다. 만약 인문학이 발명, 발견, 혁신 등에 큰 도움이 된다면 그 많은 인문학 교사나 교수는 무엇을 하고 있는가? 설상가상으로, 현재 우리나라 인문학계 종사자들의 좌경화가 심해서 기업을 포함한 경제활동 전반에 방해가 되지 않는지 외려 염려된다.[7] 요약하면, 과학과 기술 또는 인문학은 창조에 도움이 될 수도 있지만 반드시 필요한 것은 아니라는 것이다.

| 자유로운 경제 환경 조성이 창조경제를 위한 바탕이 되어야

그러면 창조경제를 위해서 우리는 무엇을 해야 하는가? 어떤 부문 또는 부문들에서 발명, 발견, 혁신 등이 일어나기 위해서 정부를 포함한 우리 사회가 해야 할 일은 무엇인가? 발명, 발견, 혁신 등은 먼저 자유로운 분위기를 필요로 한다. 억압된 분위기나 규제된 환경에서 창조적 아이디어가 만들어지기가 어렵기 때문이다. 마이크로소프트, 페이스북, 애플, 구글 등과 같은 정보통신업계의 첨단 기업이 미국에 있는 것은 결코 우연이 아니다. 게다가, 개인이나 기업의 활동에 대한 규제는 규제를 회피하는 데 많은 시간과 자원이 사용됨으로써 생산성도 떨어뜨린다.

다음으로, 발명, 발견, 혁신 등에 의해 만들어진 아이디어가 소비자가

---

7) 그러므로 과학과 기술에 투자해야 한다는 주장이나 인문학에 노력을 기울여야 한다는 주장에는 명목적으로는 '공익'을 위하지만 실질적으로는 자신들에게 유리하게 자원이 배분되게 하도록 하는 '경제적 동기'가 깔려 있다고 볼 수 있다.

원하는 재화나 서비스로 상용화되기 위해서는 자본(즉 투자 자본)이 필요하다. 참신한 아이디어가 있더라도 가용할 자본이 없다면 아이디어의 상용화는 불가능하기 때문이다. 경제성장의 초기에는 내핍과 절약이 투자할 자본을 만들어낸다. 경제성장이 지속됨에 따라 저축이 상대적으로 쉬워지면서 큰 자본도 어렵지 않게 만들 수 있다. 경제성장이 일정 기간 지속된 서구 국가들과 경제개발의 초기에 있는 비서구 국가들의 차이는 바로 이것이다. 국내 자본 형성만을 염두에 둔다면 말이다. 창조경제를 위해서는 자본이 필요하고 자본의 축적, 특히 대자본의 형성을 위해서는 빠른 경제성장이 필수적이다. 다른 조건이 동일하다면, 자유로운 경제 환경이 빠른 경제성장을 초래한다. 따라서, 창조경제를 위한 자본 축적을 위해서도 자유로운 경제 환경이 필요하다. 만약 자본을 소비하는 제도가 있다면 그런 제도는 필연적으로 자본 소비를 통해 경제성장을 저해함으로써 창조경제를 통한 경제성장의 가능성을 낮추게 된다. 경제성장에 필요한 자본을 축적하는 것이 아니라 자본을 소비하기 때문이다. 우리 사회에서 자본을 소비하는 제도는 너무 많아 모두 나열하기 어렵다. 몇 가지 예를 들어본다면, 복지제도, 불필요한 사회간접자본(예를 들어, 적자가 나고 있는 대부분의 공항), 적자로 운영되고 있는 공기업들, 민간에게 지불되고 있는 각종 보조금(예를 들어, 대학을 포함한 학교에 지불하는 각종 보조금), 엄청난 적자재정, 벤처를 포함한 기업에 대한 지원, 상속세가 높아서 유산을 모두 써버리게 만드는 것, 규제성 경제민주화, 너무 많은 공무원, 부정부패 등이 그것이다. 그런데 그런 자본 소비는 넓은 의미의 규제의 결과이다.

요약하면, 창조경제를 위해서 필요한 것은 규제 완화 또는 규제 철폐이다. 창조경제가 정치적 슬로건이 아니라 우리 경제의 실질적인 목표가 되기 위해서는, 그 결과 경제성장을 통한 일자리를 창출할 수 있게 만들기 위해서는 창조경제를 위해 '해야 할 것'과 '하지 말아야 할 것'을 분명히 할 필요가 있다.

창조경제와 새로운 부가가치 수출

05

최남석(한국경제연구원 부연구위원)

최근 엔저의 영향으로 국내 기업의 글로벌 가격경쟁력이 하락하면서 수출전망이 밝지 않다. 특히 미국, EU, 일본 등 주요 선진국에 대한 수출이 신흥경제권 수출에 비해 형편없다. 올해 4월까지 우리나라의 총수출 증가율은 기저효과에도 불구하고 여전히 전년 대비 0.5% 수준을 기록했다. 우리나라 기업의 수출실적 하락은 경상수지를 악화시키고 경제성장률의 하락을 가져올 수 있다. 중국·미국·일본 등 주요 교역대상국과의 양자 간 교역에서 우리 기업이 새로운 부가가치 수출을 확대함으로써 창조경제의 수출성장동력을 확충하려면 어떻게 해야 할까?

| 창조경제와 글로벌 가치사슬 재조명

창조경제의 주역은 창의적 중소기업이다. 공격적이면서도 팀워크가 강하고 고립된 듯하면서도 긴밀히 연결된 작지만 거시적 목표를 지향하는 창의적 중소기업들은 글로벌 기업을 상대로 국제시장에서 경쟁할 수 있어야 한다. 중소기업의 글로벌 경쟁력 제고와 관련하여 주목해야 할 점은 최근 세계무역 패턴 변화에서 확인할 수 있는 글로벌 가치사슬의 확장이다.

2000년대 이후 ICT 및 국제물류시스템의 발전으로 인해 국가 간 교역비용이 크게 줄어들고 있다. 이와 더불어 외국인 직접투자의 긍정적 혜택을 인식하고 있는 국가들이 다국적기업이 과감하게 투자할 수 있는 현지 기업 환경을 조성하고 각종 세제 및 금융지원을 보장하면서 기업의 해외 현지 투자비용도 크게 감소하고 있다. 그렇지만 생산과정의 세분화가 가능해지면서 전세계로 생산 네트워크가 확장되는 현상은 이미 90년대부터 선진국을 중심으로 선진국과 후진국 간 교역에서 나타나기 시작한 별로 새로울 것이 없는 무역투자 패턴이다. 그럼에도 불구하고 글로벌 가치사슬에 대한 재조명이 필요한 이유는 글로벌 금융위기 이후 세계교역의 중심이 신흥경제권으로 이동하면서 선진국뿐만 아니라 신흥국을 중심으로, 그리고 기업규모도 대기업뿐만 아니라 중소기업까지 포함하여 글로벌 생산 네트워크를 활용하는 기업경영활동이 전방위로 확대되고 있기 때문이다.

문제는 수출과 수입을 편익과 비용으로 판단하는 전통적 무역통계산정방식을 이용할 경우, 기업의 위치가 글로벌 가치사슬의 어디에 위치해 있는가를 명확하게 판단할 수 없게 된다는 것이다. 중소기업이 창의성을 기반으로 새로운 부가가치 수출을 늘리기 위해서는 비용 측면에서는 낮아진 무역과 투자비용을 활용하는 한편 부가가치 창출 측면에서는 글로벌 가치사슬상에서의 부가가치 창출과정에 대해서 명확히 파악하고 이를 적극적으로 활용할 수 있어야 한다. 다시 말해 글로벌 가치사슬상에서 어느 나라의 어떤 산업에서 생산비용이 가중되고 어느 생산과정에서 편익 즉 부가가치가 창출되는가를 파악할 수 있을 때 중소기업이 창의와 혁신을 기반으로 수출경쟁력을 제고할 수 있을 것이다.

| 글로벌 가치사슬 확산과 우리나라 무역의 부가가치 창출 현실

그동안 기업의 생산과정이 전세계로 확산되고 있는 현실에도 불구하고 산업 및 기업 수준에서의 무역자료 부족 및 국가 간 무역통계의 불일치로 인해 국제교역에서 기업의 부가가치 창출 현실을 명확하게 파악할 수 없었다. 이러한 문제를 인식하고 OECD와 WTO는 공동사업으로 34개 OECD 회원국가와 중국, 브라질, 러시아, 인도 등 6개 신흥국가를 대상으로 국가 간 산업연관표를 연결하여 18개 산업의 글로벌 가치사슬을 파악하였다. OECD의 부가가치기준 무역수지 자료를 이용해 우리나라 기업의 글로벌 생산네트워크와 가치사슬 안에서 창출되는 부가가치를 국가별·산업별로 구분하여 분석한 결과, 2009년 기준 우리나라의 대중 무역수지 흑자규모는 약 80% 감소하고, 대일 무역수지는 균형수준에 근접하였으며, 대미 무역수지 흑자폭은 증가한 것으로 나타났다. 우리나라의 중국·일본·미국과의 부가가치기준 무역수지가 전통적인 무역수지 통계와 크게 다르게 나타난 이유는 우리나라 수출의 글로벌 수입의존도가 갈수록 높아지고 중국과 같은 신흥국 수출의 경우 국내창출 부가가치는 상대적으로 작기 때문이다. 부연하면 수출입을 국경을 넘어서 거래되는 모든 상품

〈그림 3〉 한국의 OECD 주요 교역국별 부가가치 무역수지(2009년)

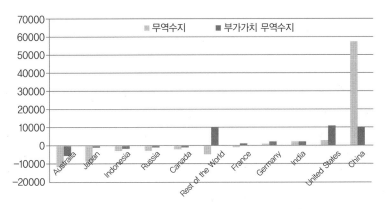

주: 최남석(2013), 『한국무역의 부가가치 창출 현실과 시사점』, KERI-Brief 13-13, 한국경제연구원 참조.

과 서비스의 총량을 기준으로 측정할 경우, 양자 간 교역에서 수출규모가 중복계산 되면서 수출의 중요성은 과장되고 반면에 수입은 마이너스로 산정되어서 수입의 수출 기여도는 상대적으로 간과되기 때문이다.

| 글로벌 가치사슬에서 기업의 위치를 파악해 새로운 부가가치 수출을 확대해야

아베노믹스와 엔저효과로 인한 중국, 미국 등 제3국 시장에서의 한국 기업의 가격경쟁력 상실에 대비하기 위해서는 우리 기업들이 글로벌 생산 네트워크를 명확히 파악해 새로운 부가가치를 창출하는 데 주력해야 한다. 글로벌 가치사슬에서 고부가가치 창출에 이용되는 수출용 중간재의 수입 효율성을 높이는 것도 한 방편이다. 가령, 자동차부품, 전자 및 기계 업종과 같은 기술 및 부품소재 분야에서 엔저로 원가가 하락한 일본산 중간재를 수입해서 고기술·지식기반 서비스를 수입중간재와 융합하여 제3국에 대한 최종재 수출을 확대시킬 수 있을 것이다. 또한 역외선진국 수출을 위한 대중 가공무역 생산루트를 지금까지와는 달리 차별화하여, 우리나라가 비교우위를 갖는 고숙련 서비스요소 투입을 확대할 수 있는 반도체·전자·자동차 분야에서 대미 고부가가치 최종재 수출을 확대할 수도 있을 것이다. 보다 근본적으로는 향후 무역규모 확대와 같은 양적인 측면만 강조하지 말고 질적인 측면에서도 상호보완적으로 글로벌 가치사슬을 활용하여 새로운 부가가치 수출을 확대함으로써 수출성장동력을 확충할 수 있을 것이다.

포퓰리즘적 경제민주화 걸러내어 시장경제 강화하자

양준모(연세대학교 경제학과)

| 경제민주화를 보는 시각의 정리가 필요할 때

우리나라 현행 헌법은 개인과 기업의 경제상의 자유와 창의를 존중하는 것을 제일 원칙으로 삼고 있다. 다만 경제 성장과 안정, 소득분배를 유지하고, 시장의 지배와 경제력의 남용을 방지하며, 경제주체 간의 조화를 통한 경제의 민주화를 위해 규제와 조정을 할 수 있다고 명시하고 있다. 이를 근거로 현재 경제민주화를 추진하고 있지만 그 내용이 포퓰리즘적이란 비난을 면하기 어렵다. 기본적으로 인류 역사에서 경제주체 간의 조화를 가장 잘 이루어낸 기제(mechanism)가 시장원리라고 보면 경제의 민주화는 시장을 대체하기보다는 시장 기능을 강화하는 방향으로 추진되어야한다. 따라서 대한민국의 새로운 도약을 위해 헌법 119조 2항에 기술되어 있는 경제의 민주화에 대한 시각을 정리할 필요가 있다.

일부에서와 같이 경제의 민주화를 다중에 의한 경제적 평등 실현으로 인식하고 개인과 기업의 자유와 창의를 통제한다면 이것은 위헌이다. 따라서 이것은 논외로 하고, 경제민주화를 현실적 문제점을 교정하려는 실용적 시각에 대해서 논의해 보자.

일각에서는 경제주체를 강자와 약자로 이분하고, 대기업을 강자로 중소기업을 약자로, 그리고 갑을 강자로 을을 약자로 인식한다. 그리로 약자가 강자와 동일한 지위를 회복시키기 위해 법적 지위를 부여하는 것이 정당하다고 주장한다. 모든 법조항에 '부당'이란 용어를 사용하여 자유계약의 원칙에 개입하여 거래를 불법화시킨다. 그리고 이러한 일련의 법들을 공정한 경쟁을 위한 것이라고 주장하고 시장을 인위적으로 성형수술하려 한다.

현재 입법이 추진되고 있는 것들은 일관된 시스템을 구축하려는 노력이라기보다는 대중이 인식하고 있는 문제점에 대한 대증적 미봉책에 불과하다. 간접적 피해나 입증 가능성을 살피지도 않았고 그 자체의 불법성에 대해서도 따지지 않았다. 여론몰이로 추진하다 보니 온 국민이 마녀사냥에 나섰고 3년 전 일이 일파만파 퍼지고 경제적 약자에 불과한 사원이 해고되는 등 마녀 사냥의 피해가 현실화되고 있다. 현재 거론되는 경제민주화 입법이 추진되면 자유와 창의가 '정부 눈치 보기'로 무너지고, 공정한 경쟁이 아니라 법정 싸움만 늘어날 것이다.

| 경제민주화입법 추진을 통한 일방적인 마녀사냥식 조항의 문제점

현재 봇물처럼 쏟아지고 있는 경제민주화 관련 입법 요구는 대대적인 기업 때리기와 마녀사냥에 불과하다. 마녀사냥의 기본 구성요소는 힘들고 지친 대중의 분노를 잠재울 희생양과 양심의 가책을 위로할 이데올로기이다. 여기에 극적인 요소를 더하는 것은 마녀로 지목된 사람들은 마녀 재판관들에게 자신이 마녀가 아니라는 것을 입증해야 한다는 사실이다.

이번에 일감몰아주기 규제 등 추진되고 있는 일부 경제민주화 관련 법안들은 중세의 마녀사냥을 떠올리게 하는 독소 조항들이 숨겨져 있다. 계열사 간 내부거래는 전 세계 모든 기업에서 자유롭게 활성화되어 있는 기업거래 형태이다. 계열사 간 내부거래가 발생하는 이유는 다양하다. 우선 계열사 간 내부거래는 전문화된 기업이 다른 기업에게 맞춤형 재화와 서비스를 제공할 때 발생한다. 맞춤형으로 제공돼야 하기 때문에 이를 위한 투자는 다른 기업에게는 무용지물이다. 이러한 경우에는 납품 기업은 높은 가격을 책정하거나 발주 기업과 장기계약이 필요하지만 통상적인 계약관계에서는 시장이 빠르게 변화하기 때문에 발주 기업들이 이러한 요구를 받아들일 수 없다. 이때 통상적인 계약관계가 아닌 특수관계를 통해서 암묵적인 장기계약의 관계를 형성하게 되면 발주 기업이나 납품 기업 모두가 상생할 수 있다. 이밖에도 회사기밀의 보안성을 강화하거나 회사의 구조조정 수단으로 활용하고 기업 경영의 효율성을 추구하기 위해서 계열사 간 내부거래가 사용된다. 신생기업이 내부거래를 바탕으로 대외 경쟁력을 확보하기도 한다. 이와 같이 계약 간 상호 당사자들에게 경제적 실익을 주는 계열사 간 거래는 규제의 대상이 아닌 것이며 이러한 이유에서 내부거래를 제한하는 국가가 없는 것이다. 그러나 현재 우리나라는 내부거래에서 경쟁제한이라는 부당성이 현저할 경우 부당내부거래로 규정하여 제재하고 있다. 내부거래로 당사자가 모두 이익을 보는 구조에서 시장의 독과점적 지위를 판단하지 않고 경쟁법으로 제한하는 것은 그 자체로 무리가 있다.

또한 '납품단가 후려치기'를 방지하자는 것도 용어의 폭력에 불과하다. 원래 일부 계약조건을 이행하지 않는 것은 손해배상을 해야 할 사항으로 용납되지 않는 사안인 것이며, 기업들이 향후 계약에서 납품단가를 협상하는 것은 지극히 당연한 일이다. 또한 장기계약으로 얻는 이익보다 가격하락으로 인한 손해가 더 크면 계약을 해지하는 것도 당연한 것이다. 반면, 대기업이 바가지 씌우기(hold-up problem)로 전횡한다면 그 기업자체가 부품조달에 어려움을 겪게 되는 것도 자명하다. 여기에 '공정한' 또는 '부당한'의 용어를 사용하여 제3자가 개입하게 되면 문제는 해결할 수 없을 뿐만 아니라 치열한 경쟁을 통하여 국제 경쟁력을 확보하는 성장 경로를 무너뜨리는 결과를 초래한다.

| 사회경제적 실익이 없는 논의보다는 창조경제를 통한 성장을 위해 시장경제원리에 충실할 필요가 있어

국민들이 우려하는 사익편취행위와 이전가격으로 인한 조세포탈은 상법 및 조세 관련법으로 해결해야 할 문제이다. 우리는 이러한 문제를 다룰 수 있는 법 조항을 이미 가지고 있다. 또한 계열사 간 내부거래가 경제력을 집중시키는 원인 행위인지에 관해서도 따져 봐야 할 일이다. 만약 내부거래 자체를 규제한다면 기업들은 계열사로 분리해서 전문성을 키우기보다는 회사 내부에서 사업을 영위할 것이다. 이는 전문적인 기업으로 성장하여 일자리를 창출할 수 있는 기회를 막을 뿐 아무런 사회 · 경제적 실익이 없는 규제인 것이다.

이러한 현실에도 불구하고 위법성 요건을 완화하자는 것은 글로벌 금융 위기와 유럽 재정 위기 등으로 경기 침체가 장기화되는 시점에서 정치적 희생양 만들기에 불과하다. 더욱이 일부 개정안에서는 입증 책임을 전환하고 재량권을 확대하여 법집행기관들이 마치 마녀 재판관처럼 자신들이 지목한 사람들이 마녀가 아닌 것을 증명하라는 식은 더욱 곤란하다.

우리 경제는 지금 심각한 상황에 있다. 경제가 어렵게 된 원인은 외부 요인도 있지만 정치권이 허허벌판에 공공시설을 짓고 각종 명목으로 정부 보조금 타는 경쟁에 온 국민들을 매달리게 만들었기 때문이다. 정치 만능의 시절에 그 누가 땀을 흘리고 미래를 창조하겠는가. 정치권은 지금이라도 마녀사냥을 그만두고 창조 경제를 구축하여 경제 성장을 도모해야 한다. 이를 위해 시장경제원리를 더욱 강화하고 국민 행복을 향상시키는 체계적 시스템과 유인 체제를 구축하는 데 앞장서길 기대한다.

경제민주화 논쟁과 균형감각

07

송옥렬(서울대학교 법학전문대학원)

지난 대선 이후 '경제민주화'로 표현되는 일련의 입법을 둘러싸고 논쟁이 치열하다. 이미 하도급 관련 법제는 국회를 통과하였고, 6월 임시국회를 앞두고 부당내부거래, 순환출자, 금산분리, 금융회사의 대주주 적격성 등 기업집단에 적지 않은 파장을 가져올 주제들이 무대를 기다리고 있다. 순환출자나 금산분리와 같이 일부 기업집단만 이해관계가 있는 쟁점도 있지만 그 그룹이 국가경제에서 차지하는 비중이 워낙 크기 때문에 그 결과에 귀추가 주목되고 있다. 부당내부거래와 같이 심지어 총수 없는 기업집단도 이해관계가 있는 문제는 말할 나위도 없다.

과거 IMF 금융위기 이후에도 기업집단에 대한 개혁 논의가 이루어졌었다. 당시에는 절반 가까운 그룹이 도산하던 상황이었기 때문에 체질개선의 필요성에 대해서 반론이 있기 어려웠다. 그에 비해서 지금의 경제민주화 논의는 오히려 반대로 우리나라 기업집단이 너무 잘 나가는 상황에서 이루어지고 있다는 점을 주목할 필요가 있다. 다른 경제주체는 힘들어하는데 혼자서만 잘 되고 있다는 것이다. 양극화 문제와 맞물리면서 국민적 정서상 경제민주화 주장이 힘을 얻고 있는 이유이다. 그러나 기업집단

입장에서는 억울한 부분도 있을 것이다. 문제는 기업집단의 성과가 부당하게 또는 불공정하게 이루어졌는지 하는 것인데, 부당성 또는 불공정성이라는 것이 사람마다 그 입장에 따라 달라질 수 있는 것이라 기업집단이 이를 '재벌 때리기'로 이해하는 것도 수긍되는 면이 없지 않다. 이렇게 보면 6월 임시국회도 논리대결 대신 지루한 힘겨루기로 얼룩질 가능성이 높아 보인다.

그러나 기업집단이 국민경제에서 차지하는 비중을 생각하면 이 문제를 단순히 국민정서나 힘겨루기에 맡길 수 없다. 언론보도나 국회에서의 논의가 포퓰리즘으로 흐르지 않도록 균형감각을 갖춘 분석이 제공될 필요가 있다. 특히 '경제민주화'라는 정체 모를 구호에 휘둘리지 않기 위해서는 개별 쟁점별로 미시적인 접근이 반드시 수반되어야 할 것이다. 이를 위해 몇 가지 염두에 둘 사항을 생각해 본다.

먼저 총수의 문제와 기업집단의 문제를 명확히 구분하는 것이 중요하다. 전형적으로 일감몰아주기 규제가 그러하다. 문제는 기업집단에 계열사의 물류나 광고를 담당하는 회사를 둔 것이 아니라, 그 회사가 총수 일가의 소유라는 점에 있다. 총수 일가의 사익추구 목적이 아닌 내부거래는 대부분 기업집단의 경영상 목적에 따라 이루어지므로, 원칙적으로 통상의 회사법적 규율에 맡기면 될 일이다. 일감을 중소기업과 나누는 문제는 전혀 별개의 경제적·정책적 논증에 따라 해결할 것이지, 총수의 사익추구라는 억지나 경제민주화라는 구호에 의존하여 반사적으로 결정될 문제가 아니다.

다음으로 문제되는 행위의 경제적 효과를 분명하게 분석하는 것이 선행되어야 한다. 그렇지 않으면 부당성 또는 불공정성과 같은 불확정 개념으로 결론이 좌우되는 것을 막을 수 없다. 예를 들어, 회사법 등 관련법제가 소액주주를 완벽하게 보호하고 있다거나, 아니면 기업집단의 소유구조가 모두 100%로 되어 있다면 현재의 기업집단의 문제는 없는 것인가? 아마도 그러한 문제도 있고 그렇지 않은 문제도 있을 것이다. 부당내부거래 같은 문제는 계열사에 소액주주가 없다면 사실 문제가 되어야 할 이유를 찾기 힘들다. 반면 금산분리나 대주주 적격성의 문제는 시스템 위험을 염두에 두고 있기 때문에 다른 논의가 된다.

마지막으로 강조하고 싶은 것은 규제비용이다. 예를 들어, 일감몰아주기 같은 총수의 사익추구 행위는 전형적인 시장의 실패이다. 따라서 이를 금지하는 것은 시장질서로의 복원을 위한 것이다. 문제는 그 복원을 위해 어떤 수단을 선택할 것인가 하는 점이다. 공정거래위원회의 규제는 쉽게 생각할 수 있는 수단이지만, 경제학 교과서에서는 시장의 실패와 함께 정부의 실패도 경고하고 있다. 독점규제법은 전형적으로 과소규제보다 과다규제를 선택하고 있지만, 기업집단의 규제에 있어서도 이러한 입장이 타당한지는 생각해 볼 문제이다. 규제비용을 감안한다면 법안을 최대한 구체화하여 예측가능성을 높일 필요가 있다.

대부분의 경제 문제나 사회 문제가 그렇지만 어느 극단적인 결론이 해답일 가능성은 높지 않다. 어떤 현상이건 다양한 측면이 있기 때문이다. 6월 국회에서 환부만 도려내는 현명한 선택이 이루어지기를 기대한다.

마녀사냥식 경제민주화 입법을 우려한다

08

김인영(한림대 정치행정학과)

영국에서 '의회(parliament)'라는 명칭은 헨리 3세(1216~272) 시대에 처음 언급되었다고 한다. 의회는 대귀족, 성직자 등 유력 인사들이 국정의 중요 문제에 대하여 왕에게 자문하는 기관으로 시작했다. 시간이 지남에 따라 귀족들과 신흥 상공업자들은 의회를 왕으로부터 자신들의 자유와 권리를 확보하는 기구로 발전시켜 나갔다. 1688년 명예혁명 이후로는 의회가 입법과 재정에 관해 완전히 통제권을 행사하게 되었다. 의회는 왕의 자문기관에서 왕으로부터 시민 개인의 재산권과 자유를 확보하는 기관으로 진화해 온 것이다. 이렇게 영국 의회 민주주의의 발전사의 핵심은 개인의 재산권과 자유의 확보였다.

▎규제 중심의 의원발의 법안 건수 증가에만 치중하고 있는 우리 국회

우리의 국회는 어떠한가? 우리나라 국회는 1948년 5월 10일 총선거로 처음 만들어졌다. 제헌의회에서는 헌법을 제정하고 정·부통령을 선출하였다. 나아가 법 제정을 통하여 나라의 기틀을 만드는 임무를 수행했다. 하지만 국회는 권위주의 통치기간 동안에는 '통법부(通法府)'라는 가슴 아픈 별칭을 가지기도 하였다. 법안 모두가 정부가 만들어 온 것이었고, 정부가 원하는 대로 거의 원안 그대로 통과시켰기 때문이었다. 당시 대통령과 정부는 갑(甲)이었고, 국회와 국회의원은 을(乙)이었다.

1987년 민주화 이후 국회는 사회적 소용돌이의 핵심이 되었다. 이제 민주화 25년이 지난 지금 국회와 국회의원은 우리 사회의 갑(甲) 중의 갑(甲)으로서 입법권이라는 전무후무, 무소불위(無所不爲)의 권력을 휘두르고 있다. 3권 분립과 '견제와 균형(checks and balances)'의 이념은 사라지고, 국회가 정부와 법원에도 갑(甲) 행세를 하고 있는 형세이다.[8] 예를 들어 민주당 모 의원은 정부 부처인 국가보훈처가 〈임을 위한 행진곡〉의 제창을 막은 것이 마음에 들지 않는다고 5·18 민주화 운동 기념행사에서 〈임을 위한 행진곡〉을 제창하도록 하는 '5·18 민주화 운동 등에 관한 특별법 개정안'을 발의했다. 국회가 행정부에 갑(甲) 행세를 하는 단적인 모습이다. 이 법안에는 23명의 국회의원이 공동 발의자로 품앗이 참여했다.

지난 18대 국회는 2008년 5월 개원에 따른 원구성이 비정상적으로 늦어졌고, 원만하게 운영되지 못하였다. 폭력국회와 졸속입법으로 유명했다. 해머와 전기톱이 등장하는 집단 난투극과 최루탄이 터지는 난장판을 연출했던 국회였다. 17대 국회에서 의원발의 법안이 6387개였던 것에 비하여, 18대 국회의 의원발의 법안건수는 1만2220개로 약 2배에 가까운 엄청난 의원발의 법안건수의 증가가 있었다. 의원발의 법안의 증가가 문제될 것은 없고 의원들이 열심히 일하는 모습으로 보일 수도 있겠다. 하지만 문제는 법안 내용의 충실함에 중점을 둔 것이 아니라 발의 건수 부풀리기에 치중했다는 데 있다. 왜냐하면 18대 국회에 정부가 제출한 법안 1693개 가운데 690개가 통과되어 41%의 가결율을 보이는 데 비하여 의원이 발의한 법안의 가결율은 14%에 불과한 것을 보아도 알 수 있다. 의원들은 법안 발의만 했지 자신들이 발의한 법안을 제대로 검토조차 하지 않았다

---

8) 정규재, "입법부 독재시대 이대로 좋은가?" 〈정규재TV〉, 2013년 5월 20일.
   http://jkjtv.hankyung.com/board/view.php?id=jkjtv_column&no=603&category=2&page=1.

고 해석된다.

더 큰 문제는 18대 국회에서 발의한 규제의 신설 및 강화 법률안 1986건 가운데 국회의원 발의는 1848건으로 93%에 해당하는 압도적인 수치라는 것이다.[9] 국회의원의 입법이 기업의 재산권 확립이나 활동의 자유를 보장하는 데에 치중한 것이 아니라 규제에 앞장 선 것임을 알 수 있다.

| 신중한 검토 없이 통과되는 인기영합적인 법안들, 한국을 아시아의 '셀프 왕따 저성장 국가'로 만들고 있어

19대 국회가 몰두하고 있는 경제민주화 입법들도 대기업의 활동을 규제하거나 기업 오너의 징계를 앞세우고 있다. 국회가 경제민주화를 구실로 정부의 행정권과 법원의 판결권도 규제하는 세밀한 입법을 남발하고 있는 것이다. 대기업의 사정은 일고의 가치도 없다. 주목할 점은 이러한 경제민주화 입법이 '대기업 등기임원 연봉공개'나 '황령·배임죄 대기업 대주주에 대한 징역형 선고' 등 대기업과 대주주 마녀사냥식 양태를 보이고 있다는 것이다.

마녀사냥은 교회의 권한이 강했던 유럽의 중세 말과 근대 초에 특히 많았다. 극심한 홍수나 가뭄, 흑사병 등 전염병으로 세상이 혼란스러운 이유를 마녀의 악마숭배를 원인으로 생각하고 죄 없는 사람을 마녀로 몰아 화형에 처했다. 정치권과 국회가 소득불평등 심화나 중소기업의 고전(苦戰) 등 사회불안의 원인으로 대기업을 지목하여 마녀사냥을 하는 것이 아닌가 하는 의구심을 지울 수 없다. 중소기업들이 고전하는 이유도, 전통시장에 손님이 없는 이유도, 동네 구멍가게 장사가 안 되는 이유도, 소득불평등이 커지는 이유도, 대졸 청년들 일자리가 없는 이유도, 비정규직이 차별받는 이유도 모두 대기업 때문이라는 인식으로 대기업에게 마녀사냥식으로 모

---

9) 음선필, "국회 입법과정의 분석과 개선 방안 — 제18대 국회를 중심으로" 『홍익법학』, 제3권 2호, 2012.

든 책임을 묻고 있다. 물론 그렇지 않은 국회의원도 있다. 하지만 이한구 새누리당 원내대표는 "국회의원들이 공부는 안 하고 유행만 따라 간다"고 경제민주화 입법을 추진하는 의원들을 우회적으로 비판했다.

19대 국회의 경제민주화 입법은 18대 국회의 졸속입법을 그대로 답습하고 있다. 예를 들어 우리 국회는 상임위원회 중심주의를 채택하고 있어 이곳에서 통과된 법률안은 본회의 표결을 거의 그대로 통과하고 있다. 그래서 상임위원회에서도 특히 법안소위원회의 권력이 막강하다. 국회의 정무위원회와 환경노동위원회에 설치된 법안소위원회의 여야의원들이 인기영합주의에 의기투합하여 법안을 통과시키면 상임위원회도 여야 합의라는 명목으로 통과시키고, 본회의에서도 자세히 논의하지 않고 그대로 법안을 통과시키게 된다. 미국이나 영국처럼 상임위원회에서 법안을 '연구하듯이(studying)' 신중하게 검토하고 본회의나 전원위원회에서 법안이 사회 전반에 미칠 영향을 재평가해야 하는 데 비해 우리 국회의 경제민주화 법안들은 여과장치 없이 쏟아져 나오고 있는 것이다. 합리적 판단을 구하는 공청회도 없이 또는 반대하는 대기업들의 의견도 들어보지 않고 만들어진 경제민주화 법안들에 대한 절차적 정당성 문제가 제기될 것이다. 대기업도 국회에는 을(乙)이다. 국회는 비록 반대 의견이지만 대기업의 의견도 들어보아야 한다. 경제민주화 관련 법안의 입법과정에 입법의 무거움과 신중함이 없어 보여 염려된다는 것이다. 더욱 우려되는 것은 폭우처럼 쏟아져 내리는 경제민주화 입법으로 기업 투자가 위축되고 성장 동력이 사라지고 있는 우리 경제의 현실이다. 결국 우리 경제가 일본의 경제성장률에도 뒤지는 아시아의 '셀프 왕따 저성장 국가'가 되어가고 있는 데는 경제민주화 폭풍 입법이 기여하고 있으며 앞으로도 지속적으로 영향을 미칠 것이라는 의견이 일반적이다. 일본식 장기불황으로 가고 있는 것이 아니냐는 우리 경제 위기에 대한 경고 속에서도 졸속으로 만들어지고 있는 마녀사냥식 경제민주화 입법의 부작용을 심각히 우려한다.

경제민주화 입법, 부작용도 고려해야

09

전삼현(숭실대 법학과 교수, 기업법률포럼 대표)

| 보호법익이 불분명하거나 일부집단의 사익만을 보호하는 입법은 부작용이 커

경제민주화법들이 속속들이 국회 본회의를 통과하고 있고, 6월 임시국회에서는 더욱 가속화될 것으로 예상된다. 하지만 경제민주화는 논의가 시작될 때부터 그 개념이 모호하다는 지적을 많이 받은 바 있다. 즉, 아직 검증되지 않은 개념임은 물론이고 국민의 공감대마저 확인되지 않은 개념이라는 뜻이다. 따라서 이러한 불명확한 개념을 가지고 입법을 서두르는 경우에는 당연히 부작용이 발생할 수밖에 없다. 특히, 보이지 않는 손에 의하여 움직이는 시장을 통제하는 경제 입법의 경우에는 더욱 그러하다. 그럼에도 현 정부는 물론이고, 여·야 정치권 모두 마치 불명확한 것을 명확하다고 확신하는 듯 경제민주화를 입법을 통해 실현하고자 하고 있다. 만약 경제민주화 입법으로 인해 국가경제가 어려워진다면 이들은 최소한 입법권 남용에 관한 한 미필적 고의는 있었다고 말할 수 있을 것이다.

역사적으로 보건대 불명확한 개념을 입법화하여 경제를 통제하는 경우, 대부분의 경제주체들은 범법자가 될 것을 우려하여 일단 복지부동하게 된다. 다시 말하면, 투자와 거래를 신중하게 하거나 보류함으로써 시장을 위축시켜 경제상황이 악화되는 결과가 초래될 가능성이 높다. 따라서 입법을 함에 있어서 명분 이외에도 부작용에 대한 심도 있는 검증작업이 필요하다. 부작용을 예방하기 위해서는 무엇보다도 그 입법을 통하여 보호하고자 하는 구체적인 공익 또는 사익이 존재하는지를 검증하여야 한다. 특히, 사익의 경우에는 이를 보호하는 것이 궁극적으로 공익을 보호하는 결과를 가져와야 한다.

| 입법 만능주의 버리고 법리에 따라 법안이 추진되어야

그러나 최근 국회에서 벌어지고 있는 경제민주화 입법은 구체적으로 보호하고자 하는 법익이 불분명하거나, 공익을 고려하지 않는 일부 집단의 사익만을 보호하고자 한다는 점에서 부작용이 우려된다. 예를 들어, 하도급법상의 기술유용 행위, 하도급 대금의 부당 단가인하, 부당 발주취소, 부당 반품행위 등에 대한 3배 징벌배상 입법은 수급사업자의 이익만을 보호대상으로 하고 있다. 이 경우, 대기업들이 법적용을 회피하기 위하여 수급사업자들을 해외에서 찾는 경우 국내 하도급시장은 크게 위축될 수 있다. 또한 중소기업협동조합에 원사업자와의 납품단가 조정 협의권을 부여함으로써 협동조합의 하도급시장 지배력이라는 사적 이익은 증가하는 반면, 중소기업들이 자율적인 협상권을 박탈당함으로써 하도급거래 시장이 전반적으로 위축되는 공익침해 사태가 발생할 수 있다.

그리고 자본시장법을 개정하여 개별 임원들의 보수를 공개하도록 한 것은 보호법익이 불분명한 대표적인 입법례이다. 즉, 보수공개가 주주나 회사의 이익을 보호하는 것인지, 아니면 국민들의 막연한 알 권리를 보호하려는 것인지 불분명하다. 결국 유능한 외부 인사를 임원으로 영입하는 데 어려움을 겪게 되고, 이것이 경영실적 악화로 이어지는 경우 주주나 회사의 이익이 침해당하는 결과를 가져올 수 있다. 또한 60세 정년 법은 베이비부머들의 정년연장이라는 사익을 위해 노동시장의 경직화를 통한 일자리 감소라는 공익침해 현상이 발생할 수 있게 되었다.

6월 임시국회 때 입법이 예상되는 순환출자금지법안이나 일감몰아주기 금지법안, 금산분리 강화법안, 공정위전속고발권 폐지, 대체휴일제 도입, 상여금의 통상임금 산입 등 입법안들 역시 일자리 창출이나 투자확대 등 공익과는 무관하게 특정 집단의 이익만을 보호하거나 보호법익이 불분명한 입법으로서 경제위축이라는 부작용을 초래할 위험이 있는 입법안들이다.

결론적으로 현재 진행되는 경제민주화 입법 노력은 일단 법률로 정하면 국민과 시장은 이에 순응할 수밖에 없다는 입법만능주의 소산이라고 할 수 있다. 그러나 입법만능주의는 자칫하면 입법부가 사법부를 시녀로 만들고 있다는 오해를 불러일으킬 수 있다. 경제민주화 입법이 법리에 따라 추진되어야 하는 이유가 바로 여기에 있는 것이다.

헌법상 경제민주화의 의미와 경제민주화 법안의 방향

주진열(부산대 법학전문대학원 교수)

최근 논란이 되고 있는 경제민주화 (economic democracy)의 의미에 대해서는 다양한 관점에서 여러 견해가 존재하는데, 이 글에서 필자는 헌법에 규정된 경제민주화의 규범적 의미를 밝힘으로써 경제민주화 법안의 올바른 방향을 제시하고자 한다.

| 헌법에서 규정하는 '경제의 민주화' 의 근간

헌법 제119조 제2항에 규정된 '경제의 민주화' 의 규범적 의미를 명확하게 파악하기 위해서는 '민주화' 의 의미부터 밝힐 필요가 있다. 헌법 전문(前文)은 우리나라는 "자유민주적 기본질서"를 추구한다고 명시하고 있으므로, '민주화' 란 권위주의적 정치권력을 부정하고 개인의 자유와 재산권, 법의 지배, 시민에 의한 정치권력의 통제, 국민투표에 의한 정부 교체 등을 보장하는 자유민주적 정치체제를 추구하고 지향한다는 의미로 해석된다.

그렇다면 '경제의 민주화' 에서 '경제' 는 어떤 의미인가? 일반적으로 '경제' 란 인간 생활에 유용한 상품과 서비스의 생산·유통·거래·소비 활동을 의미한다. 이러한 경제활동은 정부의 명령과 지시에 의해서가 아니라 사적 자치와 재산권 제도에 바탕을 둔 '시장'에 맡겨두는 것이 개인과 사회 모두에게 가장 이롭다는 점은 오랜 역사적 경험을 통해 이미 증명된 바 있다.

자유민주주의가 굳건하게 뿌리내린 선진국 치고 시장경제를 외면하는 국가는 없고, 시장경제가 가장 잘 작동하는 국가 치고 자유민주주의가 아닌 국가도 없다. 이처럼 자유민주주의와 시장경제는 서로 불가분의 관계에 있다. 자유민주주의와 결합한 시장경제는 본질적으로 개인의 자유로운 경제활동을 전제로 하기 때문에 이를 '자유시장경제'라고 칭하기도 한다. "대한민국의 경제질서는 개인과 기업의 경제상의 자유와 창의를 존중함을 기본으로 한다"고 규정한 헌법 제119조 제1항은 결국 우리나라의 경제질서는 자유시장경제라는 말을 풀어쓴 것이고, 대법원은 헌법 제119조 제1항은 "사유재산제도와 경제활동에 관한 사적자치의 원칙을 기초로 하는 시장경제질서를 기본으로 하고 있음을 선언"한 것으로 해석한 바 있다(대법원 2007. 11. 22. 선고 2002두8626 전원합의체 판결). 자유시장경제의 규범적 의미는 다양한 경제주체들의 활동은 계약자유·신의성실·재산권 보호에 기초한 민사법제도에 따라 규율된다는 것이며, '자유방임경제'와는 전혀 무관하다.

자유시장경제에서의 경제활동은 '가격'의 영향을 가장 많이 받고, 가격 메카니즘은 현실 세계에서 서로 다른 이해관계와 다양한 욕구를 가진 수많은 경제주체들 간의 복잡다기한 경제활동을 (완벽하게는 아니지만) 조화롭게 조정하고 있다. 그러나 가격 메카니즘만으로는 사회에 필요한 서비스가 적절하게 공급될 수 없는 영역이 있고, 이 문제를 해결하기 위해서 정부의 적극적인 개입이 필요하다. 이를 '혼합형 시장경제'라고 칭하기도 하지만, 그 근본은 자유시장경제임에 유의할 필요가 있다. 또한 자유시장경제 이념은 정부의 사회적 약자 보호와 지원 기능을 전혀 부정하지 않는다. 다만 사회적 약자를 충분히 잘 지원하기 위해서는 현실적으로 풍부한 정부 재정이 뒷받침되어야 하고, 정부 재정을 늘리기 위해서는 세수를 증대시켜야 하고, 세수를 증대시키기 위해서는 결국 시장경제가 잘 작동되도록 함으로써 효율적인 경제성장이 달성되어야만 한다. 결국 자유시장경제는 사회정의 실현을 위해 소요되는 정부 재정의 원천이기 때문에, 자유시장경제를 부인하면서 사회정의 실현에 필요한 재정을 마련할 수는 없다. 실제로 스웨덴, 독일, 오스트리아, 프랑스와 같은 사회적 시장경제(social market economy) 모델도 자유시장경제를 근간으로 하고 있다.

| 경제민주화 법안은 자유시장경제의 틀을 위협하는 행위를 강력하게 규제하는 방향이어야

결국 헌법 제119조 제2항의 '경제의 민주화'는 '자유시장경제의 자유민주주의화'라는 의미이고, 이는 권위주의적인 정치권력으로부터 자유시장경제를 보호하고 지키는 것으로 해석될 수밖에 없다. 그렇다면 헌법상 '경제의 민주화'는 그 자체만으로 독자적인 규범적 내용을 담고 있는 것이 아니라, 정부는 자유민주주의와 자유시장경제를 추구하고 지향한다는 헌법적 규범을 재확인한 것으로 이해될 수밖에 없다. 1987년 헌법 개정 당시 '경제의 민주화'는 대기업 규제를 염두에 두고 만든 말이라는 견해도 있지만, 대기업 규제가 헌법상 경제민주화의 규범적 내용이 될 수는 없다. 대기업 규제는 굳이 경제민주화라는 용어를 쓰지 않더라도 헌법 제37조 제2항에 따라 가능하다.

서구 선진국들의 헌법을 보더라도, 구태여 애매모호한 경제민주화라는 조어(造語)를 쓰지 않고, 자유민주주의 이념만으로도 사회적 · 경제적 약자를 잘 보호하고 있음을 알 수 있다. 예컨대, 스웨덴 헌법은 오로지 민주적 정부, 언론출판의 자유, 표현의 자유, 왕위계승 등에 대해서만 규정하고 있을 뿐, 경제민주화는 물론이고 국가경제질서에 대해 어떠한 언급도 없지만, 자유시장경제와 사회정의 모두를 잘 구현하고 있다. 복지 선진국인 독일이나 프랑스 헌법에서도 경제민주화라는 말은 찾아볼 수 없다.

　대한민국은 자유민주주의와 시장경제를 국가의 기본질서로 하고, 결국 경제민주화는 이러한 질서를 재확인한 것에 다름 아니다. 따라서 경제민주화 법안은 자유시장경제를 위협하는 행위를 강력하게 규제하는 방향으로 만들어져야 한다. 자유시장경제를 위협하는 행위는 시장경쟁을 부당하게 제한하는 카르텔과 시장지배력의 남용인데, 이는 이미 "시장의 지배와 경제력의 남용을 방지"한다는 헌법 제119조 제2항에 반영되어 있고, 경제민주화 조항보다 7년이나 앞서 제정된 공정거래법이 시장경쟁을 제한하는 행위를 엄격하게 금지하고 있다. 역사적으로 볼 때 자유시장경제를 가장 심각하게 위협하는 것은 권위주의적 정치권력과 경제력의 유착임을 알 수 있다. 1940년대 독일과 일본이 제2차 세계대전을 일으킬 수 있었던 것도 전체주의적 정치권력이 기업들에게 침략전쟁에 필요한 무기와 군수품을 생산하도록 하고 그 대가로 막대한 이익을 보장해주었기 때문이다. 따라서 경제민주화 법안은 권위주의적 정치권력의 탄생과 정경유착이 불가능할 정도로 엄격한 법안을 마련하는 것에 초점이 맞추어져야 할 것이다.

3장

글로벌 경쟁에서의
한국경제 생존전략

아베노믹스 평가와 우리의 대응방향

01

조경엽(한국경제연구원 선임연구위원)

아베내각은 출범과 함께 물가목
표 2%를 달성할 때까지 돈을 무제한 풀겠다고 천명하였다. 일본의 돈 풀
기 정책은 엔화 가치를 떨어뜨려 수출을 늘리고 경제성장을 도모하겠다는
목적으로 추진되고 있다. 우리뿐만 아니라 EU, 중국 등 자국의 통화가치
상승으로 수출에 타격을 입고 있는 나라들의 불만의 목소리가 높아지고
있다. 이런 가운데 미국이 일본의 엔저정책을 공식지지하고 나서자 환율
전쟁을 둘러싼 새로운 전선이 형성되는 듯하다. 엔저정책에 반발해왔던
그 동안의 미국의 태도에 비춰보면 매우 이례적인 것으로 받아들여지고
있다. 일각에서는 미국의 엔저지지 입장을 일본이 경기침체에서 벗어나야
미국 국채를 지속적으로 매입해줄 수 있다는 기대감으로 해석하고 있다.
다른 한편에서는 중국 봉쇄전략으로 풀이하기도 한다. 문제는 일본과 미
국의 기대와 달리 이번 양적완화정책도 일본경제의 기초여건을 더욱 악화
시키고 장기침체를 연장시키는 또 하나의 잘못된 정책으로 기록될 가능성
이 높다는 것이다.

일본정부는 '잃어버린 20년' 이라는 장기침체를 극복하기 위해 수차례
에 걸쳐 금리를 인하하고 양적 완화정책을 써 왔지만 물가는 떨어지고 엔

화가치가 상승하는 현상을 막지 못했다. 통화정책의 효력이 일본에서 작동하지 않는 것은 어제 오늘의 일이 아니다. 경기침체기에 부실기업을 과감히 정리하지 못한 것이 근본원인이다. 금융·재정지원정책으로 부실기업의 수명을 연장함으로써 부동산 버블 이후 쌓여온 과오투자와 과잉투자를 시정할 기회를 상실한 것이 금융·재정정책이 작동하지 않는 결과를 가져오고 있다. 과잉투자와 과오투자가 남아 있는 한 정부가 아무리 돈을 풀어도 신규 투자가 일어나지 않는 것은 당연한 이치이다.

| 일본의 투자 소비 부진은 구조적문제로 양적완화보다는 구조조정이 필요

일본은 투자뿐만 아니라 소비도 쉽게 살아나지 않는 구조적인 문제점을 안고 있다. 저출산·고령화로 인구가 감소하고 있고 개인금융자산의 약 50%를 소비성향이 낮은 60세 이상이 보유하고 있다. 또한 디플레이션과 엔화 강세로 영업 수익률이 떨어진 일본 기업들은 생산 거점을 해외로 이전하고, 근로자에게 임금삭감을 요구하고 협력업체에 원가절감을 요구함으로써 생산단가를 낮춰왔다. 이에 근로소득이 감소하고 저금리에 따른 이자소득마저 감소하면서 가계의 소비 여력은 지속적으로 약화되어 왔다.

이와 같은 만성적인 내수부진과 더불어 그동안 일본경제의 버팀목이었던 경상수지마저 흔들리면서 일본은 총체적인 위기에 직면하고 있다. 일본이 국내총생산 대비 국가채무 비중이 세계 최고 수준임에도 불구하고 남유럽과 달리 국가채무를 안정적으로 유지할 수 있었던 데는 경상수지가 꾸준히 흑자를 기록한 덕분이었다. 그러나 작년 무역수지는 약 7조엔 적자를 기록하여 2011년에 이어 2년 연속 적자를 보이고 있다.

일본의 수출둔화는 대내외 요인이 복합적으로 작용한 결과이다. 우선 내부적 요인으로 일본기업의 경쟁력 약화를 꼽을 수 있다. 정부의 지원에 안주하면서 새로운 글로벌 성장동력으로 떠오르는 IT산업에 대한 투자를 적기에 하지 못한 것이 일본 기업의 경쟁력 약화의 원인으로 지목되고 있다. 또한 모방과 개선이라는 일본 특유의 생산방식에 집착하면서 새로운 디자인과 글로벌 표준을 끊임없이 제시해야 살아남을 수 있는 현재의 글로벌 생산양식에 역행한 것도 일본기업이 경쟁력을 잃어가는 이유이다.

지속적으로 엔화가치가 상승한 것도 일본 기업이 수출경쟁력을 확보하는 데 걸림돌로 작용해왔다. 그러나 일본의 무역수지가 1980년 이후부터 2011년까지 지난 30년 동안 한 번도 적자를 기록한 적이 없었다는 점을 고려하면 엔고현상을 무역수지 적자의 근본원인으로 꼽기에는 무리가 있어 보인다. 엔화 강세가 지속되는 데는 여러 이유가 있지만, 막대한 해외 자산 보유가 엔화 강세에 크게 기여하고 있다. 엔화 강세가 해외자산 보유 기회를 확대해주고, 해외자산이 증가하면 수익이 증가하고 이에 따라 다시 엔화 강세가 이어지는 현상이 반복되어 왔다. 해외자산으로부터 오는 막대한 수익 덕분에 일본은 한 번도 경상수지 적자를 경험한 적이 없다. 이러한 측면에서 보면 엔화 강세가 일본의 수출기업에게 불리하게만 작용한 것은 아니다.

이와 같은 내부적인 요인뿐만 아니라 중국의 성장률 둔화, 미국의 소비 감소 등 대외 여건이 악화된 것이 일본 수출 둔화에 크게 기여하고 있다. 양적 완화로 수출경쟁력은 어느 정도 회복된다 하더라도 대외 여건은 당분간 크게 호전될 기미가 보이지 않아 큰 폭의 수출증가는 기대하기 힘든 상황이다.

반면 동일본 대지진 이후 원자력 발전소 가동을 중단함에 따라 화석연료를 중심으로 한 수입이 크게 늘어나고 있다. 양적 완화로 엔화가치가 하락하더라도 수출은 크게 증가하지 않으면서 수입재화 가격이 큰 폭으로 상승하여 무역수지는 오히려 더 악화될 가능성이 높다. 무역수지 적자에도 불구하고 일본은 해외에 엄청난 자산을 보유하고 있어 경상수지 흑자를 유지할 수 있었으나, 최근 외국 보유 자산을 매각하여 현금화하는 비중이 높아지고 낮은 글로벌 이자율로 수익도 줄어들면서 향후 경상수지 흑자도 장담하기 힘든 상황으로 가고 있다.

일본의 저축률도 1990년에 한때 10%를 넘었으나 최근에는 2%까지 떨어졌다. 가계소득 감소와 수출 둔화가 가계와 기업의 저축을 둔화시키고 있는 것이다. 무역수지 적자가 발생하고, 해외 보유 자산 수익이 감소하고, 저축률도 감소하면서 일본 내 자금 여력은 급격히 약화되고 있다. 일본의 만성적인 재정적자를 충당하기 위해서는 해외 자금으로 눈을 돌릴 수밖에 없는 상황으로 몰리고 있다. 장기침체로 세수입이 줄어들면서 일본정부는 재정지출의 절반을 국채발행을 통해 조달하고 있다. 일본 내 자금 부족으로 국채를 해외에 내다 팔아야 하는데 국채수익률 인상이 불가피하다.

현재 일본의 국가채무 규모를 고려할 때 엄청난 이자부담에 직면하게 될 것이다. 해외 자본 유치에 성공하기 위해서는 적어도 미국의 국채수익률 수준까지 인상해야 한다. 이는 현재 10년물 일본 국채 수익률 0.87%를 2배 인상해야 한다는 의미이다. 현재 일본의 국채 이자비용은 GDP 대비 약 2%에 달하는데, 국채수익률이 1% 높아질 때마다 이자지급비용이 2배씩 뛴다는 분석이 제기되고 있다. 일본 국채의 평균 만기는 6년 11개월인데, 경상수지 적자가 발생할 기미가 보이면 만기 이전에 일본 국채 가격이 급락하고 국채수익률이 급등하는 상황이 발생할 것이다. 일본도 남유럽과 같은 국가채무 악순환 함정에 빠져 이웃 나라보다 먼저 거지가 될지도 모르는 상황이다. 일본 정부가 지금이라도 양적 완화정책을 중단하고 강력한 구조조정에 매진해야 하는 이유들이다.

| 정부는 환율 수준에 영향을 주려는 개입보다는 수출기업의 수출경쟁력 향상할 수 있는 제도개선에 노력해야

일본의 양적 완화 정책이 엔화 대비 원화가치가 급등하고 있어 우리나라의 수출기업에 비상이 걸리고 있다. 자연히 정부에게 환율 하락을 막을

대책을 내놓으라는 목소리가 높아지고 있다. 그러나 정부가 적극적으로 개입하여 환율 하락을 막는 것은 바람직한 방향이 아니다. 정부 개입으로 일시적으로 환율 하락을 막는 데 성공할 수는 있겠지만 손실이 더 클 전망이다. 환율 하락을 막기 위해서는 지속적으로 달러를 매입해야 한다. 정부의 개입에도 불구하고 환율이 하락한다면 정부는 엄청난 자본 손실을 보게 된다. 지난해 우리나라의 경상수지는 사상 최대 규모인 430억 달러에 달했다. 어느 정도의 환율 하락은 불가피한 상황이다. 따라서 정부가 적극적으로 환율에 개입하여 대외적으로 환율조작국으로 지명되고 무역보복 조치를 당할 명분을 제공하기보다는 우리 경제의 체질을 강화하고 내수활성화의 계기로 삼는 것이 현명한 선택이다. 무엇보다 정부의 개입으로 환율하락이 지연될 거라는 시그널을 준다면 현재가 캐리트레이드(Carry Trade)의 적기라고 광고하는 꼴이 될 것이다. 핫 머니의 급격한 유출입으로 우리의 금융시장의 불확실성과 위험성만 키우게 될 것이다.

정부는 환율 수준에 영향을 주려는 개입보다 우리나라 수출기업의 수출경쟁력을 향상시킬 수 있는 제도 개선에 힘써야 한다. 우선은 기업의 세부담을 완화해주어야 한다. 기업의 법인세 최고세율 인상, 최저한세율 인상, 비과세감면 축소, 주식양도차익과세, 일감몰아주기과세 등은 생산비용 증가로 이어져 수출경쟁력을 약화시킨다. 또한 경제민주화 달성이라는 명목으로 추진되는 출자총액제한제, 순환출자금지, 중소기업적합업종제도, 금산분리 강화 등 기업 활동을 위축시키고 경쟁력을 약화시키는 제도를 무리하게 추진해서는 안 된다. 지금은 우리 경제의 체질을 강화하고 내수 활성화의 계기로 삼는 것이 현명한 선택이다. 과도한 세부담과 규제를 완화해 기업하기 좋은 환경을 만들어 주는 것이 현재 정부가 수출기업을 위해 할 수 있는 최선의 길이다.

美 출구전략, 최악의 상황을 전제한 대비책 마련해야

02

김창배(한국경제연구원 연구위원)

향후 세계경제에서 미국의 양적 완화 축소 등 출구전략의 파급 효과가 큰 리스크 요인이 될 전망이다. 2008년 글로벌 금융위기 이후 선진국들이 적극적인 양적 완화 정책을 추진하면서 미연준, ECB, 일본은행 및 영란은행 등의 자산은 2000년 1조 달러에서 2013년 6월 현재 약 6조 달러로 급증했다. 이들 중앙은행이 시중에 공급한 유동성의 상당 부분이 신흥국으로 유입(2012년 기준 1.2조 달러가량으로 추정)된 상황을 고려할 때, 선진국의 단계적 출구전략 시행은 신흥국 경제로부터 자금 이탈을 발생시켜 신흥국 경제의 불안정성을 확대시킬 가능성이 높기 때문이다. 이미 예고편은 나온 셈이다. 2013년 5월 버냉키 의장의 출구전략 시행에 대한 언급만으로도 인도네시아, 브라질, 터키 등 신흥시장에서 주가 하락, 금리 상승, 통화가치 하락과 같은 부작용이 속출했다.

| 출구전략 리스크에서 결코 자유롭지 못한 한국경제

다행히 우리나라의 경우, 큰 폭의 경상수지 흑자, 충분한 외환보유액, 높아진 국가신용등급 등의 측면에서 아직까지는 인도, 인도네시아, 브라질 등 일부 취약 신흥국과 차별화된 취급을 받고 있다. 하지만 이러한 차별성은 얼마나 지속될 수 있을까?

한국경제연구원의 "美 출구전략 이후 자본이탈 가능성 점검"이라는 보고서는 2009년 이후 우리나라 주식 및 채권시장으로 유입된 순누적 해외 자본이 GDP 대비 약 8.7%로 신흥국 평균인 8% 이상을 기록하고 있고 우리나라 자본유출지수[10]는 1.2로 터키(3.0), 베트남(1.2) 등과 같은 높은 수준이라는 분석을 내놓았다. 단기외채 비중이 높고 대외 개방도에 따른 자본유출입 규모가 적지 않다는 점에서 다른 신흥국에 비해 월등히 낫다고 할 수 없다는 평가다. 또 신흥국에서 심각한 자본유출이 확산되어 세계 경제의 불안 요소로 작용할 경우 대외의존도가 높은 한국경제도 타격을 피해갈 수 없다. 1994~95년 중 미연준의 급격한 기준금리 인상(3%→6%)이 멕시코, 아르헨티나 통화가치 하락으로 이어지고 이러한 여파로 양호한 펀더멘탈(?)을 믿던 한국도 외환위기를 당하지 않았던가?

| 최악의 시나리오를 전제한 철저한 대비책이 필요해

미국 출구전략 시행은 시기의 문제일 뿐 예정된 리스크다. 앞서 살펴보았듯이 국내 금융·외환시장 및 실물시장도 그 충격에 자유롭기는 쉽지 않다. 충격을 최소화하기 위한 몇 가지 정책 제언을 하자면 다음과 같다.

첫째, 경상수지의 지속적인 흑자 유지와 충분한 외환보유고 확충이 필요하다. 다행히 경상수지는 현재 불황형에 가깝지만 큰 폭의 흑자기조를 지속하고 있고 외환보유고도 2013년 9월 말 현재 3369억 달러로 사상 최대를 기록 중에 있다. 하지만 미 출구전략과 관련해 불안을 겪고 있는 인도네시아, 인도, 터키 등이 그간 선진국들의 양적 완화 정책으로 유입된 자금에 의존하여 성장세를 유지하면서 막대한 경상수지 적자를 안고 있는

---

10) 자본유출지수(capital freeze index): 경상수지 적자 규모, 외환보유고 대비 단기외채 비중, 민간 신용 규모 및 증가율, 금융시장 개방 정도 등으로 평가하는 지수로 지수가 클수록 자본유입이 일시에 중단되거나 자본 유출이 급속도로 진행될 수 있는 위험성에 상대적으로 많이 노출되어 있음을 의미

국가라는 점에 주목해야 한다. 1997~98년 우리나라 외환위기도 누적된 경상수지 적자와 외환보유고 부족이 중요한 단초가 되었음도 상기해야 할 것이다. 신흥국에 대한 수출동향을 예의 주시하고, 전통적인 방식에 의해 산출된 적정 외환보유고보다 다소 많은 양의 외환보유가 필요하다는 지적도 유념해야 할 대목이다.

둘째, 높은 자본시장 개방도를 감안해 보다 강화된 거시건전성 정책 수단의 활용이 필요하다. 정부도 선물환 포지션 한도 규제(2010년10월), 외환건전성 부담금(2011년 8월), 외국인 채권투자 비과세 조치 철회(2011년 1월) 등 외화건전성 제고를 위한 3종 세트를 가동 중에 있다. 하지만 앞서 언급했듯이 자본유입 규모 및 자본유출 지수로 파악한 결과, 우리나라 금융시장은 선진국 출구전략 시행 위험에 일정 수준 이상 노출된 것으로 평가되고 있다. 더구나 하반기 이후 외국인 주식순매수 흐름에서 보듯이 일부 불안정한 신흥국 시장을 빠져나간 외국인 자금이 상대적으로 안전한 한국으로 유입될 가능성은 점증하고 있다. 높은 수준의 자본시장 개방도 유지가 국제금융시장의 일원으로서 필요한 사항이라 해도 이에 따른 적절한 정책과 모니터링이 반드시 수반되어야 한다. 경제의 기초 여건에 비해 과도한 외국자금의 유입은 언제라도 국제 단기자금의 작전 대상이 될 수 있음을 우리는 이미 경험한 바 있다.

셋째, 자본유출에 대응하기 위해 금리를 인상할 경우 다수의 부작용이 예상되므로 신중을 기해야 한다. 거시적 안정성이 확보되지 않은 경우 급격한 자본유출을 막기 위한 금리 인상은 효과적이지 못한 정책이 될 우려가 많기 때문이다. 인도네시아는 지난 6월 13일 이후 세 차례에 걸쳐 정책금리를 6.00%에서 7.25%로 올렸으나 지속적인 자본유출을 경험해야 했다. 통화가치 하락폭 이상의 대폭적인 금리인상이 아니고는 자본 유출을 막을 수 없다는 점은 97년 아시아 외환위기의 또 다른 교훈이기도 하다. 또한 대내외 여건의 불확실성이 여전한 상황에서 섣부른 금리인상은 국내 경기회복을 지연시킬 뿐 아니라 가계부채 부실, 금융 불안정 등을 통해 오히려 우리 경제의 거시적 안정성을 훼손할 우려도 있다.

출구전략이라는 '태풍'은 미국경제의 회복이라는 긍정적 측면, 시행시기 조절 등을 감안할 때 그 세력이 급속히 약화될 수도 있다. 태풍으로 현실화되더라도 양호한 펀더멘탈을 가진 한국을 비껴갈 수도 있다. 하지만 대비책은 언제나 최악의 시나리오에 맞추어져야 한다. 그래야 안전하다.

03
외국인 투자촉진 위한 국내 기업환경 개선의 필요성

이병기(한국경제연구원 선임연구위원)

최근 GDP 대비 외국인직접투자(inward FDI)의 비중이 정체 또는 감소하고 있다. 반면 우리나라의 해외직접투자(outward FDI)는 매우 빠르게 증가하고 있다. 이 같은 현상이 발생하는 것은 국내기업의 규제환경, 생산비, 시장규모 등 국내기업 환경이 경쟁 상대국에 비해 좋지 않기 때문이다.

외국인직접투자는 생산, 고용 등 성장에 미치는 파급효과(spillover effect)가 매우 크다. 또한 외국인직접투자의 비중이 높은 산업에서 생산성 증대효과가 크다. 이것은 외국인투자가의 지분참여로 기술이전이 확대되어 당해 기업의 생산성이 증가되는 것을 의미한다. 우리나라 자료를 이용하여 분석한 대외경제정책연구원의 연구결과에 따르면 2007년도 외국인직접투자 총 7.2조원 유치로 생산효과는 GDP의 약 1.1~1.5%, 고용은 총 취업자의 약 0.42~0.56%를 증가시키는 효과가 발생한 것으로 추정된다.

UNCTAD의 자료에 따르면 우리나라의 GDP 대비 외국인직접투자 비율은 2000년 이후 지속적인 감소추세를 나타내었고 2008년 이후 빠른 감소추세를 나타냈다. 반면 GDP 대비 해외직접투자 비율은 2005년 이후 급격한 증가추세를 나타내었다. 2012년 GDP 대비 외국인직접투자 비율은 0.86%인 반면, GDP 대비 해외직접투자 비율은 2.85%를 나타내었다. 34개 OECD 국가 중에서 우리나라의 GDP 대비 FDI비율의 순위는 하위권인 25위에 머물고 있다.

| 외국인투자 촉진을 위해 노사관계, 법인세 인하, 외투법 개정 등이 필요해

외국인직접투자가 국내경제에 미치는 파급효과가 매우 큰 것으로 나타나고 있지만 이를 활성화하기 위해서는 기업을 둘러싼 환경이 대폭 개선될 필요가 있다. 외국인직접투자를 저해하는 요인은 노동관련 규제, 높은 법인세, 소유규제 등을 들 수 있다.

무엇보다도 외국인직접투자의 활성화를 위해서는 노사관계가 개선되고 고용보호 규제가 대폭 개선될 필요가 있다. IMD의 '2013년 국가경쟁력 평가'에서 한국은 60개국 가운데 22위를 기록했다. 그렇지만 노사관계 생산성(56위)은 최하위 점수를 받았다. Japan Club, AMCHAM, EUCCK 등 주요 외국인 상공인들은 우리나라의 불안정한 노사관계를 비판적인 시각으로 바라보고 있다. 또한 법인세 등이 인하되어 경쟁국보다 낮은 법인세 비율이 유지되는 것이 바람직하다. 아일랜드가 과감한 외국인직접투자 정책을 통해 경제를 성장시켰던 것처럼 기업하기 좋은 환경을 마련하는 것이 중요하다. 아일랜드는 1990년대 중반 법인세율을 40%에서 2000년도 중반 12.5%로 대폭 인하하였고 이로 인해 많은 외국인기업을 유치할 수 있었다. 그러나 최근 정치권에서는 법인세 인상 논의로 세계적인 법인세 인하경쟁과 괴리된 방향으로 나가고 있어 우려되는 것이 현실이다.

더불어 외국인직접투자 활성화를 위해서는 기업소유와 관련된 규제가 완화되어야 한다. 우리나라의 FDI규제지수 중 외국인의 주식취득 제한이 가장 높다. 최근 문제가 되고 있는 것은 지주회사 규제 가운데 손자회사가 증손회사를 보유하는 것을 규제하는 것이다. 손자회사가 증손회사 지분을 100% 보유하는 경우에만 보유를 허용하고 있다. 이 같은 규제로 인해 지역경제 활성화, 고용창출 효과가 큰 외국인투자기업과 합작투자회사를 설립하는 것이 어렵게 되는 문제점이 있다. 따라서 우선적으로 외국인투자촉진법 개정을 통해 외국인직접투자를 통한 합작회사 설립이 가능하도록 허용할 필요가 있다. 마지막으로 외국인직접투자 활성화를 위해서는 경제자유구역뿐 아니라 경제 전반의 기업하기 좋은 환경 마련이 동시에 추진되어야 할 것이다. 외국인직접투자 규제가 늘어나면 외국인투자는 줄어들기 때문이다.

글로벌 전문기업의 경쟁력 제고 위해 국제 아웃소싱 적극 활용해야

04

최남석(한국경제연구원 부연구위원)

원화 강세가 당분간 지속될 예상이다. 최근 자동차·철강·전자·석유화학 등 주요 수출업종의 대기업들은 수출은 늘어도 이익이 되레 줄어들고 있다. 환율효과가 사라지면서 우리 기업의 체력저하에 대한 우려가 현실화되고 있다. 엔저·약달러·원화 강세 시대에 글로벌 전문기업[11]의 경쟁력을 제고하고 수출과 국내 생산 및 고용도 늘리는 선순환 체계를 가져오려면 어떻게 해야 할까?

| 국제아웃소싱 확대는 값싼 노동력 때문이고 국내 일자리를 줄인다는 오해 버려야

글로벌 전문기업의 경쟁력 제고를 위한 수출전략으로서 국제 아웃소싱의 활용을 직관적으로 떠올리지 못하는 것은 국제 아웃소싱에 대한 두 가지 오해에서 비롯된다.

첫째, 국제 아웃소싱은 생산비 절감을 위해 주로 노동집약적 산업에서

---

11) 산업통상자원부 자료에 따르면 한국의 수출 1억 달러 이상을 기록하는 글로벌 전문기업의 수는 2012년 기준으로 약 217개이며 총 수출액은 약 648억 달러를 기록하였다. 정부는 시장정보, 기술개발, 수출전략, 마케팅, 금융, 인력 등을 지원하여 2017년까지 400여 개의 글로벌 전문기업을 육성할 방안이다.

저임금 노동력을 찾아 신흥국으로 생산기지를 옮기는 것이라는 오해이다. 사실 국제 아웃소싱은 값싼 노동력뿐만 아니라 ICT 및 운송·물류 혁명을 통한 생산과정의 세분화가 가능해지면서 경쟁력 있는 생산요소를 최대한 활용하여 모든 생산과정에 걸쳐 부가가치창출을 극대화하기 위한 기업의 경영전략이다. 글로벌 가치사슬은 기업의 글로벌 경영여건, 지리적 위치, 생산요소부존도 등을 감안하여 생산과 경영을 지리적으로 분리하여 비교우위가 있는 경영환경에서 기업활동을 수행하는 것이다. 기업의 생산과정 효율성을 높이기 위해서 국내에만 제한하지 않고 국경을 가로질러 전 세계 어떤 곳이든지 비교우위가 있는 생산요소들을 글로벌 가치사슬 안으로 통합하기 위한 합리적 선택의 결과이다. 따라서 국제 아웃소싱은 저임금 노동집약 산업뿐만 아니라 고기술 산업에서 더 활발하게 이뤄지고 있으며 대부분의 산업에서 나타나고 있다.

둘째, 해외생산이 국내 일자리를 줄인다는 주장이다. 국제 아웃소싱을 활용하여 글로벌 가치사슬 안에서 대기업과 중소·중견 기업 간 협력적 기업생태계를 조성할 경우, 대기업의 해외현지 생산 및 판매 증대가 국내 중소·중견 기업에 더 많은 사업기회를 만들어 내고 이를 통해 일자리 창출로 이어지는 선순환 구조를 만드는 기폭제가 될 수 있다. 한국 대기업의 글로벌 가치사슬 확장을 통한 일자리 창출 사례는 베이징현대차 사례에서도 확인할 수 있다. 2000년~2011년 현대자동차 협력업체의 국내고용자료 및 OECD-WTO의 산업별 글로벌 부가가치 수출자료를 이용해 고용 증가율을 중심으로 현대자동차 협력업체와 비협력업체를 비교분석한 결과 베이징현대차 현지판매량이 급격히 증가한 2011년에 현대자동차 중소·중견협력업체의 국내고용과 매출 및 해외수출이 비협력업체보다 크게 증가한 것으로 나타났다[12]. 이는 한국 대기업이 새로운 시장을 개척하

---

12) 최남석(2013), 『한국 대기업의 글로벌 가치사슬 확장을 통한 일자리 창출』, KERI-Brief 13-25, 한국경제연구원.

기 위해 글로벌 가치사슬을 확장할 경우 동반 진출한 협력기업의 국내생산, 매출 및 해외수출이 증가하면서 결과적으로 국내 일자리창출을 촉진할 수 있음을 보여준다.

| 글로벌 전문기업의 경쟁력 제고 위해 업무교역(task trade) 확대하고 글로벌 가치사슬 확장에 참여해야

이상에서 살펴본 바와 같이 국제 아웃소싱에 대한 단편적인 주장과는 달리, 국제 아웃소싱은 글로벌 가치사슬상에서 기업의 부가가치 창출 극대화를 촉진함으로써 기업의 생산, 매출, 해외수출 및 고용에 긍정적 영향을 미칠 수 있다. 이와 같은 특성을 감안하여 글로벌 전문 기업의 경쟁력을 높이기 위해서는 국제 아웃소싱을 다음과 같이 적극적으로 활용해야 할 것이다.

첫째, 국제 아웃소싱을 통해 국내 근로자가 비교우위를 갖는 업무(task)의 교역을 확대해야 한다. 업무의 아웃소싱은 상품(goods)의 아웃소싱이 아니라 생산과정의 한 부분에 해당하는 업무를 아웃소싱한다는 면에서 상품의 아웃소싱과 다르다. 상품을 아웃소싱할 경우 교역의 이익이 근로자, 기업가, 소비자 등 시장참여자에게 분배되는 데 있어서 갈등을 가져올 수 있다. 이는 상품을 아웃소싱할 경우 국내 근로자와 해외 현지 근로자의 고용 간에 대체관계가 보완관계보다 크게 나타날 수 있기 때문이다. 기업은 저임금 노동력을 통해 교역의 이익을 얻지만 아웃소싱되는 상품을 생산하는 근로자는 직업을 잃게 된다. 이는 국내 근로자의 일자리가 저임금 국가로부터의 상품 수입으로 대체될 수 있기 때문이다.

그러나 국제 아웃소싱을 통해 생산과정상의 업무를 교역할 경우에는 해외 근로자가 비교우위를 갖는 복잡성이 낮은 업무는 아웃소싱하지만 아웃소싱을 할 수 없는 고지식집약적 업무에 대해서 국내 근로자가 비교우위를 갖고 특화할 수 있게 된다. 이 경우 국내 근로자와 해외 현지 근로자는 상호보완관계를 갖게 되며 서로의 비교우위에 특화할 수 있게 함으로써 생산성을 향상시키게 된다. 결과적으로 생산 및 매출, 수출이 증가하고 고용이 증가하게 되어 국내 근로자와 기업가 모두에게 교역의 이익을 가져다준다. 또한 국내 근로자와 해외 현지근로자의 보완관계로 인해 양국에서 노동수요가 증가함으로써 일자리가 함께 늘어날 수 있을 것이다.[13] 실제로 우리나라의 기술집약적 산업에서 국제 아웃소싱의 확대는 국내 근로자의 생산성 증가효과로 인해 결과적으로 국내 일자리를 증가시키는 것으로 나타났다[14].

둘째, 글로벌 전문기업과 대기업 간의 비즈니스 협력기회를 확대해야 한다. 이를 위해 글로벌 전문기업의 대기업과의 해외 현지시장 및 제3국 시장 동반진출 가능성도 높여야 한다. 우리나라 글로벌 전문기업을 중심으로 한 일자리 창출 여건은 기술활용 및 새로운 거대시장 개척을 위한 대기업의 글로벌 가치사슬 확장에 협력관계를 통해 참여하는 것이다. 국내 협력기업이 대기업과 연계하여 해외진출을 추진할 때 국내 매출과 생산이 증가하면서 결과적으로 국내 고용이 증가할 수 있다.

국내 중소 · 중견기업들이 글로벌 전문기업으로 성장함으로써 글로벌 전문기업이 더 많이 나타나야 할 때다. 이를 위해 국내 기업들이 글로벌 가치사슬 참여를 통해 국제 아웃소싱을 적극적으로 활용할 필요가 있다. 국내 근로자의 생산성 및 업무복잡성 업그레이드를 통해 기업의 고부가가치 수출 및 영업이익도 증가할 수 있을 것이다. 글로벌 전문기업의 경쟁력 제고를 위해 국제 아웃소싱을 적극적으로 활용해야 할 것이다.

---

13) Ottaviano, Gianmarco I. P., Giovanni Peri and Gregory Wright (2013), "Immigration, Offshoring, and American Jobs," *American Economic Review* 103(5):1925-1959.
14) Choi, Namsuk (2013), "The Effects of International Outsourcing on Job Growth in Korea," KERI-ADB 공동주최 국제컨퍼런스 『아시아 제조업의 미래』 발표논문집. 참조

우리 기업들이 ISD를 활용하려면

05

최원목(이화여대 법학전문대학원 교수)

론스타가 한국정부를 상대로 투자자-국가중재소송(ISD)을 제기했다. 이제 상당수의 국민의 뇌리 속에 ISD는 외국 먹튀 자본이 우리 정부를 괴롭히는 수단으로 인식되게 되었다. 우리의 글로벌 경제의 현주소에 걸맞게 ISD의 진가를 이해할 필요가 있다. 갈수록 해외투자 진출을 늘리는 우리 기업들이 이 제도를 적극적으로 활용할 수 있다는 말이다. ISD는 기본적으로 신속하고 직접적인 권리구제가 필요한 국제투자 분쟁에서 이를 불필요하게 외교문제화하지 않고 투자자가 정부와 직접 문제를 해결하도록 하는 현대적인 요구를 반영한 제도다. 한-미 간에 ISD제도가 FTA를 통해 자리 잡음으로써 미국에 진출한 우리 기업들도 ISD에 대한 적극적 활용 마인드를 가져야 한다.

ISD를 활용하려면, 우선 진출대상지 당국 또는 파트너와 투자의향서를 주고받을 때부터 신경 써야 한다. 투자의 목적, 기대 효과 및 예상수익 등을 미리 상세히 기술하여 공식 서한이나 MOU 형태의 문서로 교환해 두면, 나중에 현지 정부의 부당한 규제로 인해 이러한 기대가 저해되었음을 입증하기가 수월해진다. 간접수용[15]의 성립요건 중 하나가 "투자자의 합리적 기대를 저해하는 규제가 취해질 것"임을 기억해야 한다. 미국의 연방정부와의 투자양허계약을 체결하는 경우, 미국정부의 계약위반 행위에 대해서도 한-미 FTA상의 ISD제소가 가능하다. 이때 계약에 명시된 적용법규가 ISD심리의 준거법이 되므로, 투자양허계약에 준거법을 기재할 때는 가급적 우리 기업에 유리한 법규를 지정하도록 신경 써야 한다.

이러한 투자 행위 이전 노력들은 설립 전 투자비용 문제 발생도 유도할 수 있어, 한-미 FTA의 사전 투자자 보호조항을 원용할 수 있게 된다. 이중국적자는 한국이 지배적인 활동지임을 입증해야 하고, 한국인이 아닌 사람이 실제로 통제하는 한국기업의 경우는 실질적 영업활동을 반드시 한국 내에서 전개하도록 해야 한다. 외국인이 경영권을 쥐고 있으면서 명목상으로만 한국 내에 설립한 회사는 한-미 FTA상의 ISD제소 자격이 없다는 말이다. ISD는 결국 투자자가 입은 손해를 금전적으로 배상받는 제도다. 규제 이전과 이후의 시장점유율 감소 추세를 보여주는 각종 통계자료는 규제로 인한 직접적 손해 발생을 입증하기에 유력한 증거이니 미리 챙겨 둘 필요가 있다.

무엇보다도 ISD제소를 위한 각종 절차적 요건에 대해서도 정확하게 이해해야 한다. 제소장을 송부하기 이전에 체크해야 할 사항으로, 1) 먼저 협상을 통한 분쟁해결을 시도했는지, 2) 제소일로부터 최소한 90일 이전에 제소의향서를 송부하여 의무 위반사항, 사실관계 및 구제액수에 대한 정보를 상대국 정부에 제공했는지, 3) 분쟁 사안이 발생한 시점으로부터 6개월 이후에 제소가 가능하며, 3년이 지나가 버리면 제소가 불가능하니, 이러한 유효기간에 해당되는지, 4) 국내 쟁송을 이미 진행 중이면 이를 포기해야 ISD제소가 가능한바, 국내소송의 서면포기서가 준비되어 있는지 등이다.

---

15) 현지 당국의 규제가 특별히 투자협정상의 의무를 위반하는 것이 아니더라도 투자자에 대한 심각한 자산박탈과 같은 정도의 영업 손실 효과가 발생하면 ISD제소를 통해 보상받을 수 있는 제도

| 투자기업은 ISD 제소, FTA 분쟁패널 절차, 미국 내 소송 등 다양한 선택의 장단점을 신중히 고려해야

투자기업 입장에서는 결국 ISD로 제기할지, 아니면 정부 간 FTA 분쟁패널 절차나 국내소송 절차로 제기할지를 선택할 수 있다. 소요시간, 비용, 투자유치국과의 우호관계, 쟁송과정에 대한 주도권, 구제수단 등의 요소를 감안하여 최적의 쟁송절차를 택해야 할 것이다. ISD는 평균 3년 반정도의 기간이 소요되므로 1년 반이면 판정을 받을 수 있는 정부 간 FTA 분쟁패널 절차에 비해 오래 걸린다. 또한 해당 투자자가 직접 투자유치국 정부를 상대로 중재를 진행하므로, 그 과정에서 투자유치국 내의 비판적 여론의 피해를 해당 투자자가 직접 입게 되며, 투자유치국 정부당국과의 관계가 악화될 가능성이 크다. 투자를 모두 철수하고 떠나는 상황이 아닌 한 투자기업의 입장에서는 이러한 문제가 부담스럽지 않을 수 없다. 반면, 정부 간 분쟁해결절차는 투자자의 본국 정부가 정부 대 정부로서 대등한 관계에서 문제를 객관화하여 제기할 수 있다는 측면에서 위와 같은 투자자의 2차적 피해를 줄일 수 있는 여지가 있다.

반면, 정부 간 패널절차는 투자자의 본국 정부가 주도권을 쥐므로 외교적 고려가 우선시되어 해당 투자자의 이익이 완전히 반영되지 않는 경우가 많다. 더구나 정부 간 분쟁해결절차의 구제수단은 불법상태의 종료이지 피해자 손해배상이 아니다. 우리 정부가 패널 절차에서 승소하는 경우, 투자자 입장에서는 그동안 입은 손해를 배상받지는 못하며, 앞으로 해당 규제를 더 이상 당하지 않는 혜택만 입을 수 있다는 말이다.

마지막으로 미국 내의 국내 소송으로 미국정부를 제소하는 경우에는 대법원까지 상소될 수 있어 시간이 많이 걸리고, 미국 배심원 제도의 속성상 외국투자자에 불리한 판결이 내려질 가능성도 배제할 수 없는 점을 고려해야 한다. 아울러 반드시 쟁송절차를 거치지 않고도 투자 옴부즈만 제도를 통한 청원이나 각종 사전 조정기능을 활용하여 조용한 해결을 추구하는 방안에 대한 장단점도 체크해야 한다.

ISD 진행 시에는 모든 과정에 제출하는 각종 서류에 대해, 기업 비밀을 이유로 정보에 대한 보호를 요청할 수 있으므로, 비밀정보는 철저하게 보호를 요청해야 한다. 우리 투자자가 패소한 판정일지라도, 판정에 결정적으로 영향을 미칠 수 있는 새로운 사실을 나중에 발견한 경우, 중재판정의 수정을 요청할 수 있고, 재판부 구성의 하자, 월권행위, 부정행위, 절차규칙 일탈 등의 문제가 있는 경우는 중재판정의 취소청구를 제기할 수 있다. 적지 않은 수의 판정이 취소된 사례가 있음에 비추어 취소 절차의 요건과 한계를 숙지하여, 부당한 판결에 대한 불복절차를 적극 활용해야 한다.

실제로 ISD에 문제를 회부하지 않더라도 그 관련 지식을 정확하게 이해하게 되면 해외투자자가 투자거래 및 정부규제에 대한 대응에 있어 각종 레버리지를 높일 수 있음도 인식해야 한다.

RCEP 협상 개시와 일본의 역할

06

정인교(인하대 경제학부 석좌교수)

1997년 동아시아 금융위기 발생으로 촉발된 아세안+3(한중일) 정상회의는 일본의 통상외교적 전략에 따라 2005년 호주, 뉴질랜드, 인도로 확대되어 아세안+6 정상회의(정식명칭은 동아시아 정상회의)로 발전했다. 동아시아 경제통합 논의는 지난 15년간의 논의와 연구를 거쳐 2012년 11월 아세안+6 경제통합의 시발을 의미하는 '역내 포괄적 경제동반자협정(RCEP)' 협상 개시로 발전했다. 한편, 아세안 국가들은 기존 아세안 FTA(AFTA) 체제와 '아세안 중심주의(ASEAN Centrality)'의 공고화에 주력해 왔고, 동북아의 한중일(CJK) 3국은 2001년부터 논의해 온 3국간 FTA 협상을 2013년부터 시작하기로 합의했다.

향후 동아시아에는 AFTA, CJK FTA 및 RCEP이 주요 무역블록으로 추진될 것이다. 이들 협정이 상호 견제할 것인지 아니면 경제통합의 도미노 효과가 발생하여 가장 많은 국가가 참여하는 RCEP으로 지역통합될 수 있을 것인가에 대해 확신하기 어렵다. 무엇보다 향후 AFTA-ASEAN Centrality와 CJK FTA가 양립하기 어렵기 때문이다. ASEAN 국가들은 기존 ASEAN+1 FTA 체제를 근간으로 ASEAN이 지역경제통합에 리더십을 유지해야 한다고 주장하고 있으나, 동북아의 CJK FTA가 형성되면 지역경제통합 논의에서 CJK FTA로의 무게중심 수렴이 불가피하기 때문이다.

이에 앞서 CJK FTA가 과연 실현될 것인가에 대해서도 의문을 던질 수 있다. 미국 주도의 TPP와 아세안과 일본이 추진해온 RCEP에 대응하기 위해 2011년부터 중국은 CJK FTA 협상 개시를 한국과 일본에게 강력 요청해 왔다. 중국의 부상과 동아시아에서의 리더십 약화를 우려해 온 일본은 중국이 주창해왔던 동아시아 FTA(ASEAN+3 FTA)보다는 동아시아경제동반자협정(CEPEA, 사실상 ASEAN+6 FTA) 추진을 내걸었다가, 2011년 아세안과 더불어 CEPEA라는 명칭 대신 RCEP으로 포장한 동아시아 경제통합체를 들고 나오게 되었다.

| 동아시아 경제통합을 위한 일본의 적극적 움직임

내각제 정치체제와 농업부문의 강력한 정치권 로비로 그동안 일본의 FTA 정책은 한국이나 중국에 비해 후진성을 면하기 어려웠다. 2011년 APEC 정상회의를 전후하여 현 노다 정부는 TPP 협상 참여를 대대적으로 공언하였지만, 농업계의 반대로 TPP에 참여하지 못했다. 미국 및 EU와의 FTA 협의를 언론을 통해 간간이 흘리고 있지만, 일본 국내 정치용일 뿐 실질적인 진전은 아직 없다. 2004년 말 중단된 한일 FTA 협상을 재개하기 위해 다방면으로 한국 관계자들을 설득해 왔지만, 실무급 논의만 수년째 하고 있을 뿐 협상 개시 가능성은 매우 낮다.

하지만 일본 통상당국은 중국의 리더십 부상에 대응하고, 일본 국민들에게 자국이 주도하는 동아시아 경제통합 추진을 보여주기 위해 다각도로 노력해 왔다. 2012년 11월 19일 캄보디아 프놈펜에서 개최된 제15차 ASEAN+3 정상회의에서 일본 통상당국은 그동안 노력의 결실을 구체화할 수 있었다. 명칭조차 생소하지만 뭔가 심오한 내용을 담은 것으로 비쳐질 수 있는 RCEP 협상 개시 선언으로 자국 내에서 지난 몇 년 동안 논란이 되었던 TPP 가입 논란을 접을 수 있게 되었다. 미국이 주도하는 TPP보다는 일본의 정책방향이 반영된 RCEP을 주도해 나가게 되었다는 것을 자국 국민들에게 널리 홍보할 수 있게 된 것이다. 또한 중국이 주도했던 한중일 FTA를 통해 그동안 중단되었던 한일 FTA 대체 수단을 확보하게 된 것은 공짜로 챙긴 정치적 어부지리가 될 것이다.

그러나 일본 당국이 한중일 FTA, 좁게는 중국과의 FTA를 타결할 수 있을 것인가에 대해서는 낙관하기 어렵다. 한중 FTA 협상에 대응하기 위해 일본은 한중일 FTA 구도 내에서 중국과의 FTA를 추진하지 않을 수 없다는 통상당국의 설득이 일본 농업계와 농업정치인들의 반대를 돌파하지 못할 가능성이 높기 때문이다. 2013년에 한중일 FTA 협상은 시작되겠지만, 3년 내 타결은 어려울 것이다. 최소 5년 이상의 시간을 보낸 후에 협상 타결이 가능하거나, 몇 번의 협상 후 적당한 명분하에서 명칭을 바꿔 '유명무실한' 협정을 만들어 서명함으로써 3국이 체면만 살리는 결과가 나타날 공산이 크다.

동아시아 지역에서의 원산지 기준 조화, 서비스와 투자, 통상제도 선진화 등으로 RCEP 범위를 국한시켜 추진하는 반면, 관세를 포함한 시장개방은 기존 양자 간 FTA를 수용하는 방향으로 입장을 정함으로써 RCEP 협상이 조기에 타결되도록 할 것이란 점이 언급되고 있다. 농업개방 문제를 비켜나가는 그야말로 일본식 발상이다. 하지만, 아세안+1 FTA에서의 원산지기준은 주로 40% 부가가치 기준이어서 세계에서 가장 단순한 형태를 갖고 있기에 원산지기준 조화로 기대할 수 있는 이익은 극히 제한적이다. 서비스와 투자 역시 FTA에서 개방되는 것은 별로 없고, 특히 아세안 국가와 인도가 참여하는 RCEP에서는 기대난망이다.

| FTA대국으로서의 한국, 동아시아 경제통합 논의에서 신중한 정책결정에 필요할 때

경제통합 도미노이론에 따르면, 동아시아 경제통합이 제대로 진전되기

위해서는 지역 내에서 경제규모가 큰 한중일 FTA 결성이 먼저 이루어져야 한다. 3자 간 FTA는 양자 간 FTA를 기반으로 하게 된다. 일반적으로 3자 간 협상은 양자 간보다 이슈가 더 많아지고 협상타결이 더 어렵다. 우리나라는 이미 세계 최고 수준의 FTA망을 구축했고, 현재 중국과 양자 간 FTA 협상을 하고 있다. 하지만, 농업을 포함한 높은 수준의 FTA를 일본 당국이 확약하더라도 한일 FTA 추진에 선뜻 나서기 어렵다. 일본과의 FTA에서는 다수 중소기업이 피해를 볼 수밖에 없고, 일본과의 FTA 수지 타산을 맞추기 어렵기 때문이다.

실제로 정부와 국책연구기관이 발표한 자료를 보면, 한중 FTA 하에서 한국은 GDP 2~3%를 기대할 수 있으나, 한중일 FTA에서는 1%대 GDP 경제효과가 실현된 것이란 점만 봐도 이를 알 수 있다. 한중 FTA의 과실을 까먹는 한중일 FTA 협상을 정부 당국은 어떻게 설명할 것인가? 그동안 우리나라가 추진해온 FTA 추진논리의 핵심은 GDP 개선 효과였다.

중국과 일본 사이에서 줄타기 통상외교를 하지 않을 수 없는 통상당국의 입장도 이해가 되나 우리나라에서 통상정책의 근간으로 자리잡은 FTA 정책을 유지하고, FTA 통상정책에 대한 대국민 지지를 이끌어내기 위해서는 보다 면밀한 분석과 일관성 있는 정책을 모색해야 할 것이다. 동아시아뿐만 아니라 세계적으로 보더라도 FTA에 관한 한 우리나라는 이미 FTA 대국이다. 다른 국가의 입장에 끌려갈 것이 아니라 국익 차원에서 신중한 정책결정이 필요할 것이다.

60주년 맞은 한미 동맹,
이제 겨우 첫돌 지난 한미 FTA

김형주(LG경제연구원 연구위원)

07

5월 7일, 박근혜 대통령과 오바마 대통령은 워싱턴 DC에서 정상회담을 갖고 지난 60년간 이뤄온 양국 관계의 발전을 기념하며 더 긴밀한 협력을 다짐하는 공동선언을 제시하였다. 한미 정상은 이 선언을 통해 그동안 양국의 동맹 관계가 안보 협력을 넘어 정치와 경제, 문화와 인적 교류에 이르기까지 다양한 분야에 걸쳐 폭넓게 진화해 왔음을 강조하면서 앞으로의 두 나라 관계 역시 계속 발전되어 갈 것이라는 강한 기대와 의지를 내비쳤다.

이처럼 한미 동맹의 범위가 꾸준히 확대되어온 가운데 양국은 작년 3월의 FTA 발효를 통해 경제협력의 새로운 단계에 진입하였다. 이번 공동선언문에서도 한미 FTA가 양국의 파트너십이 긍정적으로 진화하고 있음을 구체적으로 보여주는 좋은 사례인 동시에, 성장과 번영의 미래를 만들기 위한 한·미 양국의 의지가 얼마나 깊은지를 보여주는 기념비적인 사건이라고 평했다. 다만 한미 동맹이 지난 60년 동안 산전수전 다 겪으며 공고해진 것과 달리 '한미 FTA'는 이제 겨우 첫돌을 맞았으며, 아직도 가야 할 길이 많이 남은 상태라는 점에 유의해야 한다.

| 경제적 평가는 아직 너무 일러

일반적으로 FTA의 성과는 무역 확대, 직접투자 활성화, 산업경쟁력 개선 등을 기준으로 판단한다. 그 중에서 무역이나 투자 분야의 실적은 대체로 긍정적이었다는 평가가 많다. 그러나 아직은 성과의 쏠림이 너무 크고, 대미 교역은 연간 단위로 이뤄지는 장기 계약이 많아 성공 여부나 성과의 크기를 논하기에는 다소 이르다.

지난 1년간, 즉 2012년 3월부터 2013년 2월까지 우리나라의 전체 수출이 전반적으로 위축되는 상황에서도 대미 수출은 1.4%나 증가했다. 특히 FTA 혜택 품목의 경우 수출 증가율이 10.4%에 달했다. 그러나 수입 측면까지 고려하면 평가가 엇갈린다. 총수입 증가율이 −3.8%를 기록할 정도로 위축된 가운데 미국으로부터의 수입은 세 배 가까운 9.1%나 줄어들었고, 그 결과 대미 무역수지 흑자가 전년 대비 39.1%나 증가했기 때문이다. 직접투자 역시 무역과 유사한 패턴의 비대칭성을 보였다. 미국의 대한국 투자는 두 배 이상 늘어난 45억 달러(신고 기준)를 기록했지만 한국의 대미 투자는 건수와 금액 모두 줄어들었다.

물론 이 결과를 긍정적으로 평가하는 시각도 있다. 하지만 FTA의 기본 목표는 단순히 수출이나 무역수지 흑자를 늘리는 것이 아니라 개방을 통한 효율화, 즉 두 나라 사이에 양방향 교역과 투자 확대를 통해 자원 배분의 효율화를 높이는 것이다. 따라서 교역액 감소를 동반한 일방적인 무역수지 흑자 급증은 국내 산업경쟁력 개선과 재편에 큰 기여를 못하기에 기대했던 성과로 보기는 어렵다.

| 중소기업의 글로벌 경쟁력 향상을 통한 활용도 제고가 중요

첫돌을 맞은 한미 FTA가 제자리를 잡아가기 위해서는 중소기업들의 활용도 제고가 매우 중요하다. 다른 나라들의 사례를 보더라도 FTA 발효 직후에는 관세, 비관세 장벽 때문에 진출하지 못하던 시장을 새로 공략하는 기업들이 늘어나면서 중소기업 중심으로 수출입의 다양성이 급증하는 것이 일반적이다.

그러나 한미 FTA의 경우, 활용 실적의 대부분이 아직 대기업 거래에서 비롯되며, 중소기업의 50대 수출품 중 FTA 혜택 품목은 28개에 불과할 정도로 활용이 부진하다. 이처럼 중소기업의 FTA 활용이 빠르게 늘어나지 않는 이유로는 지나치게 높은 대기업 의존도, 글로벌화나 FTA 활용을 위한 인력 부족, 불충분한 수출 규모 등이 복합적으로 거론된다.

이 문제를 개선하기 위한 대책 역시 장단기에 따라 다르게 적용할 필요가 있다. 예컨대, 단기적으로는 원산지 증명과 같은 FTA 활용 컨설팅이나 해외 홍보 등 '지원' 중심으로 대응하는 것이 적절하다. 그렇지만 장기적으로는 중소기업들 스스로 제품 경쟁력 제고와 하도급 구조 탈피, 해외 생산 네트워크에 관한 정보력 등 글로벌 진출을 위한 근본적인 '역량'을 확충하도록 해야 한다. 특히 우리나라처럼 시장 규모가 작고 경쟁이 치열한 환경에서 강소기업으로 살아남는 유일한 방법은 세계무대 진출밖에 없다는 점을 기업들 스스로 공감해야 한다.

| 동아시아를 둘러싼 통상 질서 변화 대비 필요

한미 FTA 등 개별 무역협정도 필요하지만, 최근의 몇 가지 상황에 비춰보면 동아시아와 관련된 글로벌 통상 질서의 변화 방향을 파악하고 이런 맥락을 놓치거나 흐름에서 뒤쳐지지 않는 것이 더욱 중요하다.

먼저 동아시아 내에서 한중일 FTA, 역내포괄적경제동반자협정(RCEP), 환태평양동반자협정(TPP) 등 역내 국가 상당수를 포괄하는 다자 간 특혜 무역협정 논의가 본격화되고 있으며, 마치 각 협정들끼리 서로 경쟁하는 분위기가 감지된다는 점에 유의해야 한다. 특히 최근의 다자화 움직임은 기존 FTA의 결점을 보완하기 위한 FTA 2.0의 성격이며, 원산지 증명 등 FTA 혜택을 위한 행정 비용에 부담을 느끼는 중소기업들이 적지 않다는 점에서 이를 최소화할 수 있는 유용한 대안일 수 있다.

선진국 간의 FTA 확대 추세에도 주목해야 한다. 글로벌 경제위기 이후 실업 문제 해결을 위한 제조업과 수출의 중요성이 커지고 중국과 아시아 후발 개도국의 빠른 부상이 새로운 위협 요인으로 지적되면서 선진국들 간 경제협력의 필요성이 다시금 부각되기 시작한 것이다. 물론 선진국 간의 FTA는 산업구조의 높은 유사성, 취약 부문의 목소리가 더 잘 반영되는 정치구조 등으로 이해관계 상충이 큰 편이라 단기간에 진전될 가능성이 높지는 않다. 하지만 그 과정에서 선진국들 간 산업 협력을 촉진하고 제조업 주도권을 유지하는 데 도움을 줄 새로운 제조업 표준이나 무역 규범 탄생을 촉발시킬 수 있다는 점에서 제조업 비중과 중국 시장 의존도가 높은 우리에게 예측 못한 쓰나미가 되지 않도록 적절한 대응이 필요할 것이다.

오바마의 애플 제품 수입금지 거부권 행사, 어떻게 보아야 하나

이문지(배재대학교 법학부 교수)

08

2013년 8월 3일(미국 현지 시각), 삼성전자의 특허권 침해를 이유로 애플의 구형 스마트 기기 수입을 금지한 국제무역위원회(ITC)의 결정에 대해 오바마 미국 대통령이 거부권을 행사했으며, 미국 정부가 ITC의 권고를 거부한 건 지난 1987년 이래 처음이라는 사실이 국내의 조간신문들에 의해 보도되었다. 수입금지 조치가 해제된 제품이 애플의 주력 제품이 아니기 때문에 미 정부의 이번 거부권 행사가 삼성전자와 애플 양측의 시장점유율에 직접적인 영향을 주지는 않을 것으로 보는 것이 일반적이다. 그러나 ITC가 그 며칠 후인 9일 삼성전자가 애플의 특허권을 침해했는지 여부를 결정할 예정이고 여기서 삼성의 애플 특허권 침해를 인정하고 수입 금지 결정이 나올 가능성이 높은데 이렇게 되었을 때 오바마 대통령이 만일 여기서도 거부권을 행사하지 않는다면 보호무역주의자로 낙인이 찍힐 수밖에 없을 것이라는 논조를 국내 언론의 사설에서 발견할 수 있다. 이상과 같은 평가는 애플과 삼성전자 사이의 이른바 스마트폰 전쟁의 와중에서 미국 정부가 자국 기업의 대표 격인 애플의 편을 들었다는 시각에서 비롯된 것이다. 그러나 이렇게 좁게 보지 않고 전 세계적인 스마트폰 전쟁이 정확히 말해서 애플과 삼성전자의 사이가 아니라 아이폰과 안드로이드 진영 사이에서 벌어지는 것이고 안드로이드 진영의 대장은 미국의 구글이라고 본다면 오바마 대통령의 거부권 행사를 달리 평가할 수 있게 된다.

애플이 침해했다고 ITC가 인정한 삼성전자의 특허는 이른바 표준특허(다수의 경쟁사업자들이 공동으로 설정한 기술표준을 상업화하는 데 필수적인 특허)에 해당하는 것이고 삼성전자가 침해했는지 여부가 문제된 애플의 특허는 그렇지 않은 일반적인 특허다. 표준특허는 원래 문제의 표준이 해당 산업계에 널리 보급되기를 기다렸다가 사후적으로 특허 실시의 허락을 요청하는 기업에게 엄청난 금액의 기술료를 주든가 아니면 표준을 수용한 제품의 제조를 포기하든가의 양자택일을 강요할 위험이 있기 때문에 표준 설정 전에 표준특허 보유자가 '공정하고 합리적이며 비차별적인(FRAND)' 조건으로 특허실시를 허락하겠다고 확약하는 것이 일반이다. 여기서 FRAND 확약이 있는 표준필수특허에 대해 침해금지명령을 내릴 수 있는가의 문제가 제기되는데 원래 미국 내에서도 찬반의 견해가 대립한다. 약술하자면 특허실시허락을 위한 협상에서 특허의 실제 가치보다 많은 실시료를 받기 위해 침해금지청구의 소를 악용할 위험이 크다고 보는 입장에서는 FRAND 조건으로 실시를 허락하겠다는 확약을 했으면 특허권자가 침해금지청구의 소를 제기할 권리를 포기한 것으로 해석해야 한다고 본다. 그러나 FRAND 확약을 했더라도 특허침해금지청구권을 포기한다고 약속한 사실은 없고 특허침해금지청구를 할 수 없게 되면 특허권자가 표준화 참여에 소극적인 자세를 보일 위험이 크다고 보는 입장에서는 특허 침해금지명령을 청구할 수 있다고 보아야 한다는 주장이다. 다시 말해서 표준특허의 보호와 표준제품시장에서의 경쟁촉진(독점적 지위의 유지·강화 또는 시장지배적 지위 남용의 억제) 가운데 어느 것을 중시해야 하느냐에 관해 입장이 대립한다.

| 표준특허를 보유하고 있는 외국기업과의 실시허락조건협상에서 국내기업에게 유리한 환경이 조성되고 있어

오바마 정권 출범 이후 미국 연방정부 경쟁당국의 가장 큰 관심사 가운데 하나가 바로 이 표준특허의 남용을 효과적으로 억제하는 것이었다고 전해진다. 특히 작년 12월 말 연방거래위원회(FTC)는 Bosch 사건과 Google 사건에 대해 반복하여 (FRAND 확약 표준특허의 침해금지청구를 포기하는 내용의 동의명령을 제안함으로써) FRAND 확약을 지키지 않고 특허침해금지청구를 하는 것은 (불공정한 경쟁방법을 금지하는) 연방거래위원회법 제5조 위반이라는 입장을 명확히 하였다. 한편 2013년 1월 초에는 미국 법무부(DOJ) 반트러스국과 특허청(PTO)이 FRAND 확약 표준특허의 보유자가 법원에 침해금지청구를 하는 경우와 연방관세법 337조에 근거하여 수입금지명령을 ITC에 청구하는 경우에 대한 공동정책성명을 발표했다.

외신 보도에 따르면 미국의 전문가들은 이번 결정이 오바마 행정부가 최근 강조하고 있는 표준특허 남용 금지에 대한 의지를 확인한 것이라고 분석했다. USTR 대표도 ITC 위원장에게 보낸 서한에서 표준특허 보유자는 공정하고 합리적이며 비차별적인 방식으로 특허 사용자에게 사용권을 제공할 의무가 있다는 'FRAND 원칙'을 강조했다. 삼성전자는 현재 통신장비업체인 에릭슨으로부터 표준특허를 침해한 제품의 수입금지청구로 제소되어 ITC의 판정을 앞두고 있는데 에릭슨이 FRAND 조항을 위반했는지가 쟁점이어서 오바마 행정부가 위와 같은 입장을 견지한다면 삼성전자는 이 쟁송에서 유리한 입장에 서게 된다.

국내 언론에 따르면 삼성전자 제품에만 불이익을 준다면 노골적으로 자국 업체를 보호하려 한다는 국제적 비난을 피할 수 없기 때문에 애플 제품의 수입 금지를 거부한 미국 정부가 역으로 삼성전자 제품만 수입을 금지하기는 어려울 것이라는 전망도 있다고 한다. 그러나 문제가 된 삼성전자의 특허가 표준특허인 반면에 애플의 특허는 그렇지 않다. 또한 오바마 대통령의 거부권 행사가 표준특허권의 남용을 효과적으로 억제하겠다는 정권의 일관된 의지의 발현이라는 점을 도외시할 수 없다. 따라서 오마바 대통령의 거부권 행사로 중국산 애플 제품의 수입이 금지되지 않아 단기적으로는 국내 기업인 삼성전자가 불리하게 되었다는 사실은 분명하지만 동시에 거부권 행사가 표준특허의 보호보다 스마트폰 시장의 경쟁 촉진을 중시하는 결정이었다는 점을 유의할 필요가 있다. 왜냐하면 삼성전자가 스마트폰의 시장점유율에서 세계 1위를 달리고 있다고 하지만 다른 분야에서는 국내 기업이 보유하고 있는 표준특허의 비중이 판이하게 낮다는 사실을 간과할 수 없기 때문이다. 특히 지금까지 선진국의 이른바 특허괴물들이 표준특허를 매집하여 국내기업의 해외시장 진출이 봉쇄될 위험이 크다고 우려하는 시각이 많았는데 이러한 우려를 약간은 덜게 되었다고 볼 수 있다. 다시 말해서 표준특허를 보유하고 있는 외국 기업과의 실시허락조건협상에서 국내 기업에게 유리한 환경이 조성되었다는 사실을 기업 경영자들이나 정책담당자들이 눈여겨보아야 한다.

쌀 관세화 이행 불가피하다

09

정인교(인하대 경제학부 교수)

2014년이면 쌀 관세화 유예 연장이 끝난다. 세계무역기구(WTO) 농업협정 부속서상의 10년 유예와 한 번의 추가 연장으로 총 20년에 걸친 관세화 유예가 끝난다. 2014년에 우리나라는 총 43만 톤의 쌀을 최소시장접근(MMA) 형태로 의무적으로 수입해야 하고, 관세화를 미룰 경우 통상보복의 대상이 될 수 있다. 43만 톤의 물량은 현재 우리나라 쌀 소비량의 12%에 해당하는 것으로, 일부 농업경제학자들은 2013년 중에라도 서둘러 관세화를 선언하고 의무물량을 4만 톤이라도 줄여야 한다는 입장을 밝히고 있다.

하지만 이와는 배치되는 주장도 있다. 농업협정 부속서가 2014년 이후 관세화에 대해 명시적으로 언급하고 있지 않기 때문에 더 이상 관세화 의무가 발생하지 않는다는 것이다. 그러나 이는 국내 일부 농업단체의 해석일 뿐 국제적으로 수용될 수 없다.

우루과이라운드(UR) 협상에 참여한 국가들은 농산물을 포함한 전 품목에 대한 시장개방과 관세화를 실시하기로 합의했다. 즉, 다자무역체제는 관세 수준만을 유일한 무역장벽으로 인정한 것이다. 하지만 쌀 시장 개방에 대한 정치경제적 부담이 컸던 3개 국가(한국, 일본, 필리핀)와 2002년

WTO에 가입한 대만은 관세화를 일정 기간 유예하는 대가로 정해진 물량의 쌀을 의무적으로 수입하기로 합의했다.

관세화의 원칙을 강조했던 국제사회는 관세화 유예가 무한정 연장되는 것을 방지하기 위해 유예기간과 의무수입물량 수준을 비례적으로 연계시켰고, 한번 정해진 의무수입물량은 관세화를 실시하더라도 항구적인 의무사항으로 설정했다. 2004년 관세화 유예를 연장하면서도 추가연장에 대해 언급하지 않았던 것도 관세화 원칙에 대한 예외는 일시적인 기간에 한정해야 한다는 점이 작용한 결과이다. 농업협정 부속서에 명시적인 구절이 없는 것은 맞지만, 더 이상 관세화 의무를 질 필요가 없다는 일부의 주장은 근거 없는 억측에 불과하다.

| 늘어나는 의무수입량을 방치하기보단 합리적인 결정을 단행한 일본과 대만

일본의 통상정책적 낙후성에 대한 지적이 많으나 쌀 관세화만큼은 우리나라가 배워야 할 사안이다. 관세화 유예 5년차였던 1999년 일본은 매년 늘어나는 의무수입 물량을 더 이상 방치하는 것은 농업계는 물론이고 국가적으로 심각한 부담을 주는 것으로 판단하고 관세화를 단행했다. 그때나 지금이나 일본 농업계의 정치적 영향력은 막강하고, 의회 내에서도 '농수산족'이라는 농업보호를 주장하는 국회의원이 포진하고 있다. 우리나라는 대표적인 농업단체의 주장을 받아들여 관세화 유예 입장을 고수하고 있을 때, 일본 정부는 합리적인 결정을 한 것이다.

대만 역시 국익 차원의 합리적인 결정을 단행했다. WTO 가입 이듬해인 2003년 의무수입 부담이 더 늘기 전에 관세화를 실시하는 것이 국익과 부합한다는 점을 인식하고 농업계의 반대에도 불구하고 국가 차원의 관세화 추진을 결정하게 되었다.

일부에서는 일본과 대만의 쌀 관세화 전환 이후 농업피해를 주장하고 있다. 관세화 직후 쌀 생산량이 줄어든 점을 강조하는 것인데, 몇 년이 지난 현 시점에서 보면 크게 문제될 것은 없어 보인다. 관세상당치(TE)를 인정받아 관세화를 실시했지만, 관세화만이 아니라 복합적인 이유로 관세화 직후 쌀 생산규모가 조정되었고 수입량이 증가하였지만, 시간이 흐르면서 당초 예상 수준으로 생산량이 수렴되고 안정된 농업기반을 유지하고 있음을 알 수 있다.

예를 들어, 국내 일부 언론에서는 쌀 관세화로 대만의 쌀 산업이 붕괴한 것으로 보도한 경우도 있다. 관세화 실시 이전 대만의 쌀 재배면적은 272헥타르였고 관세화 직후 237헥타르로 크게 줄어들었으나 이후 조정기를 거쳐 2011년 쌀 재배면적은 254헥타르로 증가해 상당히 안정적인 모습을 보이고 있다. 일본의 경우에도 관세화 이후 향미 등이 소량으로 수입될 뿐, 관세화가 쌀 수입을 초래했다고는 볼 수 없다.

| 향후 관세화의 방향성

향후 쌀 관세화의 관건은 관세상당치 설정이 될 것이다. 국제적으로 인정되는 공식은 명확하나 1986~88년 쌀 수입 단가와 국내 쌀 값 자료가 정확하지 않다. 이로 인해 관세상당치 계산 시 우리나라와 이해관계 국가 간 입장 차이가 날 수 있다는 문제점이 있다. 우리나라에게 유리한 통계는 쌀 수출국에게는 불리하기 때문이다.

필리핀의 경우와 같이, 의무면제(waiver)를 통한 관세화 유예 추가연장 추진이 가능하나, 적지 않은 추가 의무수입 물량 부담과 여러 가지 요건을 충족시켜야 한다. 의무면제를 위해서는 '예외적 상황(exceptional circumstances)'을 국제적으로 인정받아야 된다. 선·개도국간 특혜협정, 최빈·개도국 관세양허 협상 등에서 예외적 인정이 된 경우도 있으나, WTO 설립협정은 '예외적 상황'의 구체적인 내용은 규정하지 않고 있다. 결국 우리나라 쌀 관세화 유예가 이에 해당되는가의 여부는 결국 회원국의 승인

(컨센서스 또는 3/4 이상 동의)에 달려 있다.

2013년 중 쌀 관세화를 선언하는 것은 물리적으로 가능하지 않은 것으로 보인다. 정부 차원의 관세화를 결정하더라도 국내 절차와 WTO 차원의 처리에 6개월 이상이 소요될 수 있기 때문이다. 통계상의 이견으로 쌀 수출국가와의 양자 간 협상 타결에 소요될 시간을 예상하기 어렵다.

내년에 쌀 관세화가 불가피하고 관련 절차를 마무리하기 위해서는 금년에 정부 차원의 관세화 입장을 정해야 한다. 최근 농촌경제연구원이 조사한 바에 따르면, 조사 대상 농민의 70% 이상이 쌀 관세화 불가피성을 이해하고 있는 것으로 나타났다. 최근 농림식품부와 기획재정부 등을 중심으로 쌀 관세화에 따른 문제점과 대응방안을 검토하고 있다고 한다. 정부는 서둘러 쌀 농가 등 이해관계자들의 의견을 수렴하고, 쌀 관세화에 대한 토론회·공청회 등을 통해 국민적 공감대를 확보해야 할 것이다.

국제유가 전망에 있어 금융변수의 중요성

10

최성희(계명대학교 국제통상학과 교수)

2013년의 상반기가 지나간 현재, 연초 석유시장 전문가들의 중동 리스크 우려와는 달리 국제유가의 하향 안정세가 두드러지고 있다. 한국석유공사에 따르면 2012년 상반기 국제유가(두바이 기준) 평균이 112.20달러에 비해 2013년 상반기 국제유가가 104.46달러로 기록하였으니 무려 8달러 가까이 하락한 것이다. 수급 요인에 바탕을 둔 전문가들은 이러한 하락의 원인으로 미국의 shale oil 생산 호조로 인한 수급 완화와 중동 리스크가 연초 예상과 달리 크게 석유공급 문제로 발전되지 않았기 때문이라 설명이 되었지만, 이러한 전망 결과의 불일치에 국제유가 전문가들의 고충 역시 매우 깊었으리라 생각된다.

2008년 글로벌 금융위기 전후를 시작으로 국제유가의 변동성은 국제 석유시장 이슈에 있어 중심을 차지하고 있다. 이는 국제유가 전망이 매우 어려워지고 있음을 의미한다. 또한 기존의 수요와 공급의 변수로만 국제 유가를 분석하고 전망하는 작업이 더욱 어려워지고 있음을 의미하기도 한다. 그렇다면 시장가격을 설명하는 데 있어 수요와 공급의 법칙 말고 다른 변수와 법칙이라도 존재한다는 말인가?

| 원유의 금융상품화를 고려, 보다 다양한 국제금융변수가 전망 작업에 반영되어야

우리가 통상적으로 석유(petroleum)라고 불리는 것은 원유(crude oil)와 석유정제품(refining products)을 통합한 것으로, 국제유가의 기준이 되는 석유가격은 원유가격을 의미한다. 원유는 매우 특별한 시장재화로서 기존의 전통경제학에서 말하는 수요와 공급 법칙이 아닌 비수급 변수에 의해 가격이 변동되는 것으로 알려져 있다. 바로 미국달러 가치는 원유가격에 영향을 주는 대표적인 비수급 변수이자 금융 변수이다. 예를 들어 수급에 변화가 없더라도 만약 미국달러 가치가 하락하면 국제유가는 상승압박을 받게 된다. 그 이유는 다음과 같은 두 가지 배경이 작용하기 때문이다. 첫째, 세계 원유 시장의 공급자는 전 세계적으로 매우 한정되어 있으며, 이들 국가의 대부분(중동, 아프리카, 중남미 원유수출국)은 원유수출을 통해 국부를 확보한다. 세계 원유 시장에서 주요 원유 결제대금(invoicing currency)이 미국달러인데, 만약 미국달러 가치가 하락하면 석유수출을 통한 실질소득이 하락하게 된다. 따라서 원유 공급자들은 실질소득 확보를 위해 원유 공급가격을 올릴 것이며, 원유 대체제가 존재하지 않는 현실에서 원유 수요자들은 상승된 원유 공급가격을 받아들일 수밖에 없기에 원유 시장가격은 상승하게 된다. 둘째, 원유는 더 이상 산업의 혈액으로서 사용되는 필수재화가 아닌 투자의 대상으로서 금융상품이 되었기 때문에, 미국달러 가치가 하락되어 투자매력이 떨어지게 될 경우 원유와 같은 상품투자(commodity investment)에 금융자본이 몰릴 수 있다. 즉 미국달러 가치에 투자된 금융자본이 원유 선물상품에 투자되어 원유 가격이 상승하게 되는 것이다. 최근 프랑스 파리에 소재한 국제에너지기구(IEA) 직원과의 대화를 통해 필자는 최근 국제유가를 전망하는 데 있어 석유시장 전문가들보다 금융기관 투자전문가들의 정확성이 매우 높아지고 있는 이유는 바로 이러한 배경이 작용하였기 때문이라고 전해 들었다.

146

전술하였듯이 시장 및 가격을 전망하는 작업은 매우 고충스러운 작업이다. 우리나라를 대표하는 경제전문기관의 전망책임자도 "우리는 점쟁이가 아니다"라는 표현으로 그 고충을 토로하였듯이, 과거와 현재의 정보만으로 미래를 예측하는 데는 남다른 노력과 혜안이 요구된다. 특히 최근 5년간 변동성이 증폭되고 있는 국제유가는 수급 변수만으로 전망하기가 매우 어려운 만큼 다양한 변수들이 고려되어야 할 것이다. 앞서 미국달러 가치를 대표적으로 언급하였지만, 최근 원유의 금융상품화를 고려한다면 보다 다양한 국제금융 변수가 전망 작업에 반영되어야 하지 않을까 제안해본다.

미국의 양적 완화 종료를 앞둔 신흥국 금융위기

11

송정석(중앙대학교 경영경제대학 경제학부 교수)

2013년 상반기 후반 들어 이루어진 버냉키 미국 연방준비위원회 의장의 양적 완화 종료 시사 발언 이후 인도, 브라질을 포함한 신흥국 통화 가치가 폭락했다. 특히, 인도 루피화의 경우 2013년 1월에 비해 25퍼센트가량 절하되었으며 브라질 레알화의 경우도 인도 루피화보다 상대적으로 가치 하락 폭이 작지만, 환율 변동 추이는 인도 루피화와 상당히 유사하다. 한편, 인도네시아 루피화의 경우 그 하락폭이 약 10퍼센트를 약간 넘는 수준으로 그 폭은 상대적으로 작지만, 인도와 브라질과 마찬가지로 6월 버냉키 의장의 양적 완화 종료를 암시한 발언 이후 하락폭이 갑자기 커진 것으로 나타났다.

| 글로벌 금융위기 이후 미국 양적완화의 시작과 끝

미국의 양적 완화(quantitative easing)는 글로벌 금융위기 발생 직후인 2008년 11월 미국 연방준비위원회가 약 6000억 달러 규모의 주택저당 담보부증서(mortgage-backed securities)를 사들이는 것으로 본격적으로 시작되었다. 이후 2010년 중반 미국 경제가 다소 회복세를 보이면서 양적 완화는 일시적으로 종료되는 것처럼 보였으나, 미국 연방준비위원회는 오

히려 2011년 2분기까지 총 6000억 달러의 미국 국채 매입을 목표로 하는 소위 2차 양적 완화 방안을 2010년 11월 발표하였다[16]. 2011년 당시 2차 양적 완화 발표 직후에도 가까운 시기에 출구전략 시점이 도래할 것이라는 예측도 많았으나, 미국 연방준비위원회는 2차 양적 완화로부터 정확히 1년 후인 2012년 11월 또 다시 매월 400억 달러 규모의 채권 매입 계획을 통해 3차 양적 완화 방안을 발표하였다. 이처럼 3차까지 이루어진 양적 완화 방안이 올해 6월 들어 양적 완화의 부분적 조정이라는 버냉키 의장의 발언으로 드디어 종료가 가까워진 것이 아니냐는 추측이 나오면서 그 불똥은 신흥국 금융시장으로 튀기 시작했다.

이번 양적 완화 축소 가능성 시사 발언과 관련하여 한 가지 흥미로운 사실은 버냉키 의장이 2퍼센트 수준의 인플레이션률과 6.5퍼센트 실업률 수준에 미국 경제가 도달할 경우 이자율 상승을 단행할 가능성을 시사했다는 점이다. 그 이유는 작년 2012년 기간 중 1퍼센트였던 미국 인플레이션률은 이미 올해 초 2퍼센트 수준에 이르렀고 실업률 역시 2012년 말 8퍼센트 수준에서 감소세를 보이면서 2013년 상반기가 지난 현재 시점에서 이미 거의 7퍼센트 수준까지 떨어진 상황이기 때문이다. 따라서, 버냉키 의장이 언급한 금리 인상의 전제 조건에 미국 경제는 이미 근접한 상태라는 것이며, 이는 버냉키 의장이 금리인상을 강하게 시사한 것이라고 해석할 수 있겠다.

평소에 특유의 간접적 화법으로 유명한 그린스펀 전 의장에 비해 상대적으로 명확한 발언 스타일로 알려진 버냉키 의장의 성향을 고려한다면 미국 경제가 지금 이 추세대로라면 올해 하반기나 늦어도 내년 중에는 금리 인상이 예상되는 대목이기도 하다. 금리 조정이야말로 미국 연방준비위원회의 가장 통상적이며 전통적인 정책 도구이며, 사실 그간 직접 나서

---

16) 미국 Wikipedia 사이트 참조

서 채권이나 주택담보부증서 등 자산을 사들인 양적 완화 방법은 이례적인 극약처방으로 평가되어 왔다. 결국 설왕설래하던 그간의 양적 완화 종료 시점에 대한 논란에는 반응하지 않던 금융시장과 투자자들이 이번 금리 인상 시사 발언에 즉각 반응한 결과가 신흥국 금융시장에 직격탄을 날린 것이라고 할 수 있겠다.

| 2000년대 이후 신흥국의 경제 상황

이미 위에서 밝힌 미국 내 양적 완화 종료와 금리인상이 임박한 상황에서 투자자들이 자금을 회수하는 것은 당연한 수순이나, 이번 신흥국 금융시장 불안의 또 다른 축은 바로 인도, 브라질 등 신흥국 경제 내부의 특성에서도 찾아 볼 수 있다. 인도, 브라질이 소위 브릭스 국가로 부각하면서 높은 성장률을 보이기 시작한 2000년대 들어서도 이들 국가들의 경상수지는 2004년, 2005년을 제외한 기간 중에는 대부분 균형이거나 오히려 적자를 나타냈다. 특히 인도의 경우 2000년대 기간 중 경상수지 흑자 최고 규모가 50억 달러에 그쳤다. 이는 중국이나 과거 한국의 경우와 비교하면 매우 다른 양상이라고 할 수 있다. 그 이유는 인도, 브라질은 신흥국이면서도 중국이나 과거 한국에 비해 내수가 차지하는 비중이 크며 또한 그나마 경상수지의 대부분조차도 무역수지가 아닌 자본수지이기 때문이다. 내수경제의 비중이 높은 경우 환율 쇼크가 와도 경제 전반에 미치는 충격이 낮을 수 있다는 긍정적인 측면은 있으나[17], 반면에 수출이 차지하는 비중이 낮기 때문에 부족한 달러 보유액을 회복하기 위해서는 자본수지 흑자에 의존할 수밖에 없고 따라서 이들 국가들의 통화가치는 외국 투자주체에 의해 크게 좌우된다고 할 수 있다. 90년대 아시아 외환위기 후에 한국 경제가 상대적으로 회복이 빨랐던 것은 기본적으로 제조업을 앞세운 수출

---

17) 아시아 신흥국 중 내수 비중이 큰 인도네시아 역시 90년대 아시아 외환위기 중에도 내수경제의 비중이 높아 상대적으로 여파가 작았다.

부문이 견조했으며 원화가치 하락이 수출가격 경쟁력에 일조했기 때문이다. 결국 한국이 수출 중심의 경제구조라서 위기의 파급효과도 컸으나, 회복도 빨랐다고 볼 수 있다.

대외부문 의존도 이외에도 인도와 브라질의 경우 산업구조적 특성이 한국이나 중국과 같은 기존의 신흥국가와 다르다고 할 수 있다. 먼저, 인도의 경우 우수한 IT 인력을 앞세워 소프트웨어 및 프로그래밍 산업이 강점을 보인 것은 사실이나 이들 산업의 경우 외국투자의 인도 국내로의 진출 및 인도로부터의 철수가 용이하다는 것이다. 즉 하드웨어 산업과 같이 현지 공장을 짓는 등 소위 그린필드(Greenfield)형 투자가 아니기 때문에 소프트웨어 산업의 경우 외국자본의 인도 국내로의 진출도 빠른 만큼 철수도 빨라 자본 유출입의 변동성이 매우 크다. 브라질의 경우 자국 제조업 제품보다 철강 등 원자재가 주 수출품목이기 때문에 최대 철강 수요국가인 중국의 최근 경제성장 둔화 등은 경상수지 적자의 요인으로 작용한다. 결국 이처럼 구조적으로 취약한 경상수지 구조를 지닌 인도, 브라질이 이번 미국 내 양적 완화 종료 및 금리 인상을 앞두고 더욱 큰 영향을 받았다고 본다.

자본수지의 구조만 놓고 보더라도, 인도의 경우 90년대는 자본수지에서 대외부채가 차지하는 비중이 높았는데, 이후 2000년대 들어 주식 및 포트폴리오 투자를 통한 자본유입 비중이 높아졌다. 실제로 대외부채 유입의 GDP 대비 비중은 92년과 93년에 평균 7.26퍼센트에서 2003년과 2004년 기간 중 평균 5.8퍼센트로 단기 부채의 비중이 감소된 것은 바람직한 현상이지만, 주식을 통한 자본유출입 비중의 증가는 오히려 자본유출입의 변동성을 높일 수 있다[18]. 즉, 대외부채의 경우 상환 시점 등이 예측되는 반면 주식을 통한 자본 유출입은 시장에서 개별 기업의 투자 결정

---

18) NBER 2007 working paper, "India's Experience with Capital Flows: The Elusive Quest for a Sustainable Current Account Deficit" by Ajay Shah, Ila Patnaik

에 따르기 때문에 오히려 자본 유출의 불확실성은 더 높아지기 때문이다.

| 양적완화 종료 예상에 따른 신흥국 금융위기의 시사점

먼저, 양적 완화 종료가 예상되는 시점에서 발생한 이번 신흥국 금융리스크가 한국 경제에 미칠 영향은 적어도 90년대 아시아 외환위기 직전의 상황과는 다르다고 생각한다. 90년대 아시아 외환위기 직전에도 말레이시아, 태국 통화 등의 가치가 폭락하면서 외국 투자자금이 한국에서도 급속히 유출되면서 외환위기가 발발했다. 그러나, 한국은 90년대 당시 위기 때와는 달리 외환보유고가 2013년 현재 3000억 달러에 이르고 있어 혹시 한국에서 갑작스럽게 외국 자금이 유출되더라도 국내 기업의 달러 상환대금 미지급 등의 사태는 벌어질 가능성이 낮다고 본다. 또한 최근 한국의 주택 및 부동산 시장 등 자산시장은 90년대 외환위기 이전만큼 고평가되어 있지 않은 실정이며 따라서 버블 붕괴 등 가능성도 높지 않다고 판단되며, 한국의 금융 리스크 관리 시스템 역시 90년대에 비해서는 많이 개선되어 있다고 본다.

인도, 브라질 등 신흥국 경제 역시 장기적으로 크게 비관적이지 않으리라고 본다. 그 이유는 미국의 양적 완화가 종료되고 미국 금리가 다시 상승한다고 해도 이미 3차에 걸친 양적 완화로 풀린 막대한 자금은 미국 내에서는 투자 대상을 찾기 어려울 것이기 때문이다. 더군다나, 중국의 경제 성장세도 주춤해진 상황에서, 미국 내 거시경제 변수의 조정 과정을 거친 후 미국을 비롯한 외국의 투자자금은 인도, 브라질 등 신흥국으로 다시 유입될 것으로 보인다. 한 가지 변수는 이들 신흥국을 떠난 자금이 돌아올 때까지 그 기간 중 이들 국가들이 어떻게 대처하는지가 외국 투자자금이 다시 유입될 시기에 영향을 줄 것이다.

실제로 유라시아 그룹의 이코노미스트인 안잘리카 바르달라이는 최근 만모한 싱 인도 총리 정부가 이번 외환위기에 명확한 해결책을 제시하지 못하고 있어 인도 정부가 공황 상태에 빠졌다는 인상을 시장에 주고 있다고 전하기도 했다[19]. 한편, 인도 정부는 전 IMF 이코노미스트 출신의 시카고 대학 경영학과의 라잔(Raghuram Rajan) 교수를 지난 8월 인도 중앙은행 총재로 전격적으로 발탁하였는데, 이는 인도 정부가 IMF 출신의 현직 미국 경영학과 교수를 인도 중앙은행에 기용함으로써, 최근의 위기 극복 능력을 미국 등 외국 투자자들에게 과시하려는 조치라고 본다.

결국 신흥국 정부가 미국 등 주요국의 투자자를 상대로 조속한 시일 내에 위기 해결에 대한 신뢰를 심어줄 수 있는지 여부가 이번 신흥국 금융위기의 관건이나, 현재 상황으로는 90년대 아시아 외환위기나 2008년 미국발 금융위기 정도의 파장을 일으킬 가능성은 높지 않다고 본다. 다만, 올해 하반기와 내년 기간 중 미국 금리 인상 과정에서 이번 신흥국 금융위기와 유사한 상황이 간헐적으로 발생할 가능성은 여전히 남아 있다고 본다.

---

19) 출처 : 뷰스앤뉴스 http://www.viewsnnews.com/article/view.jsp?seq=102567

양적 완화 축소와 신흥국 경제 불안, 강 건너 불일까

12

허찬국(충남대학교 경상대학 무역학과 교수)

　　　　　　　　　미국경제의 개선이 점차 가시화
되는 가운데 버냉키 미연준 의장이 2013년 6월 머지않아 양적 완화
(Quantitative Easing) 정책 축소를 시작해야 한다는 견해를 밝혔다. 발언
이후 세계 곳곳에서 불안감이 고조되고 있다. 특히 인도, 인도네시아, 브
라질, 터키 등 여러 신흥국에서 주가·환율이 큰 폭으로 출렁거리는 모습
을 보이며 2008년 글로벌 금융위기의 긴 여진이 다시 세계경제 안정성을
위협하는 모습이다. 긴 흐름에서 보아 양적 완화 축소는 긍정적인 일이다.
미국이 2008년 금융시스템 붕괴와 대공황 재연을 막기 위해 시행해온 극
단적 대응책의 축소는 미국 및 세계경제가 좀 더 정상적인 상황으로 복귀
한다는 것을 의미하기 때문이다.

　하지만 정상화 과정이 녹록지 않아 보인다. 국내에서도 신흥국의 불안
이 강 건너 불인지 불안감이 적지 않다. 본고는 현재 상황을 살피고, 불안
요인이 우리 경제에 미치는 부정적 효과를 줄일 수 있을지 생각해 보고자
한다. 기본적으로 소규모 개방경제가 겪는 거의 모든 경제위기는 외부충
격과 내부 취약성이 공존하였을 때 발생한다. 따라서 이하에서는 두 가지
에 초점을 맞추어 살펴 시사점을 얻고자 한다.

| 외부충격: 양적완화 축소(QE Tapering)

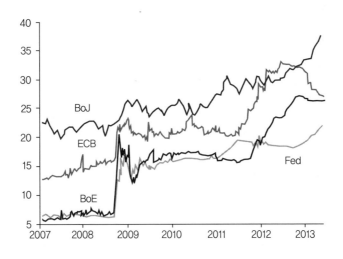

〈그림 4〉 주요 중앙은행의 대차대조표 자산규모(총자산/GDP)*

* Chart 4, p.5, IIF Research Note June 26, 2013, Institute of International Finance

현재 외부충격의 진원에는 미국을 위시한 주요 선진국들의 양적 완화가 자리한다. 그동안 진행된 양적 완화의 규모는 〈그림 4〉에서 볼 수 있다. 미국, 유럽중앙은행, 영국, 일본의 양적 완화가 해당 경제의 GDP에 비교했을 때 어느 정도인가를 보여주는데 2008년 이후 미국과 유럽중앙은행의 유동성 공급 급증이 상당했음을 알 수 있다. 미국의 숫자가 작아 보이나 분모로 쓰인 GDP의 규모가 일본, 영국에 비해 훨씬 크다는 것을 감안해야 한다. 미국에서 작년 가을부터 진행된 QE3(3차 양적 완화)는 매월 850억 달러 상당의 국채 및 주택금융채매입을 통해 금융시장 유동성을 늘려왔다. 우리나라의 외환보유고 약 3200억 달러와 비교하면 규모가 상당한 것을 알 수 있다. 축소 논의는 매입금액을 점진적으로 줄이고 내년쯤 실업률이 상당히 낮아졌을 때 채권매입을 중단한다는 것이다.

조만간 축소수순을 밟을 미국과 달리 일본의 양적 완화는 내년까지도 지속될 예정이다. 작년 말부터 시행하기 시작한 일본은행의 양적 완화도 한국을 포함한 동아시아 국가들이 염두에 두어야 할 요인이다. 아직까지 일본의 양적 완화의 규모나 파급효과가 미국의 그것에 비해 영향이 작아 보이나 향후 변수가 될 가능성을 무시하지 못한다. 양적 완화의 다른 단면은 초저금리 상황이다. 미국의 경우 완화 축소가 언급된 이후 짧은 기간에 장기 금리가 약 1% 포인트 상승했다. 향후 금리상승은 매우 중요한 충격 요인으로 작용할 전망이다.

| 신흥국 상황

그간 양적 완화를 통해 크게 늘어난 선진국의 유동성은 자금 수요가 약하고 장기금리마저도 1%대의 초저금리 수준이었던 미국 내에 머물지 않았다. 상대적으로 금리 수준이 높았던 신흥국 시장으로 대거 유입되었다. 큰 폭 자본이동에 대한 부작용에 대한 우려도 있었으나, 위험에 대한 민감도가 낮아져 신흥국의 상대적 고수익은 투자자들에게 뿌리치기 힘든 유인이었다. 미국의 QE3 예에서 볼 수 있듯이 선진국 초과유동성 규모가 신흥국 경제나 금융시장 규모에 비해 상당히 크다. 자연히 선진국 자본유입이 신흥국들에 미치는 영향이 지대했는데 최근 언급이 잦은 나라들의 예를 들어 보자. 자본유입에 힘입어 브라질, 인도, 인도네시아의 주가지수는 2009년 1월을 기준으로 이후 고점에서 각각 1.7배, 2배, 3.7배까지 상승하였다. 물론 최근 몇 개월 현격한 하락세를 보이고 있다.

〈그림 5〉는 이들 3개국의 환율추이를 2010년 1월 대미달러화 환율을 1.00으로 재설정하여 보여주고 있다. 여기에서 환율이 오르는 것은 통화가치의 하락을 뜻한다. 환율가치 하락세가 2013년 중반 들어 가팔라지고 있다. 이전보다 유출이 크게 늘었음을 시사한다. 신흥국 주가하락 추이와

도 일맥상통한다. 특히 브라질의 경우 2010년 큰 자본유입으로 빠른 환율 절상을 겪었는데, 당시 재무장관이 '통화전쟁'을 언급하며 논란을 일으키기도 했었다. 그런데 지금은 반대로 환율의 가파른 절하를 겪고 있다. 이들 외에도 최근 터키, 남아프리카공화국도 가파른 환율가치 하락을 겪고 있다.

〈그림 5〉 브라질, 인도, 인도네시아 환율추이(2010년 1월=100)

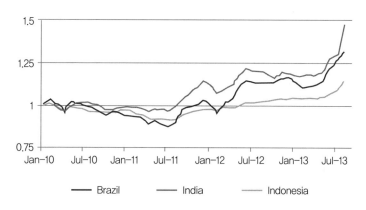

외부충격에 공명하는 내부적 취약점이 없다면 큰 충격의 효과도 제한적일 것이다. 유연하고 견실한 경제에서는 단기적 자본유출은 외환시장과 환율의 변동성을 증가시키는 정도에 그칠 것이다. 하지만 만성적 경상수지 적자, 높은 단기 외채와 같은 내부적 문제가 있다면 외부충격은 무분별한 자본유출을 불러와 변동성의 폭발적 증가와 외환보유고 고갈로 이어지기 쉽다. 이런 취약성과 더불어 유입된 자본이 부동산 및 소비·투자 붐 등을 일으켜 국내 금융시장의 왜곡과 자산가격 버블을 조장했다면 문제는 더 커진다. 대외 및 금융부문의 위기는 소비자와 기업의 경제활동 위축으로 이어져 생산과 고용의 급락, 도산 증가로 이어진다. 이는 부차적 금융상황 악화를 야기해 경제위기를 심화시킨다.

여러 신흥국들은 1997년 외환위기 때 한국이 겪었던 상황의 도입부를 경험하고 있다. 자본 유출을 막기 위한 금리인상 등 조치에도 불구하고 점차 줄어드는 외환보유고, 단기외화채무 상환 부담 증가, 각종 자산가격 하락 등이 나타나고 있다. 하지만 위기확산은 제한적일 가능성이 크다. 중요한 근거는 1997년 외환위기 때와는 달리 IMF, 선진국 정책당국들이 자본 유출 국가들에 대해 필요시 전향적으로 지원을 검토할 것이라는 점이다.

| 강 건너 불? 뜻밖의 복병 대비해야

국내 경제주체들은 1997년 이후 큰 금융위기를 겪은 탓에 최근 고조되고 있는 외부 충격에 매우 민감하다. 특히 새 정부 초기 경제 부진, 복지 및 조세부담을 둘러싼 갈등, 식을 줄 모르는 정쟁 등으로 정부의 위기대응 능력에 의문이 제기될 수도 있는 상황이다. 다행스럽게도 한국경제의 상황은 그동안 경상수지가 양호하였고, 단기채무 과다와 같은 문제가 없었다. 아울러 그동안 과도한 단기자본 유입의 비용을 높이는 조치들을 시행하면서 자본유입 문제의 소지를 줄여온 것도 효과가 있었던 것으로 보인다. 부동산 경기 침체가 관심사일 정도로 최근 들어 자산 가격 버블 징후가 희소하다.

편한 자세로 불구경만 하면 되는 것일까? 걱정해야 할 한 가지만 지적하고자 한다. 예상되는 금리 상승이다. 미국경제 회복세가 뚜렷해질수록 금리 상승세가 가시화될 것이다. 정책금리에 앞서 시중금리의 상승세가 나타나기 쉽다. 이런 추세는 해외자금 유입축소·유출증가를 초래한다. 지금은 국내외 금리 차와 주식의 기대수익률이 높기 때문에 유출초과가 없지만, 미국 금리상승이 본격화되면 득실 계산이 달라져 유출초과가 기대되고 이는 국내 금리 상승요인으로 작용한다. 만약 국내 금리가 오른다면 근래 저금리 장기화를 가정하여 만들어진 정책, 금융상품 등이 뜻밖의 복병을 만나게 된다. 앞으로 정부 지출이 수입을 초과하는 상황이 예상된다. 이는 정부 차입 증가로 이어지는데 그 규모가 커질수록 차입비용도 중요해진다. 머지않아 금리가 오르기 시작하면 내부적인 충격요인으로 작용할 수 있다. 불구경할 여유가 그리 많지는 않아 보인다.

4장

기업의 선택:
생존과 상생을 말하다

대기업 수익성 악화 및 경쟁력 약화에 대응한 정책변화가 필요하다

최원락(한국경제연구원 연구위원)

01

세계경제 회복이 가시화되지 않고 대기업규제 강화를 비롯한 정책 불확실성이 커지는 등 대기업을 둘러싼 대내외 경제여건이 좋지 않은 가운데 대기업 수익성과 경쟁력이 악화되고 있다는 진단들이 나타나고 있어 향후 우리 경제에 대한 전망을 어둡게 하고 있다.

| 대외 경제여건의 불안과 대내적인 정책 불확실성이 대기업의 수익성 악화로 연결

먼저 경영여건을 살펴보면, 대외적으로는 글로벌 금융위기 이후 세계경제의 회복세 가시화가 지연되고 있고 국내적으로는 "이제는 성장에 초점을 맞출 때"라는 대통령의 발언에도 불구하고 상법 개정 등 기업 지배구조의 근간을 흔드는 경제민주화 입법 추세가 줄어들지 않고 있다. 이에 따라 그동안 증폭되어온 대기업의 경영 불확실성 또한 줄어들지 않고 있는 모습이다. 이러한 대내외 경제여건의 불확실성이 대기업의 수익성에는 어떠한 영향을 미치는가? 2001년에서 2011년 중 외감법인 이상 30대 기업집단 비금융업의 매출액 순이익률은 2004년 8.0%를 정점으로 추세적으로 감소추이를 보인다. 특히 2010년에서 2011년 2년간의 비금융업 매출액 순이익률 변화를 살펴보면 2010년에는 매출증가가 매출액 순이익률 증가로 이어졌으나 2011년에는 매출의 견조한 성장세에도 불구하고 매출액 순이익률은 급감하는 모습을 보인다. 2011년 매출이 큰 폭 증가하였음에도 매출액 순이익률이 급락한 것은 당기순이익이 큰 폭으로 감소했기 때문이다.

이처럼 최근 우리나라 대기업의 수익성이 악화된 원인은 무엇인가? 최근에 발표된 한 민간경제연구소의 자료에 의하면 우리나라 제조업의 위상이 정체되면서 제조업의 경쟁력 순위가 하락하는 등 제조업 경쟁력 약화가 우려되고 있다고 한다. 그동안 우리나라의 성장을 뒷받침해 온 부문이 제조업이었다는 사실은 주지하고 있는 사실이다. 이처럼 우리 경제에서 중요한 부분을 차지하고 있는 제조업의 경쟁력 순위가 2010년 3위에서 2013년에는 5위로 하락했다고 한다. 현대경제연구원의 보고서는 우리나라 제조업의 경쟁력 현황을 요소투입과 가격경쟁력, 생산성, 과학기술 경쟁력, 사업환경 부문으로 나누어 비교하고 있는데, 이 보고서에 따르면 요소 투입 부문에서 한국은 제조업 투자 증가세가 둔화된 반면, 미국과 일본은 빠르게 회복되고 있다고 한다. 가격경쟁력 부문에서는 한국의 시간당 임금이 미국이나 일본보다 낮음에도 단위노동 비용지수는 가장 높아 가격경쟁력이 약화되고 있으며 실질실효 환율도 상승하여 한국의 가격경쟁력이 미국이나 일본보다 약화되었다고 한다. 생산성 또한 한국의 제조업 취업자 1인당 부가가치액이 3국 중 가장 낮다고 한다. 과학기술 경쟁력에서도 우리나라는 미국이나 일본에 크게 못 미친다. 그러나 이러한 경쟁력 요소들 중 제조업 투자증가세와 환율을 제외한 과학기술 경쟁력 등 다른 부문들은 과거의 추세와 크게 다르다고 보기 어렵다. 그렇다면 최근 3국의 경쟁력 변화를 가름한 가장 중요한 요인은 무엇일까?

| 미국과 일본은 오바마노믹스 및 아베노믹스의 경쟁력 제고정책, 한국은 경제민주화 정책

경쟁력을 구성하는 요소 중 기업정책을 비롯한 사업환경은 소위 경제학에서 말하는 Ceteris Paribus, 즉 다른 모든 조건이 같다고 가정할 때 경쟁력을 가름하는 중요한 요소가 될 수 있다. 기업정책은 그 방향에 따라 다른 조건이 같을 때 기업의 투자활력을 높일 수도 낮출 수도 있으며 외국인 투자를 촉진할 수도 또는 저해할 수도 있다. 이처럼 중요한 사업환경을 비교하여 살펴보면, 미국과 일본은 대통령의 의지 아래 국가 차원의 제조업 경쟁력 강화전략을 추진하고 있다. 반면 우리나라는 어떠한가? 한편에서는 창조경제를 앞세워 경쟁력을 높이기 위한 정책을 추진하면서도 다른 한편에서는 상법 개정안 등 기업의 발목을 붙잡는 법안들이 계속해서 양산되고 있는 가운데 경제의 활력을 높여줄 외국인기업과의 합작투자 또한 지주회사 규제에 발이 묶여 실현되지 못하고 있다. 이러한 정책의 차이가 기업의 수익성 변화에 나쁜 영향을 끼치고 있는 것은 아닌지 우려스럽다. 한국은행 자료에 의하면 우리나라 대기업 제조업의 매출액 순이익률은 2010년 9.6%에서 2011년에는 6.9%로 큰 폭 낮아지는 모습을 보인다. 반면, 미국 상무부 자료 중 자산 10억 달러 이상 대기업 제조업의 매출액 순이익률은 2010년 9.6%에서 2011년 10.7%로 오히려 높아지는 모습을 보였다. 한국 30대기업집단 외감이상 제조업 매출액 순이익률과 자산 10억 달러 이상 미국제조업 매출액 순이익률의 추이를 선형이라고 가정하고 추세선을 그려보면 한국은 하향추세인 반면, 미국은 상승추세를 보이고 있는 점도 미국의 제조업은 살아나고 있는 반면, 한국의 제조업 경쟁력은 약화되고 있음을 뒷받침한다. 이러한 점들은 한편으로는 최근 한국 대기업의 수익성 악화가 세계적인 불경기에 따른 일시적인 현상으로만 보기는 어렵다는 점을 시사하며 다른 한편으로는 기업정책 기조의 차이가 기업의 경영성과에 적지 않은 영향을 미칠 수 있음을 보여준다 하겠다.

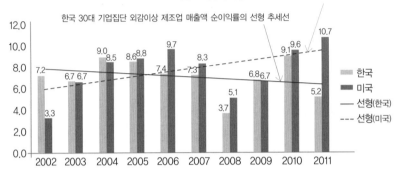

〈그림 6〉 대기업 제조업 수익성 추이의 한미 간 국제 비교

| 기업의 활력과 경쟁력을 높이기 위한 정책전환이 시급

이러한 논의에 기초하여 볼 때, 기업의 경쟁력 강화를 뒷받침하기 위한 정책기조의 전환이 시급해 보인다. 무엇보다도 좁은 국내 시장만을 감안하는 사전적인 경제력집중 억제정책은 지양하고 이를 사후 폐해규제 위주로 전환하는 것이 바람직하다. 아울러 '창조경제'가 성공할 수 있도록 민간 부문의 자발적인 창의와 혁신의 불꽃이 타오를 수 있는 환경을 조성해야 한다. 특히, 시장의 원활한 작동과 경쟁을 저해하는 규제를 완화함으로써 창조경제가 꽃피울 수 있도록 해야 할 것이다. 화평법과 화관법 등 화학물질에 대한 규제 강화는 약화된 제조업의 경쟁력에 족쇄만 더할 뿐이다.

일자리 창출과 근로자 보호

: 비정규직 남용을 제한하면 정규직 고용이 늘어날까

변양규(한국경제연구원 거시정책연구실장)

2012년 우리나라 취업자 증가 규모는 과거 10년 평균보다 17만 명이나 많은 43만 7천 명을 기록해 경기침체에도 불구하고 큰 증가세를 보였다. 그러나 이러한 취업자 증가세에 빨간불이 들어오고 있다. 지난 1월에는 취업자가 32만 2천 명 증가하는 데 그치더니 2월에는 20만 1천 명까지 급감했다. 다행히 3월에는 미약한 회복세를 보여 24만 9천 명 증가하였으나 지난 10년간의 3월 평균보다 여전히 5만 명 정도 낮아 실망스러운 수치가 아닐 수 없다. 제조업 일자리가 다소 회복세를 보였기에 망정이지 제조업마저 작년 수준에 머물렀다면 올해 우리나라 취업자 증가세는 이미 20만 명 밑으로 추락했을 가능성이 크다. 따라서 지금은 일자리 창출에 대해 합리적이면서도 진지한 고민을 해야 할 시기이다.

| 현재 논의되는 법안들은 고용유인을 훼손하고 근로자보호도 달성 못해

이런 상황을 아는지 모르는지 국회에서는 근로자 보호를 명분으로 앞다투어 새로운 입법발의 경쟁을 하고 있다. 물론 근로자 보호는 일자리 창출만큼이나 중요한 과제이다. 그러나 현재 논의되는 입법발의의 대부분이 강제적인 규제를 통해 노동력 사용에 직접적인 제한을 가하는 법안들로서 고용위축의 부작용을 일으킬 우려가 있다. 따라서 일자리 창출을 위축시키면서까지 근로자를 보호하겠다는 법안들이 과연 진정으로 근로자를 보호할 수 있을지 의문이 가지 않을 수 없다. 왜냐하면, 이러한 법안들은 다행히 지금의 일자리를 지킬 수 있는 일부 근로자만을 보호하겠다는 것과 다름없기 때문이고, 실업상태에 처해 있거나 구직활동을 포기한 사람들에게는 한 가닥 취업 가능성마저 빼앗는 차별정책에 불과하기 때문이다. 뿐만 아니라 일자리 창출과 근로자 보호의 적절한 균형을 통해 일자리를 지속적으로 만들면서 근로자 보호도 강화하는 방안이 있음에도 불구하고 마치 일자리 창출과 근로자 보호를 서로 만날 수 없는 두 개의 평행선처럼 취급하는 것은 더더욱 이해할 수 없다.

좀 더 확실한 예를 들기 위해 현재 국회 입법발의를 통해 논의되고 있는 비정규직 근로자 보호정책 중 비정규직 사용업무·사용사유 제한에 대한 논의를 살펴보자. 국회는 기간제근로자 및 파견근로자의 보호를 위해 비정규직 근로자의 사용사유를 추가로 제한하는 방식을 논의하고 있다. 예를 들어, 현재 사용기간이 2년으로 제한되어 있는 기간제근로자의 사용에 대해 추가적 사용사유 제한을 부과하여 출산, 육아 등 결원의 대체, 계절적 사업 등의 사유가 있는 경우에만 기간제근로자를 사용할 수 있게 하자는 논의가 이루어지고 있다. 또한, 현재 총 파견기간이 2년으로 제한되어 있고 제조업의 직접생산공정업무를 제외한 32개 업무에만 사용 가능한 파견근로자에 대해서도 추가적인 사용사유 제한을 논의하고 있다. 전문지식·기술·경험 또는 업무의 성질 등을 고려하여 적합하다고 판단되는 업무이더라도 '근로자의 출산·육아 또는 질병·부상 등으로 인하여 발생한 결원을 대체할 경우', '계절적 사업의 경우', '일정한 사업의 완료에 필요한 기간을 정한 경우'라는 사유가 있는 경우에만 사용할 수 있도록 한정하는 보다 강력한 형태의 사용규제가 그런 예이다.

이러한 논의는 기본적으로 비정규직의 사용을 제한함으로써 비정규직의 남용을 막게 되면 정규직 고용으로 유도될 것이란 순진한 생각에 기초한다. 비정규직을 쓰지 못하게 하면 반드시 정규직 고용이 늘어날까? 이러한 생각이 비현실적이라는 것은 누구라도 잘 알 것이다. 정규직 고용이란 가능성 외에도 인력사용 절감, 자동화, 심지어 공장의 해외 이전이란 가능성이 있는데, 반드시 정규직 고용이 늘어날 것이란 생각은 순진하기 그지없다. 이보다 더 걱정스러운 것은 이러한 법률로 인해 고용이 위축될 경우 일자리를 잃을 가능성이 높은 사람들은 바로 현재의 비정규직 근로자라는 점이다. 비정규직 근로자를 보호하겠다는 명분으로 만든 법률이 바로 비정규직 근로자를 차별하는 법률이 되는 것이다.

| 지금 필요한 것은 비정규직 사용에 대한 규제가 아니라 불합리한 차별 시정

그렇다면 과연 고용 위축을 최소화하면서 비정규직 근로자의 근로 여건을 개선하는 방법은 없는 것일까? 눈을 외국으로 돌려보자. 세계적인 입법추세는 대체적으로 비정규직의 필요성을 인정하되, 정규직과의 차별을 시정하는 방향으로 이루어지고 있다. 이러한 접근의 기본적인 목적은 비정규직의 사용을 인정함으로써 노동유연성과 고용창출 유인을 유지하고, 동시에 불합리한 차별을 시정함으로써 단순히 노동비용이 낮다는 이유로 비정규직을 남용하는 사례를 방지하고자 함에 있다. 즉, 고용창출과 근로자 보호라는 두 가지 핵심 논의의 균형을 추구하고 있는 것이 세계적인 추세인 것이다. 유럽 파견근로입법지침이 파견근로자 균등대우원칙의 준수를 통해 파견근로자를 보호하고, 동시에 유연한 인력운영을 위한 파견근로의 촉진을 함께 규율하고 있는 것도 이러한 이유에서이다.

그러나 우리나라 국회는 현재 사용기간 및 업종에 대한 제한이 모두 있는 근로자파견법에 추가적인 사용규제를 도입하는 논의만을 지속하고 있다. 이처럼 비정규직의 이용 자체를 제한하는 우리나라의 규제 방식은 노동시장의 경직성을 높여 고용창출을 저해할 뿐만 아니라 비정규직 근로자를 고용할 유인을 점차 축소시켜 비정규직 근로자의 고용불안정성을 확산시키는 원인으로 작용할 가능성이 크다. 따라서 비정규직 사용 자체를 제한하는 현재의 규제 방식보다는 근로 여건의 개선과 불합리한 차별의 시정을 목적으로 하는 규제 방식으로 전환해야 한다. 즉, 비정규직의 사용에 대해서는 직접적인 규제를 가하지 않지만 비정규직 근로자의 근로 여건 등에 대한 불합리한 차별에 대해서는 규제를 도입하는 것이 고용창출과 근로자 보호의 균형이라는 관점에서 보다 바람직한 접근방법이 될 것이다. 현재 국회에서 논의되는 것은 경제가 아닌 정치적 거래에 불과하다. 이제 모든 문제는 정치가 아닌 경제라는 것을 우리 국회만 모르는 것은 아닌지 걱정된다. 미국 클린턴 대통령의 1992년 대선 당시 슬로건을 다시 한 번 생각해본다. "It's the economy, stupid."

경제력 집중 억제를 위한
'일감 몰아주기' 규제는 재고되어야

03

신석훈(한국경제연구원 부연구위원)

최근 국회에서는 대규모기업집단 소속 계열사 간 부당지원행위(일감 몰아주기) 규제를 강화하기 위한 공정거래법 개정논의가 한창 진행 중이다. 현행 공정거래법(제23조1항7호)에 따르면, 계열사 간 '지원행위'를 규제하기 위해서는 지원행위가 '경쟁을 훼손할 우려'가 있다는 사실을 공정거래위원회가 입증해야 한다. 그러나 이것을 입증하는 것이 어려워 규제의 실효성이 떨어진다는 논리하에 법을 개정해야 한다는 논의가 진행 중이다.

| '경쟁 제한성'과 '회사이익 침해' 여부가 부당성 판단 기준이 되어야

현행 공정거래법상 규정에서는 지원행위가 '경쟁을 제한'한다는 사실을 명확히 입증할 필요 없이 그러한 '우려'가 있다는 사실만 밝혀도 규제할 수 있도록 하고 있다. 그런데 규제 당국이 이것조차 입증하기 어렵다며 더 쉽게 규제할 수 있도록 법을 개정하자는 것이다. 공정거래법은 '경쟁'을 보호하는 법이다. 그런데 경쟁을 제한할 '우려'조차 밝혀지지 않아도 규제할 수 있도록 하자는 것인데 과연 공정거래법을 통해 이러한 규제를 하는 것이 바람직한지 의문이다.

결국 최근 법 개정 논의의 핵심은 경쟁제한성과 무관하게 '지원행위 자체'를 규제할 수 있도록 하자는 것이다. 왜 이렇게 '지원행위' 자체에 대한 규제에 집착하는 것일까? 대기업집단 오너의 사익추구행위가 계열사 간 지원행위 형태로 나타나기 때문에 이것을 규제하기 위해서다. 즉 오너가 자신의 지분이 많은 계열사가 이득을 보고 지분이 적은 계열사가 손실을 보도록 계열사 간 거래를 지시해 궁극적으로는 이익을 취득하는 행위를 규제하기 위해서다.

그런데 회사이익을 침해하는 오너의 사익추구행위에 대한 부당성 판단을 전문으로 하는 기관은 회사법을 집행하는 법원이다. 경쟁제한성 판단을 전문으로 하는 공정거래위원회의 역할이 아니다. 각각 부당성 판단에 대한 비교우위가 다르다. 공정거래법 개정을 요구하고 있는 정치권에서 이러한 기본적 사실을 모를 리 없다. 그래서 회사법과 법원의 영역인 오너의 사익추구행위 규제를 대 놓고 공정거래법과 공정거래위원회가 할 수 있도록 법을 개정하자고 요구하기는 쉽지 않다. 따라서 사익(私益) 보호를 목적으로 하는 회사법과 달리 공익(公益)을 보호하기 위해 계열사 간 지원행위를 공법인 공정거래법에서 규제해야 한다는 명분이 필요하다. 그것이 '경제력 집중 억제'라는 공익이다.

'경제력 집중' 여부를 기준으로 계열사 간 거래를 규제할 경우 '경쟁'도 훼손시키지 않고 '회사이익'도 훼손시키지 않는 계열사 간 거래도 규제할 수 있게 된다. 거래 때문에 이득을 본 사람들은 있지만 피해를 본 사람이 없더라도 경제력이 집중되었다는 이유로 규제할 수 있게 된다. 거래 당사자들은 경제력이 집중되지 않았다고 항변해 보겠지만 별 소용없을 것이다. 어차피 부당한 경제력 집중인지를 판단하는 객관적 기준은 존재하지 않기 때문이다. '경제력 집중'은 상당히 다의적인 개념이고, 법에서 경제력 집중의 개념 정의나 어떤 경우에 경제력 집중이 발생하였다고 볼 것인지에 대한 객관적 기준도 제시하고 있지 않다. 아마 제시할 수도 없을 것이다. 규제하고자 하는 입장에서 경제력이 집중된 거래라고 규제하면 그게 부당한 경제력 집중이다. 경제상황과 여건에 따라 그 판단기준이 매번 달라지며 오히려 불공정한 잣대로 전락할 위험이 있다.

│ 공정거래법과 회사법이 적절히 역할 분담을 하는 법체계가 구축되어야

계열사 간 거래를 이용한 오너의 사익추구행위를 손해배상소송 중심의 회사법이 아닌 행정규제 중심의 공정거래법으로 손쉽게 규제하고자 하는 의도를 '경제력 집중 억제' 라는 모호한 공익 뒤에 숨겨서는 안 된다. 회사법이 할 일을 공정거래법도 할 수 있도록 하기 위해 '경제력 집중 억제' 라는 공익을 부당성 판단 기준으로 삼을 경우 규제명분은 있을지 몰라도 개념의 모호성으로 인해 필연적으로 과잉규제를 초래하게 될 것이다.

계열사 간 거래의 부당성 판단 기준은 '경쟁제한성'과 '회사이익 침해' 여부로 분명히 해 두어야 한다. 공정거래법은 경쟁훼손행위를 규제하기 위해 만든 법이다. 회사법은 회사이익을 침해하는 행위를 규율하기 위해 만든 법이다. 따라서 공정거래위원회는 공정거래법에 근거해 본래의 업무인 '경쟁을 훼손' 하는 계열사 간 거래를 철저히 규제해야 한다. 경쟁제한성에 대한 입증이 쉽지 않아 규제의 실효성이 떨어진다면 이 부분을 보완할 수는 있다. 그러나 회사법에서 규율해야 될 사안을 공정거래법에서도 규제하기 위한 법 개정은 바람직하지 않다.

회사법 외에도 공정거래법에서까지 규제할 수 있도록 하면 회사의 이익을 침해하는 오너의 사익추구행위를 더욱 확실히 규제할 수 있어 바람직한 것 아니냐는 생각이 들 수도 있다. 그러나 계열사 간 거래가 계열사들에게 이익이 되는 거래인지 아니면 오너의 사익을 추구하기 위한 것인지를 회사의 직접적인 이해당사자가 아닌 공정거래위원회가 판단하는 것은 결코 쉽지 않다. 외형적으로 불공정해 보이는 행위이면 규제할 가능성이 크다. 그러나 겉으로는 불공정해 보이지만 실질적으로 회사에 이익이 되는 거래는 얼마든지 있다. 회사이익을 침해하는 행위인지에 대한 판단은 그러한 행위로 자신들의 재산적 가치가 직접적으로 줄어드는 주주들이 가장 잘할 수 있다. 공정거래위원회가 회사법에 근거한 주주들의 이러한 판단을 도와줄 수는 있겠지만 직접 판단하려고 할 경우 득보다 실이 더 많다.

공정거래위원회가 부업으로 회사법 집행을 도와줄 수 있지만 이것을 본업으로 인식해서는 곤란하다. 자칫 경쟁보호라는 본업까지 소홀해질 수 있다. 공정거래법과 회사법이 적절히 역할 분담을 하며 '경쟁을 훼손'하거나 '회사이익을 훼손'하는 계열사 간 거래를 철저히 규제할 수 있는 법 체계를 구축해 나가야 할 것이다.

동양 사태의 교훈은 금융계열사 규제를 강화하는 것이 아니다

김미애(한국경제연구원 선임연구원)

04

2013년 들어 STX, 웅진, 그리고 동양 등 국내 굴지의 기업이 무너지는 것을 보며 애국자도 아니고 그 기업에 투자한 투자자도 아니지만 안타까운 마음을 금할 수 없었다. 모두가 글로벌 경제침체에 허덕이고는 있지만 그래도 이렇게 큰 기업들은 곧 상황이 좋아져서 우리나라 경제가 활성화되는 데에도 기여할 수 있으리라 희망을 걸고 있었는데 말이다. 마치 전장에서 가지고 있는 권총에 총알이 하나씩 줄어들고 있는 느낌이다.

기업의 흥망성쇠는 기업이 탄생하는 시점부터 지금까지, 그리고 앞으로도 계속 일어날 수 있는 일이다. 기업이 망하는 것이 두려워 흥하지 못하게 하고 쇠하는 게 싫어서 성공하지 못하게 할 수는 없는 노릇이다. 누군가는 또다시 실패를 딛고 일어서며 아주 적은 가능성이지만 성공할 수 있다면 무모하리만큼 끊임없는 도전을 할 것이다. 우리 사회는 이러한 용감한 도전과 성공과 실패를 통해 성장해 왔다.

그러나 최근 발생한 동양 사태를 보면서 이러한 도전에 대해 이러한 생각이 든다. 투자자들은 '나는 몰랐다 속았다'며 팔아넘긴 자를 탓하고 감독 당국은 '기업이 금융을 기만했다'며 경영진의 비도덕을 탓한다. 특히 투자자들이 거래한 금융회사가 그 기업의 계열사라는 이유로 금융과 산업이 분리되지 못하여 생긴 문제라고 주장하는 것이다. 규제를 게을리한 금융감독 당국과 금융회사를 소유한 다른 기업그룹에게까지 단죄의 화살이 집중되고 있다. 모든 것이 거대한 기업이 가진 탐욕에 자유를 주었기 때문이라고 비난하고 있다.

하지만 이번 동양 사태에서 가장 직접적인 책임은 기업경영에 실패한 주주들과 경영자, 그리고 투자에 실패한 투자자들에게 있다. 더 많은 수익을 내고 싶었던, 적어도 손해를 보고 물러나지 않으려던 기업은 자금을 원했고 투자자들은 일반 금융상품보다 고위험 · 고수익 채권을 선택한 것이다. 안타깝게도 가능성에 머물렀던 위험이 현실화되었고 투자자들은 수익을 얻지 못하게 된 것이다. 어떻게 보면 지극히 일반적인 투자자와 기업 간의 문제임에도 불구하고 일부분에서 감독 당국의 책임론이 제기되었고, 엄밀히 말해 연관성이 없는 금산결합 규제와 금융계열사 규제를 강화해야 한다는 움직임까지 일고 있다.

비은행금융회사 대주주의 준법성 심사를 확대하자는 주장은 일면 타당성이 있어 보인다. 그러나 금융회사의 안정성을 위하여 대주주의 준법성 등을 심사하는 자격기준은 이미 개별 금융업법에서 관리하고 있다. 그럼에도 불구하고, 금융회사의 경영과 무관한 주주의 준법성까지 요구하면서 금융회사 소유 자체를 규제하려는 움직임은 이번 사건과 유사한 상황에서 투자자의 피해를 방지할 수 있는 방안이라고 해석하기 어렵다. 또한 금융회사의 계열사에 대한 의결권 제한을 확대하자는 주장도 이번 동양그룹 사건과는 무관해 보인다. 이번 사건의 핵심인 CP 발행은 주주의 의결사항이 아니고 경영진의 기업자금조달 수단과 관련된 판단으로 이루어지는 것이다. 굳이 감독 당국의 관리실패 문제를 따지자면 금산분리 규제의 실패가 아니라 불법적인 판매행위에 대한 단속을 게을리 했다는 점을 지적해야 할 것이다. 동양그룹의 재무적 위험에 대한 정보도 가지고 있었으며 동양증권의 불완전판매행위를 적발했음에도 불구하고 적절한 조치를 취하지 않아 또 다른 불완전판매행위로 피해자가 늘어나게 된 책임은 면할 수 없을 것이다. 하지만 앞으로 감독 당국의 역할도 이 부분을 보완하는 것, 여기까지이다. 정확한 정보가 제공될 수 있도록 사전적으로 관리하고 사후적으로는 불법행위를 단속하여 이로 인한 피해가 확대되지 않는 조치를 취하는 것이다.

이번 사건을 계기로 정부가 모든 시장을 관할하고 규제하는 것이 당연하다는 생각은 매우 위험하다. 사고 나는 것이 두려워 금융회사를 소유하는 것을 원천적으로 봉쇄하는 것도, 특정 주주의 의결권을 제한하는 것도 기본적인 시장원리에 어긋난다. 기업의 정상적인 영업활동을 통해 발행하는 회사채, CP 거래 자체를 관리하는 것은 신뢰를 기반으로 하는 자본시장의 기본 원리를 부정하는 것이다. 자본시장이 고도로 발달된 미국을 보더라도 고수익·고위험 채권의 거래는 매우 활발하게 이루어지고 있다. 한국에서는 고수익 채권의 비중이 1%를 조금 상회하는 데 그치지만 미국 자본시장에서 고수익 채권의 발행 비중은 최근 15년간 평균 10%를 웃돌고 있다. 안전한 수익을 원하는 우량 채권 소비자도 있지만 위험성을 고려하더라도 고수익을 원하는 소비자들이 비우량 채권을 소비하고 있는 것이다. 다만 관리 당국은 이러한 고수익 채권의 위험성에 대한 정보가 정확히 전달되고 있는지를 감시하는 역할을 맡은 것이다.

이번 동양그룹 사태뿐만 아니라 기업의 몰락과 그 피해가 어느 하나의 잘못만으로 초래되는 경우는 없을 것이다. 경영자의 무능력함, 감독과 규제의 실패, 투자자의 판단 실수 모두 각자의 책임을 져야 할 것이다. 하지만 다른 기업의 경영은 계속될 것이며 투자자의 고수익을 노리는 투자도 이어질 것이다. 자본주의가 있는 한 시장은 여전히 존재하기 때문이다. 이번 사건을 빌미로 감독기관의 규제를 강화해야 한다는 움직임이 시장원리를 외면하는 결과를 가져와서는 안 될 것이다.

조세피난처와 페이퍼컴퍼니 문제, '비난'만이 해결책 아니야

05

정승영(한국경제연구원 선임연구원)

뉴스타파, 구글과 애플, G8 정상 회담, 세계 최고의 축구선수라는 리오넬 메시. 관계가 없어 보이는 이 네 가지에서 공통적으로 등장하고 있는 소재는 무엇일까? 바로 조세피난처와 페이퍼컴퍼니이다. 뉴스타파는 현재 진행 중인 우리나라의 조세피난처와 페이퍼컴퍼니 논란에서, 구글과 애플은 조세피난처에 세워진 페이퍼컴퍼니에 수익을 유보한 기업의 조세전략에서, G8 정상회담의 주제인 3T(Trade, Tax, Transparency)에서, 리오넬 메시는 조세피난처 소재 페이퍼컴퍼니를 이용한 탈세 논란에서 '조세피난처와 페이퍼컴퍼니'라는 공통점을 가지게 되었다. 즉 조세피난처와 페이퍼컴퍼니에 관련된 문제는 비단 우리나라만의 문제가 아닌 상황이다. 그러나 최근 우리나라에서의 조세피난처와 페이퍼컴퍼니에 관련된 논의는 마치 '조세피난처에 페이퍼컴퍼니를 가진 것' 자체가 '악'으로 분류되는 듯한 모양새이다. 물론 미국의 경우에도 애플은 조세에 대해 "Think Different"(1997년 애플 광고 모토)하다고, 구글은 "Be Evil"(구글 모토는 Don't Be Evil이다)이라고 비꼬기도 하지만 페이퍼컴퍼니 자체를 두고 비난하지는 않는다.

| 조세피난처와 페이퍼컴퍼니에 관한 오해와 진실

물론 조세피난처에 돈세탁이나 탈세를 하기 위하여 페이퍼컴퍼니를 세우고, 이를 이용하는 것에 대해서 옹호할 사람도 없을뿐더러, 이를 옹호할 논리도 궁색한 것이 사실이다. 하지만 조세피난처에 페이퍼컴퍼니를 세워 정상적인 기업 활동을 하는 것까지 색안경을 끼고 볼 필요는 없다. 왜냐하면 다른 국가의 기업들이 모두 동일한 방식으로 해외 기업 활동 전략을 세워 활동을 하거나, 관행적으로 페이퍼컴퍼니인 특수목적회사(SPC)들을 세워 활용하는데, 우리나라 기업들만 그러한 방식을 취하지 않는 것도 우리나라의 기업 경쟁력을 갉아먹는 요인이 되기 때문이다.

예를 들어 우리나라의 국내 대기업이 보유한 페이퍼컴퍼니들 중 대부분을 차지하는 해운업의 경우,[20] 선박을 매입할 때 페이퍼컴퍼니를 활용하거나, 선주 소유 선박을 페이퍼컴퍼니 명의로 등록하고자 이용되는 편의치적 등 국제 해운업계에서 통용되고 있는 계약 방식을 따른다. 여기에서 국내 해운기업들이 페이퍼컴퍼니를 사용하는 경우에 조세피난처에 페이퍼컴퍼니를 세워두고 있는 사실 그 자체를 두고 문제를 삼을 것은 아니라는 것이다.[21] 또한 해외사업영역을 발굴하기 위한 자금조달 목적 또는 해외 상장의 목적으로 페이퍼컴퍼니를 활용하기도 하는데, 중국 바이두의 경우에는 나스닥 상장을 위해서 미국 기업회계기준을 사용하는 케이먼군도에 법인을 설립하여 나스닥 상장에 성공하기도 했다.

오히려 페이퍼컴퍼니를 설립하지 않으면 해외 시장에 진출하거나 투자하기 어려운 경우도 있다. 예를 들어 해외 부동산 자산 투자를 할 때, 각국별로 외국인의 부동산 소유에 대한 규제를 우회하고자 해당 국가에 특수

---

20) 국내 16개 대기업 그룹에서 보유하고 있는 페이퍼컴퍼니의 85%가 해운기업 소유이다.("국내 대기업 페이퍼컴퍼니 85%는 해운업… 대부분 사업 목적", 조선일보 2013. 6. 5. 입력 기사)
21) 다만 해운업계에서도 점차 SPC를 이용한 조세 계획의 운신의 폭이 점점 좁혀지는 형국이다. 예를 들어 선박취득세를 절감하는 방식으로 활용되던 국적취득조건부 나용선계약과 선박 반환 사건에 대해서 SPC의 지배회사에게 취득세를 부과하는 것이 실질과세의 원칙에 부합한다고 보았다.(대법원 2011. 4.14. 선고 2008두10591 판결)

목적회사를 세우고 자산을 취득하는 경우도 있다. 이 경우에는 투자 소득에 대해서 우리나라에서 법인세를 정상적으로 납부하므로 전혀 문제가 없는 상황이 연출된다. 또한 국내 금융기관들이 해외의 수익 자산을 취득하고자 해외의 페이퍼컴퍼니를 활용하는 경우도 있다. 이 경우에는 모회사인 국내 금융기관들이 해외의 페이퍼컴퍼니로부터 수익을 분배받아 정상적으로 법인세를 납부하고 있을 뿐만 아니라, 페이퍼컴퍼니를 활용해서 오히려 국내 시장에서 국제 시장으로 활동 반경을 넓히는 결과를 가져오고 있다. 즉 이 경우에서 페이퍼컴퍼니는 기업에게도 유익한 경영 전략을 실행하는 수단이 되고, 국가에게도 기업의 시장 확대에 따른 세수입을 늘리는 발판이 되고 있다.

| 탈세는 엄정하게 대처하되, 페이퍼컴퍼니 설립 자체에 대한 비난은 말아야

국제적으로 세원이 잠식되면서 조세피난처에 대한 비난도, 페이퍼컴퍼니에 대한 의구심도 점점 늘어가는 것이 현실이다. 정상적으로 법인세나 소득세를 납부하는 사람들과의 형평성 문제와 점점 늘어가는 세수 증대의 필요성이 맞물리면서 누군가가 정상적으로 부담하여야 할 부분이 다른 이들에게 경제적으로 전가되는 결과가 발생하기 때문에 비난의 화살이 쏟아지는 것이다. 또한 각 개별 국가나 OECD 차원에서 구글이나 애플의 사례와 같이 탈세는 아니지만, 그렇다고 해서 세법의 입법 목적에도 정확히 부합하는 것인지에 대해 의구심을 품게 하는 '공격적 조세회피 전략(Aggressive Tax Planning, 이하 ATP)'의 문제도 고민하는 것이 현실이다. 이와 관련해서 우리나라 역시 국세기본법 또는 국제조세조정에 관한 법률을 통해 이에 대한 입법적 대비를 마련해놓고 보완해나가는 실정이다.

이러한 문제의 흐름 속에서 우리가 다시 한 번 생각해보아야 할 것은 페이퍼컴퍼니를 활용한 기업 활동이나, ATP가 어떤 이유에서 나오게 된 것인가 하는 점이다. 물론 악의적으로 ATP를 활용하는 경우(어떤 경우가 악의적인 경우인가에 대해서 분별하는 것은 상당히 어렵다는 문제가 있지만)에 대해서 일방적으로 옹호하는 것은 어렵겠지만, 결국 법인세제 체계 내에서 기업 활동에 무리하게 부담을 주는 경우, 기업은 어떻게든 세제의 빈틈(tax loophole)을 찾아 세무전략 계획을 세우고 실행하는 반응을 보인다는 것이다. 따라서 어차피 '붉은 여왕(Red Queen)'[22]이 지배하는 영토인 조세제도 내에서 정부와 기업은 적절한 타협점을 찾아야 하는 과정이 필요하다는 점을 인정할 필요가 있다.

여기에서 우리는 정상적인 기업 활동을 위해서 페이퍼컴퍼니를 활용할 수밖에 없는 경우에까지 비난하는 잘못을 저지르지 말아야 한다. 페이퍼컴퍼니에 대한 비난이 곧 그에 대한 해결책을 마련해주는 것은 아니기 때문이다. 세상에서 가장 이해하기 어려운 것이 소득세라는 아인슈타인의 말처럼 현행 조세제도가 가진 지나친 복잡성을 비판하고, 궁극적으로 세제를 단순하고 합리적으로 개정하여 더욱 진화된 조세제도 체계를 구축해 나가는 것이 올바른 답안이 되기 때문이다.

---

22) '붉은 여왕'은 루이스 캐럴의 작품 『거울나라의 앨리스 Through the Looking-Glass』의 등장인물로, 현실에 맞추기 위해 계속 달려야 하는 것으로 표현되고 있다. 이를 차용하여 진화생물학자인 반 베일런(Van Valen)은 변화하는 환경에 따라 살아남기 위해 생물들이 계속 변화하면서 공진화가 이루어진다는 '붉은 여왕 이론'(Red Queen hypothesis)을 제시하였다. 여기에서는 이와 같은 내용과 배경을 인용한 것이다.

납품단가 협상권 위임제의 문제

06

안재욱(경희대학교 경제학 교수)

현재 국회에 수급사업자의 납품단가 협상권을 중소기업협동조합에 위임하고자 하는 의원 입법안이 상정되어 있다. 새 정부의 '중소기업 손톱 밑 가시 빼기'와 연관시켜 이 제도를 밀어 붙이려는 움직임이 일고 있다. 그러나 결론부터 말하면 '납품단가 협상권 위임제'는 경제적 자유를 훼손시키는 제도로서 협상 당사자인 대기업과 중소기업은 물론 경제전체에 커다란 피해를 가져올 것이다. 어쩌면 중소기업이 가장 많은 피해를 볼 것이다. 단지 이익을 보는 사람들은 이 제도를 통해 독점적 지위를 이용해 지대추구행위를 하는 중소기업협동조합의 관리인들일 것이다. 중소기업에게 도움을 주려는 의도와는 정반대의 결과를 가져오고 직접적인 거래 당사자들이 아닌 제3자인 중소기업협동조합의 관리인들만을 이롭게 하는 이 제도는 결코 도입되어서는 안 된다.

| 원사업자와 수급사업자 간의 관계

납품단가 협상권 위임제를 논하기 전에 먼저 원사업자와 수급사업자, 즉 대기업과 중소기업 간의 계약이 어떻게 이뤄지는지를 보자. A라는 대기업과 B와 C라는 중소기업이 있다고 하자. 최종재를 생산하는 A 기업은 중간재를 생산하는 중소기업 B나 C 기업에게 최종재 생산에 필요한 중간재를 납품받는 계약을 맺으려 할 것이다. 이때 A 기업은 원사업자가 되고 B나 C는 수급사업자가 된다.

A가 B나 C와 납품 계약을 할 때 고려하는 것들은 복잡다양하다. 납품단가, 납품재의 품질, 기업의 기술력, 납품재의 공급 지속성, 기업의 경영상태, 경영자의 태도, 계약 이행성 등 여러 가지 것들을 따져서 결정한다. 반드시 낮은 납품단가를 제시한 기업과 계약이 체결되는 것은 아니다. 여러 가지 조건들을 비교하여 비록 B의 납품 가격이 C보다 높다하더라도 A는 B와 수급계약을 맺을 수 있다. 물론 다른 모든 조건이 동일하다면 B와 C 중 납품단가가 낮은 기업을 선택할 것이다.

이러한 수급계약 관계는 기업 생태계에 아주 중요한 것을 남긴다. 바로 기업과 산업의 경쟁력 향상이다. 일단 여러 가지 조건을 고려하여 A가 B와 수급계약을 맺었다고 하자. 그러나 여기서 끝이 아니다. 더 중요한 일들이 벌어진다. B는 A와 수급계약 유지와 이윤을 위해 많은 노력을 한다. 원가절감을 위한 경영과 기술의 혁신, 값싼 원자재 구입을 위한 노력, 품질개선을 위한 노력, 납품재를 안정적으로 공급하기 위한 생산관리와 노사관리 등 끊임없는 노력을 한다. C 역시 다음에는 A와 계약 당사자가 되기 위해 더 많은 노력을 한다. 아니면 지금까지 존재하지 않았던 새로운 기업 D가 나타날 수도 있다. 그래서 다음 계약 시점에서 A와 계약 당사자가 계속 B일 수도 있고, 계약 상대가 C로 바뀔 수도 있으며, 아니면 새로운 D가 계약 당사자가 될 수도 있다. 이 과정에서 기업의 경쟁력이 향상되고 산업이 발전하는 것이다.

| 기업 생태계의 복잡성을 간과한 강제적인 협상권

납품단가 협상권 위임제는 이러한 대기업과 중소기업 간의 수급계약 과정에서 대기업이 중소기업에 비해 우월적 지위에 있고 대기업이 이 우월적 지위를 남용하여 중소납품업체를 착취한다는 것을 전제로 하고 있다. 대기업이 중소기업보다 우월적 지위에 있기 때문에 대기업과의 협상 당사자를 중소기업 자체가 아닌 중소기업협동조합을 통해 단체협약(collective bargaining)을 하도록 법으로 강제하는 것이다.

이러한 협상권 위임제는 복잡한 기업세계를 단순화하고 획일적으로 만드는 매우 위험한 시도다. 우리는 여러 분야에서 개별 특성과 자율을 무시한 획일화의 폐해를 많이 보았다. 협상권 위임제도 마찬가지로 기업의 개별 특성과 자율을 무시함으로써 많은 폐해를 낳을 것이다. 납품단가 협상을 중소기업협동조합을 통해 하게 한다면 우선 중소기업 간 경쟁이 사라져 기업의 경쟁력과 산업이 쇠퇴할 것이다. 다시 말하면 앞에서 말한 원가절감을 위한 경영과 기술의 혁신, 값싼 원자재 구입을 위한 노력, 품질개선을 위한 노력, 납품재를 안정적으로 공급하기 위한 생산관리와 노사관리 등의 노력이 감퇴하여 중소기업은 물론 대기업의 경쟁력까지 쇠퇴하고 산업의 발전이 둔화될 것이다.

협상권 위임제로 인해 가장 많은 피해를 보는 쪽은 이 제도가 보호하려는 중소기업들일 것이다. 이 제도 도입은 이해당사자가 아닌 제3자가 나섬으로 인해 협상기간이 길어져 필연적으로 대기업과 중소기업 모두의 비용을 높인다. 비용이 높아진다면 대기업은 이것을 피해가는 방법을 찾는다. 기업 내 중간재를 생산하는 계열사를 만들던가, 아니면 외국의 중소기업과 계약관계를 형성하려 한다. 우리나라 중소기업은 판로를 잃게 되어 결국 문을 닫게 되는 처지에 이를지도 모른다.

중소기업협동조합에 납품단가 협상권을 위임한다는 것은 달리 표현하면 중소기업협동조합의 관리인이 만족할 만한 결과에 도달하게 한다는 의미다. 그러면 이해당사자가 아닌 제3자인 중소기업협동조합 관리인의 권한이 강화되고 이제 이해 당사자인 중소기업의 이익보다는 자신들의 이익을 위해 활동하는 도덕적 해이가 증가할 것이다. 이러한 폐해는 산별노조에서 이미 경험한 바다.

중소기업협동조합에 납품단가 조정권을 부여하는 것은 정부가 카르텔을 만들어주는 것이다. 이것은 카르텔을 규제하는 공정거래법에 위배되는 것으로 정부의 정책상 모순이다. 뿐만 아니다. 카르텔은 본질적으로 지속되지 못하고 와해되는 속성을 지니고 있다. 수요가 변화하거나, 어떤 중소기업이 기술개발로 인해 조합에서 정한 납품단가보다 낮은 가격에 납품하는 것이 이익이 된다고 하면 그 중소기업은 낮은 가격으로 거래하려고 하는 인센티브가 생긴다. 그렇게 되면 조합원들 간에 갈등이 생기고 장기적으로 납품단가 위임제는 유명무실해질 수 있다.

| 명분에 집착한 제도, 교각살우(矯角殺牛)

무엇보다 납품단가 협상권 위임제는 전제가 잘못되어 있다. 피상적으로 보면 대기업이 중소기업보다 우월적 지위에 있다. 그러나 반드시 그런 것은 아니다. 대기업이 우월적인 지위에 있는 경우도 있고 그렇지 않은 경우도 있다. 대기업의 우월적 지위는 시장에 달려 있다. 최종재 시장이 비경쟁적인 경우 대기업은 중소기업에 우월적 지위를 가질 수 있지만 그렇지 않고 경쟁적이라면 대기업은 중소기업에 우월적 지위를 가질 수 없다. 정부가 법으로 진입장벽을 만들어주지 않는 한 비경쟁적인 시장은 거의 없다. 한편 중간재 시장이 비경쟁적이면 중소기업이 우월적 지위를 갖는다. 2011년 5월 엔진 부품인 피스톤링의 시장점유율 70%를 차지하는 유성기업의 불법파업으로 인해 현대차, 기아차, 한국GM, 르노삼성, 쌍용차 등 완성차업체들에서 빚어진 생산차질 사태는 이 사실을 잘 보여준다.

대기업이 우월적 지위에 있다 하더라도 그것이 반드시 남용되는 것은 아니다. 기업의 궁극적인 목표는 시장에서 오랫동안 생존하는 것에 있다. 기업의 생존은 소비자가 반복적으로 그 기업의 제품을 구매해줄 때 가능하다. 그것을 아는 기업은 소비자를 만족시킬 수 있는 양질의 제품을 생산·공급하려고 한다. 그에 필요한 첫 번째 조건이 품질 좋은 부품을 확보하는 것이다. 그러므로 최종재를 생산하는 대기업은 품질 좋은 부품을 공급하는 중소기업을 찾고 그 중소기업과 계약관계를 계속 유지하려고 한다. 따라서 대기업은 기본적으로 납품업체를 착취하려 하기보다는 장기적인 동반성장관계를 형성하려고 한다.

기업세계는 경쟁과 협동이라는 두 가지 면을 동시에 가지고 있다. 기업세계는 명시적으로는 경쟁체제이지만 암묵적으로는 협동체제다. 경쟁을 통해 우수하고 효율적인 기업이 선택되고 그 기업들 간에 협동하여 재화와 서비스가 만들어진다. 만약 경쟁을 막는다면 이러한 협동체계는 오히려 훼손되어 경제에 커다란 폐해를 낳는다. 납품단가 위임제는 '중소기업 손톱 밑 가시 빼기'가 아니다. 경쟁을 가로막는 잘못된 규제일 뿐이다.

물론 대기업과 중소기업 간 거래에 문제가 발생할 수 있다. 우월적 지위를 남용하여 상대를 착취하거나 상대에게 피해를 주는 행위가 발생할 수 있다. 그러나 이러한 문제는 현재의 각종 제도로서 통제 가능하다. 여기에 대기업의 우월적 지위 남용을 막는다는 명분으로 납품단가 협상권 위임제를 도입하는 것은 과잉 규제며 교각살우(矯角殺牛)의 우를 범하는 것이다. 대기업과 중소기업 누구에게도 도움이 되지 않고 경제적 피해와 사회적 갈등이 명약관화한 이러한 제도를 왜 도입하려는지…. 정치 과잉이다.

소문에도 자극받는 기업가 정신

07

김이석(시장경제제도연구소 소장)

우리 경제의 성장세 회복이 시급하다는 목소리는 여러 곳에서 들리고 있다. 경제전문가들은 성장부진에 따라 2013년 세수잉여금이 마이너스였으므로 세수확보를 위해서도 성장회복이 필요하다고 말하고 있다. 2012년 세입세출실적에 따르면, 세입은 282조 3704억 원인 데 비해, 세출 274조 7611억 원으로 이월액 7조 7577억 원을 감안하면 지난 해 세계잉여금은 세입에서 세출과 이월액을 빼면 −1484억 원으로 적자를 기록하였다.

또한 고용이 최고의 복지라는 점에 대해서는 광범한 합의가 이루어고 있으므로 사실 복지를 위해서도 무엇보다 성장이 필요할 뿐 아니라 소위 사회적 약자에 대한 지원으로서의 복지가 일회성이 아니라 지속 가능하기 위해서도 성장이 필수적이라는 점에 대해 많은 이들이 동의하고 있다. 전 세계적인 경기침체 속에서 각국은 해외투자에 나선 회사들을 자국으로 불러들여 자국에서의 투자와 고용을 늘리기 위해 분투하고 있는 가운데 우리나라만 이런 노력에서 예외라는 불만 섞인 목소리도 나오고 있다.

| 경제성장은 기업가정신이 왕성히 발휘될 때 가능해

그렇다면 경제성장 혹은 더 넓은 의미의 경제적 진보는 어떻게 가능한가? 그것은 결국 소비자들이 기존의 상품이나 서비스보다 더 선호하는 새로운 상품과 서비스가 등장하고, 기존의 상품이나 서비스도 더 저렴하게 제공될 때 자원들의 부가가치가 더 높아지고 이것이 모여 경제성장으로 귀결된다. 결국 이런 사업기회를 발견해 내는 것은 왕성한 기업가 정신이므로 우리는 왕성한 기업가 정신이 발휘될 때 경제성장이 가능함을 알 수 있다.

기업가적 경쟁과정은 더 나은 사업기회를 발견하고 투자를 통해 실제로 이 기회를 활용하고자 하는 경쟁적 노력의 과정이다. 현재의 시장 가격으로 다양한 생산요소들을 구매한 다음 이를 결합하여 소비자들이 원한다고 여기는 상품들을 생산하고 그 상품을 투입된 가격보다 더 높은 가격으로 판매하는 데 성공할 때 비로소 이윤을 누릴 수 있다. 그래서 기본적으로는 기업가 정신이란 '낮은 가격에 사서 높은 가격에 파는(buy-low sell-high)' 기회를 발견하는 성격을 지니지만, 일반적으로 사는 시점과 파는 시점 사이에 시간의 경과가 놓여 있으므로 불확실성을 내포하고 있다. 그래서 기업가 정신은 불확실성을 감당하면서 낮게 사서 높게 팔려는 (speculative buy-low sell-high) 모험적 성격을 아울러 지닌다.

기업가들은 소비자들에 대한 자신의 생각, 혹은 시장 가설을 실제로 적용하여 생산과 판매 활동에 나서면서 자신의 상품 시장에 대해 많은 것을 배운다. 일종의 'learning by doing'이 일어난다. 그뿐만 아니라 기업가들은 동종업계나 관련업계의 사람들이 무엇을 개발하고 있다는 소문에도 자극을 받는다. 그런 정보를 접하면서 그 정보에 자신의 경험이 합쳐져서 새로운 아이디어를 얻는다. 일종의 'learning by learning' 과정이 발생하는 것이다. 이런 점에서 보면 박람회장은 남의 아이디어를 접하고 자신만의 사업 아이디어를 발상하는 learning by learning의 장소인 셈이다.

한 국가의 번영은 그 국가를 구성하는 각자의 번영으로부터 나온다고 보면, 각자가 성공한 자의 것을 재분배하려는 정치적 투쟁에 정력을 쓰기보다는 경쟁 기업의 상품 개발 소문에도 자극받는 기업가 정신을 발휘할 때 우리나라 경제의 앞날은 밝을 것이다.

| 스웨덴으로부터 배울 점

소문에도 자극받는 기업가 정신을 발휘할 기회는, 만약 국가가 규제를 풀어준다면 상대적으로 규제를 덜 받고 있는 분야에서 더 왕성하게 나타날 가능성이 높다. 큰 정부의 한계를 인식한 스웨덴이 정부지출 수준을 줄이고 상속세를 폐지했을 뿐 아니라 공교육 분야에도 바우처제도를 도입하여 교육 분야에까지 교육 수요자들의 필요를 경쟁적으로 발견하고 이를 충족시킬 방법들을 찾아가는 길을 열어주었음은 우리에게 시사하는 바가 크다.[23]

그들은 소문에도 자극 받는 왕성한 기업가적 도전정신을 교육분야에까지 적극적으로 이용하고 있다, 우리 경제에 필요한 것도 바로 이것이다. 이 점을 명심할 때 현재의 어려운 경제환경에도 불구하고 새 정부는 우리를 번영케 할 경제 정책의 실마리를 찾을 수 있을 것이다.

---

23) "The Nordic countries are reinventing their model of capitalism, says Adrian Woodridge," Economist, Feb 2nd, 2013 참고.

저성장 시대, 새로운 경영전략이 필요하다

08

송재용(서울대학교 경영대학 교수)

자본주의 시장경제의 틀을 근본적으로 뒤흔든 글로벌 경제위기로 인해 국내외 경제의 저성장, 저금리 기조가 고착화되는 소위 뉴 노멀(new normal)의 시대가 본격화될 가능성이 높아지고 있다. 이처럼 국내외 경제의 중장기 저성장 기조 고착화 우려가 나오는 배경은 무엇이며 중장기 저성장이 현실화되면 한국 기업의 경영전략은 어떻게 변화해야 할 것인가?

| 점증하고 있는 저성장의 우려

리만 브라더스 사태 이후 대공황까지 우려되던 글로벌 경제위기가 각국 정부의 대규모 유동성 투입과 경기부양책으로 인해 최악의 상황은 면하였지만 선진국 경제는 저성장 기조가 최소한 수년간 지속될 전망이다. 경제 위기 이전 과도하게 증가하였던 민간 부문 부채의 고통스러운 디레버리징이 지속되는 한편으로 부동산 가격 하락과 실업률 급증으로 위한 소비 위축이 심각하기 때문이다. 특히 유럽의 경우 유럽중앙은행(ECB)의 국채 무제한 매입 조치로 인해 남유럽 경제가 최악의 위기는 모면한 것으로 보이지만 저성장 상황은 장기화될 전망이다. 세계적 경제학자인 아이

켄그린 교수는 유럽이 10년간 저성장을 지속할 확률이 80%나 된다고 경고한 바 있다. 미국은 다행히 최근 소비와 부동산이 살아나고 있어 유럽보다는 상황이 훨씬 좋지만 여전히 높은 실업률과 천문학적 정부 부채로 인해 고성장 기조로의 복귀는 당분간 어려울 전망이다.

일본은 최근 소위 아베노믹스에 의한 공격적 양적 완화 정책과 재정투입, 엔화 가치 하락 유도 정책 등으로 작년 3분기 경제성장률이 −3.5%로까지 하락했던 최악의 침체 국면에서 급속히 회복되는 모습을 보여 주고 있다. 하지만 GDP 대비 237%에 달하는 과도한 정부 부채와 20년 이상 지속된 저성장으로 인한 경제 체력 저하를 근본적으로 극복하고 고성장 국면으로 전환할 가능성은 높아 보이지 않는다. 많은 경제학자들이 우려하는 것처럼 아베노믹스가 결국 실패로 귀결되면 일본은 신용등급 및 국채가격 하락으로 인한 심각한 재정위기에 직면할 가능성이 높고 이는 일본발 경제위기와 엔화 가치 폭락으로 이어질 수 있다. 여기에 일본과 유럽 등 선진국은 저출산 고령화라는 구조적인 문제에 봉착하고 있어 선진국의 저성장 국면은 장기적으로 지속될 전망이다.

이처럼 선진국 경제가 저성장을 지속할 가능성이 확실시되는 상황에서 세계 경제 성장의 견인차는 중국을 필두로 한 신흥시장이다. 리먼 사태로 인한 글로벌 경제위기가 대공황으로 비화되지 않은 중요한 이유 중의 하나는 중국 등 신흥시장이 잘 버텨 주면서 고성장을 지속하였기 때문이다. 따라서 앞으로도 신흥시장이 고성장을 유지할 수 있다면 세계 경제 전체의 저성장 우려는 기우로 끝날 수 있다. 하지만 중국 등 신흥시장 경제가 수출을 중심으로 선진국 경제와 밀접하게 연계되어 있는 상황에서 주요 수출 시장인 선진국의 경제 침체는 신흥시장의 성장률 둔화로 이어질 가능성이 높다. 작년도 중국 경제 성장률이 급락하여 연평균 7%대로 떨어진 것도 가장 중요한 이유는 수출 부진이었다. 특히 선진국의 수요는 침체된 상황에서 전세계 철강 산업은 3억 톤의 공급 과잉에 직면하고 있는 등 주요 제조업에서 전세계적인 공급 과잉 현상이 지속되고 있고 천연자원 가격도 조정 받고 있기에 중국 등 신흥시장 국가 역시 고성장을 지속하기는 힘든 상황이다.

이처럼 세계 경제가 최소 3~5년간 저성장에 시달릴 가능성이 높아 수출이 침체될 우려가 큰 상황에서 저성장을 초래할 한국 경제 내부의 구조적 리스크도 높아지고 있다. 저출산 고령화가 급속히 진전되어 2016년이 되면 생산가능인구대가 피크를 치고 내려갈 전망이며, 1000조 원에 달하는 가계 부채와 부동산 가격 급락, 전세가격 급등, 소득 양극화 심화로 인해 소비 위축이 심화되고 있다. 이로 인해 금년도 한국 경제의 성장률 목표도 2%대에 머물러 있다.

| 저성장 기조하에서의 기업 경영

국내외 경제의 중장기 저성장 기조 우려가 현실화된다면 기업 경영에는 어떠한 변화가 필요한가? 저성장 기조가 장기화된다면 무엇보다도 현금유동성 확보와 원가절감, 구조조정을 기반으로 한 수익성과 내실 위주 경영 체제 구축이 필요하다. 특히 저성장 국면이 지속된다면 재고와 매출채권 관리를 더욱 철저히 해야 하며, 현금흐름을 중시하는 경영을 해야 한다. 또한 국내외 경제의 불확실성에 민첩하게 대응하기 위해서 경영상의 핵심요소를 중심으로 시나리오 플래닝을 도입할 필요가 있다. 저성장 국면이 장기화된다면 리스크 요인 관리도 중요해지는데, 삼성이 외환위기 직후에 하였던 것처럼 회사가 '망하는 시나리오' 워크샵을 개최하여 회사의 존폐를 위협할 수 있는 가장 중요한 리스크 요인을 파악한 후 이를 중점적으로 관리해야 한다.

중장기 저성장 시대에 돌입하게 되면 사업 포트폴리오를 재점검하여 핵심사업과 핵심역량 위주로 사업을 재편하는 작업도 꼭 필요하게 된다. 사업 포트폴리오의 재조정은 필요시 수시로 하면 가장 좋지만 임직원의 충성도를 중시하고, 노동시장의 경직성이 높으며, 인수합병 시장이 그리 활성화되지 않은 한국적 상황에서는 위기 상황이나 패러다임 변화시기가 와야 큰 저항 없이 공감대를 형성하면서 사업 포트폴리오를 재조정할 수 있다. 중장기 저성장 우려도 바로 그러한 상황이기에 호황기에 낀 군살을 빼면서 비주력, 비핵심, 적자 사업은 아웃소싱이나 전략적 제휴, 매각, 또는 최악의 경우 청산을 통해 축소하거나 정리하고 핵심사업에 자원을 보다 집중시켜야 한다. 이러한 과정에서 직원, 고객, 협력사와의 위기 극복 공감대 형성과 고통 분담을 위해 커뮤니케이션을 강화해야 할 것이다.

하지만 중장기 저성장 국면에서도 여력이 있는 기업이라면 핵심역량 강화, 창조적 혁신과 신성장 동력 창출을 통해 수익성을 동반한 성장을 지속할 수도 있기에 무조건 방어적 경영으로 움츠러들기만 해서는 곤란하다. 국내외 경제의 저성장이 우려되는 것이지 대공황이나 심각한 경제위기 국면은 다행히 모면한 것으로 보이기 때문이다. 따라서 경쟁력이 있는 기업이라면 국내외 경제의 저성장 국면을 주력 사업에서의 점유율 제고는 물론 비즈니스 모델 혁신, 국내외 기업 M&A, 국내외 우수인력 확보 등을 통해 극복해야 할 것이다.

· 무엇보다도 이러한 심각한 불황기는 시장의 지위가 바뀌고 산업구조가 재편되는 시기로서 한계기업의 도산과 구조조정으로 인한 시장 점유율 제고가 가능하다. 한국의 주력산업인 메모리 반도체, 자동차 등에서도 경쟁력이 취약하거나 무리한 확장을 시도하였던 글로벌 경쟁자들 상당수가 이번 위기로 인해 도산하거나 점유율 저하를 경험하였다. 반면, 그동안 재무적 건전성과 핵심역량을 강화해 왔던 한국의 핵심 기업들은 이번 글로벌 경제위기의 와중에 세계 시장 점유율을 더욱 높일 수 있었다. 특히 외환위기 이후 지난 10년간 주력산업에서 성장 동력을 찾기 위해서 중국, 인도 등 신흥시장을 적극 공략하여 신흥시장에서의 점유율을 대폭 향상시켰는데 이번 글로벌 경제위기에서 선진국과는 달리 신흥시장의 경제는 상대적

으로 잘 버텨준 점도 한국 기업들이 선전할 수 있었던 주요 배경이었다. 이 여세를 몰아 저성장 국면에도 불구하고 핵심사업의 경쟁력과 지배력을 높이고 상대적으로 고성장이 지속될 신흥시장에서의 경쟁적 지위를 더욱 공고히 하면 저성장 국면에서도 훌륭한 성과를 지속할 수 있을 것이다.

더 나아가 저성장 국면에서도 혁신과 신성장동력 창출에 성공한다면 고성장을 지속할 수 있다. 저성장 국면이 지속되면 수요자 측면에서 고객 니즈도 변화하게 되는데 이를 먼저 파악하여 새 제품, 기술, 서비스, 비즈니스 모델을 선도하는 기업이 강자로 부상하게 된다. 더 나아가 저성장 국면에서 어려움을 겪게 될 국내외의 저평가된 기업들을 인수한다면, 기존 사업의 경쟁력을 제고함은 물론 신성장동력을 확보할 수 있다. 내재가치가 우수하지만 경기 침체로 일시적 유동성 위기를 겪고 있거나 주가가 과도하게 하락한 기업을 싸게 살 수 있는 기업 바겐세일 기간일 수 있기 때문이다. 특히 한국의 선도 기업들은 주력산업이 성숙기에 접어들어 성장성, 수익성 저하로 고민해 왔기에 좋은 기업을 싸게 살 수 있는 저성장 국면이 인수를 통한 기존 산업의 지배력 강화와 신성장동력 확보의 전기가 될 수 있다. 최근 유럽의 경제위기로 인해 소비재 산업에서 좋은 브랜드가 비교적 저렴한 가격으로 매물로 나온 상황하에서 만다리나 덕 등 유럽의 일류 브랜드를 한국 기업들이 연이어 인수하고 있는 것은 이러한 측면에서 긍정적으로 평가할 수 있다.

기업을 옥죄는 경제민주화 논의로 점철되고 있는 작금의 한국 경제 현실은 국내외 경제가 직면한 중장기 저성장 기조 고착화 전망에서 본다면 매우 걱정되는 상황이다. 한국의 대기업들이 이러한 현실에 실망하여 국내에 투자를 안 하고 오히려 국내에 있던 공장과 사업도 해외로 이전시켜 버린다면 한국 경제는 정말 중장기 저성장의 덫에 빠져들 것이다. 따라서 정부와 정치권은 한국 경제가 저출산 고령화와 규제의 덫에 빠져 저성장으로 인한 경제 활력 저하로 '잃어버린 20년'을 경험하고 있는 일본의 전

철을 밟지 않도록 국가 차원의 신성장 동력 확보와 벤처 육성 등 경제 활력을 살리기 위한 노력을 한층 강화해야 한다. 규제 강화보다는 기업의 국내 투자를 활성화하기 위한 규제 완화와 지원책을 강화해야 하며, 내수 기반을 확충하기 위한 서비스 산업 육성 및 양질의 고용 창출 노력을 강화해야 한다. 기업들도 중장기 저성장 기조가 고착화될 것이라는 가정하에 내실경영 체제를 강화함과 동시에 여력이 있는 기업이라면 혁신을 통한 글로벌 경쟁력 강화와 신성장 동력 확보를 위한 투자도 강화해야 할 것이다. 글로벌 경제 위기의 와중에 도약한 삼성전자와 현대자동차의 사례가 잘 보여주듯이 경쟁력 있는 기업에게는 저성장기가 오히려 치고 나갈 수 있는 기회가 될 수도 있기 때문이다.

회사의 채용 규모를 결정하는 것은 사장이 아니라 구매자

09

손정식(한양대학교 경제금융대학 명예교수)

국회청문회나 국정감사장에 국회의원들이 기업체 대표자들을 불러다 놓고, 해고 자제를 요청하거나 해고된 노동자의 복직을 종용하는 등 기업체 대표들을 압박하는 모습을 가끔 볼 수 있다. 물론 우리는 국회의원들이 해고 노동자들의 복직을 요구하는 것이 실직자의 아픔을 걱정하는 선의에서 나온 것임을 잘 알고 있다. 그리고 얼핏 보면 표면적으로는 노동자들에게 해고 통지나 복직 통보를 하는 것이 기업체를 운영하는 대표이므로 해고나 복직도 회사 대표자의 개인 의도에 따라 결정되는 것처럼 보일 수도 있다. 즉, 기업체 사장이 마음만 먹으면 해고하려던 노동자에게 계속 일자리를 제공할 수 있고, 해고했던 노동자를 복직시킬 수 있을 것처럼 보이기도 한다.

그렇지만 정말 그것이 가능하다면 정부는 실업자 문제를 걱정할 필요가 없다. 정부가 우리나라 모든 기업체 사장들로 하여금 채용 규모를 예컨대 3%만 늘리라고 요구하면 실업자 문제를 간단하게 해결해서 완전고용 수준에 도달할 수 있기 때문이다. 그런데도 전 세계 많은 나라에서 정부가 실업 문제로 고민하는 것은 그것이 불가능하기 때문이다. 물론 국회의원들이 국회청문회나 감사장에서 기업체 사장을 압박하면 일시적으로 해고 노동자 몇 명을 복직시킬 수는 있을 것이다. 그렇다고 해서 모든 해직자 문제를 그런 방식으로 해결할 수는 없다. 그것은 마치 비료제조회사 사장에게 농민들의 딱한 처지를 위해 손실을 보면서라도 비료를 원가 이하 가격에 납품하라고 요구하면 한 두 차례는 가능하겠지만 장기적으로는 지속할 수 없는 것과 같다. 이는 해고 금지나 해고자 복직문제가 기업체 사장의 팔을 비틀어서 해결할 문제가 아님을 뜻한다.

| 노동수요를 결정하는 것은 구매자, 채용시장 규모를 확대하려면 경기활성화 거시정책을 촉구해야

'시장의 법칙'이라고도 불리는 수요공급원리에 의하면, 노동시장에서 임금이 상승하고 고용 규모도 증가하려면 노동 수요가 증가해야 한다. 그런데 노동 수요는 제품시장의 파생 수요(derived demand)이다. 제품시장에서 수요가 많아지면 그 제품을 만들어 판매하는 회사의 노동 수요가 증가해서 그 회사 노동자들의 임금이 상승하고 고용 규모도 증가한다. 이 원리는 어느 회사에서 임금을 올리고 고용 규모를 증대시키려면 그 회사가 만들어 판매하는 제품 수요가 증대해야만 가능하다는 매우 중요한 정책적 의미를 내포하고 있다. 그러므로 노동 수요가 증가하지 않는 상황에서 임금과 고용 규모를 증가시키라거나 임금 인하 없이 고용 규모를 증대하라고 요구하는 것은 시장의 법칙에 반하는 것이다.

더욱이 노동 수요가 파생 수요라는 원리가 갖는 중요한 의미는 회사가 노동자들에게 얼마의 임금을 지급하고 얼마나 많은 노동자를 고용할 것인가를 결정하는 것은 회사 사장이 아니라 그 회사 제품을 사들이는 구매자(buyers)라는 것이다. 구매자들이 그 회사 제품을 외면하면 아무리 사장이 노동자들에게 높은 임금을 지급하고 고용 규모를 증대하고 싶어도 불가능하기 때문이다. 그러므로 어느 기업체 사장이 국회 청문회나 감사장에 자주 불려 나가거나, 소위 '희망버스'를 타고 간 NGO 단체들이 해당 회사

공장 앞에서 과격하게 시위하는 광경이 국내외 매스컴에 자주 등장할수록 해당 회사 제품을 구매하려는 국내외 구매자들의 발길을 돌리게 할 것이다. 그러면 해당 제품을 생산하는 노동 수요 역시 감소해서 '희망 버스'는 '절망 버스'가 될 가능성이 높다.

수요공급원리를 '시장의 법칙(Law of Market)'이라 부르는 이유는 마치 우주 삼라만상이 중력의 지배를 받기에 '중력의 법칙(Law of Gravity)'이라 부르듯, 시장경제가 수요공급법칙의 지배를 받기 때문이다. 이는 중력의 법칙이 어느 개개인의 의도에 따라 작동하는 것이 아닌 것처럼, 시장의 법칙도 어느 개개인의 의도에 따라 결정되는 것이 아님을 뜻한다. 그러므로 노동시장에서 임금이나 고용 규모도 기업체 사장 개인의 의도에 따라 결정되는 것이 아님을 이해해야 한다.

국회의원들이 기업의 채용시장 규모를 확대하고 싶다면 기업의 법인세 부담이나 준조세 성격의 부담금을 줄여 원가 절감을 가능하게 하거나, 우리나라 기업체가 국내외 시장에 진출하는 데 따른 제도적 장벽을 낮추어야 할 것이다. 또한, 투자를 증대시킬 환경을 조성해주거나 재정·통화정책 당국에게 통화증발이나 적자재정 등 경기활성화 거시정책을 촉구해야 할 것이다.

여성고용률 제고정책, 기업에게 여성고용의 인센티브를 제공해야

10

이진영(한국경제연구원 부연구위원)

지난 6월 정부는 고용률 70% 로드맵을 발표했다.[24] 고용률 70% 달성을 위한 주요 전략으로 창조경제를 위한 일자리 창출, 일자리를 위한 사회적 연대와 책임 강화, 일하는 방식과 근로시간 개혁, 핵심 인력의 고용가능성 제고 등이 제시되었는데, 이 중 두 개의 전략, 즉 일하는 방식과 근로시간 개혁, 그리고 핵심 인력의 고용가능성 제고가 여성고용률 제고와 직접적으로 연관되어 있다는 점을 비추어보면 로드맵의 성패는 여성고용률 제고 달성 여부에 달려 있다고 해도 과언이 아니다. 하지만 여성고용률 제고를 위한 세부정책의 면면을 살펴보면 대부분이 여성의 경제활동참가를 촉진하기 위한 정책이다. 노동공급자(여성)를 위한 정책만 있고 노동수요자(기업)를 위한 정책은 없는 반쪽짜리 로드맵인 것이다. 이대로라면 설령 로드맵에서 내세운 정부의 전략이 그대로 실현되어 여성의 경제활동참가율(이하 경활율)이 제고된다 하더라도 여성경활율 제고가 여성고용률 제고로 연결될 수 있을지는 미지수이다.

---

24) 고용노동부에서 발간한 고용률 70% 로드맵 브로슈어 참조. (http://www.moel.go.kr/view.jsp?cate=2&sec=8&div_cd=&mode=view&bbs_cd=104&seq=1375669207345&page=1&state=A)

| 여성고용률 제고를 위해선 노동공급자뿐만 아니라 노동사용자도 고려한 정책이 마련되어야

여성고용률 제고정책을 시행하는 주요 정부부처는 여성가족부, 고용노동부, 보건복지부 등이다. 그중 여성가족부가 인터넷 홈페이지에 여성인력개발 관련 정책을 비교적 자세히 소개하고 있다. 다음의 〈표〉는 그 내용을 토대로 작성한 것이다.

〈표〉 정부의 여성인력개발 관련 정책

정책비전	여성인력 활용을 통한 지속적인 국가성장 도모
정책목표	2017년까지 여성고용률(15~64세) 61.9% 달성 향후 5년간 165만개의 여성 일자리 창출
주요 정책과제	여성의 경력단절 예방 가족친화적인 직장 문화 조성 일하는 여성을 위한 보육서비스 확충 일·가정 양립 지원 기반 구축
	경력단절 여성의 재취업 지원 경력단절 여성의 특성에 따라 대상별로 특화된 서비스 현장맞춤형 인력 양성을 위한 기업맞춤형 직업교육훈련
	여성대표성 제고 여성리더 양성 교육 및 네트워크 구축 지원 공공부문 여성관리자 확대

주: 표의 내용은 여성가족부 홈페이지에서 인용

위의 표에 따르면, 여성인력개발 관련 정책의 목표는 여성일자리 창출이다. 취업자는 종사상 지위별로 크게 임금근로자와 비임금근로자로 나뉘는데 이 중 임금근로자가 72%를 차지하는 우리나라 현실에 비추어보면,[25] 일자리 창출에서 기업과 정부의 역할, 특히 기업의 역할은 실로 막

---

25) 통계청에 따르면 2012년 현재 우리나라의 취업자 수는 24,681천 명, 임금근로자는 17,712천 명임.

중하다고 할 수 있다. 그러나 놀랍게도 정책 목표 실현을 위한 주요 정책과제 중 기업에게 여성고용의 인센티브를 제공하는 정책은 찾아볼 수 없다. 세부 정책과제로 제시된 '일·가정 양립 지원 기반 구축'은 노동수요자인 기업의 입장에서 보면 오히려 여성노동력의 사용비용을 증가시키는 정책이다. 가족친화적인 직장문화조성을 통해 여성이라면 누구나 취업하기 원하는 직장을 만든다면, 보다 경쟁력 있는 여성인력을 고용할 수 있게 되어 여성과 기업 모두에게 바람직한 결과를 가져올 수 있다. 하지만 이는 어디까지나 장기적으로 얻을 수 있는 편익이며 현실은 여성 고용의 장기적 편익보다는 단기적 비용이 부각되고 있는 실정이다. 일·가정 양립 지원 기반 구축을 위해 현재 시행되고 있는 대표적인 정책이 모성보호제도인데 바로 이 모성보호제도가 휴가 혹은 휴직 제도에만 의존하고 있기 때문이다. 여성의 경력단절 문제를 극복하기 위해 시행되고 있는 모성보호제도가 지금껏 별다른 실효를 거두지 못하고 있다는 사실은 바꿔 말해 여성의 기대근속연수가 남성보다 짧다는 것과 더불어 모성보호제도라는 여성 고용의 비용이 하나 더 추가된 것과 같다. 따라서 '경력단절 여성의 재취업 지원'과 '여성대표성 제고'를 통해 여성인력이 확충된다 하더라도 기업이 높은 비용으로 인해 여성을 고용하지 않는다면, 로드맵에 제시된 정부정책은 여성실업률만 높이는 정책으로 전락할 우려가 있다.

여성고용률을 제고하려면 여성인력의 확충, 특히 기업이 고용하기 원하는 여성인력을 확충해야 한다. 여성인력의 확충은 노동의 공급 측면에서 바라보아야 할 과제이다. 2012년 현재 여성경활율은 남성경활율에 비해 23% 포인트나 낮은 50% 수준에 머물고 있기 때문에, 한국 경제의 지속가능한 성장을 위해 여성경활율을 높이는 정책은 반드시 필요하다. 문제는 현 정부정책의 초점이 여기에만 맞추어져 있다는 점이다. 여성고용률 제고 달성은 '기업이 고용하기 원하는' 여성인력의 확충, 즉 노동의 수요 측면도 동시에 고려해야 하는 과제이다. 따라서 여성 고용의 기회비용을 노동공급자에서 노동수요자에게 전가시키는 현 정책에서 정부가 기업과 함께 그 기회비용을 분담할 수 있는 정책으로의 방향 전환이 필요하다. 물론 직장어린이집의 운영 지원과 공공보육시설 확충 등을 통해 정부가 예전부터 그 비용을 분담하고는 있지만 여성경활율 및 고용률 침체 현상이 10년 넘게 지속되고 있는 현실은 보다 실효성 있는 정부정책의 시행을 요구하고 있다. 정부의 역할과 더불어 기업 스스로의 역할 또한 매우 중요하다. 기업들은 여성을 고용할 때의 장·단기적 편익과 비용을 보다 꼼꼼히 따져서 여성 고용의 편익보다 비용이 더 부각되고 있는 현 기업문화의 풍토를 바꾸어 나가야 할 것이다.

대기업과 협력업체의 동반성장에 관한 소고

: 공정한가, 불공정한가

11

정규석(강원대학교 경영학과 교수)

최근 들어 대기업과 중소기업 간의 관계가 사회적 이슈가 되고 있다. 우리나라에서 유독 대기업과 중소기업 간의 관계가 이슈가 되는 것은 대기업과 중소기업 간의 임금격차가 지나치게 커서 사회적 불공정성의 문제가 존재할 수 있다는 것과, 따라서 대다수의 젊은 취업 희망자가 대기업에 들어가기를 희망하고 중소기업을 기피하여 노동시장에서의 공급과 수요의 미스매치가 커서 사회적, 경제적 문제로 비화된다는 점이다.

임금 격차로 대표되는 이러한 차이의 공정성에 대한 불인정과 그에 따른 사회적 분노는 중소기업 고유업종 지정, 동반성장, 일감몰아주기 규제 등 대기업에 대한 부메랑으로서 돌아오고 있는 것도 현실이다. 본고에서는 같은 공급사슬상에서 경쟁관계이자 협력관계에 놓여 있는 대기업과 중소기업 간의 동반성장 이슈들에 관해 살펴보고자 한다.

| 한국의 거래 관행, 계열화

우리나라의 완제품 조립 대기업과 부품 공급업체의 관계는 필요한 때마다 그때 그때 시장에서 다수의 공급자와 수요자가 경쟁을 통해서 거래를 하는 시장구매 유형보다는 발전단계의 주요 벤치마킹 대상이었던 일본을 모방해서 장기공급계약관계 유형인 계열화가 대세를 이루어 왔다.

계열화는 시장거래(buy)와 자체제작(make)을 절충한 하이브리드 형태라고 볼 수 있다. 이 형태의 성패는 어떻게 양 방식들의 이점을 각각 살려내고 단점들을 극복하느냐에 달려 있다. 즉, 어떻게 시장(market)의 강점인 경쟁의 효율성을 살리면서, 조직(hierarchy)이 갖는 장점인 거래비용 감소와 시너지를 추구하고, 그 단점인 도덕적 해이를 방지하느냐에 그 성과가 달려 있다.

계열화 방식에서의 가장 큰 불공정성은 한 번 장기계약관계에 포함된 업체는 신규 진입 희망자에 대한 진입장벽을 쌓음으로써 기득권을 보장받는다는 것이다. 그러나 잠재적 부품공급자는 눈에 띄지 않기 때문에 그 폐해가 간과되는 반면, 눈에 띄는 현존하는 부품업체들은 약자처럼 보이므로 피해자라는 사회적 인식은 기본적으로 눈앞에 보이는 것을 보다 중시하는 심리적 착각에 기인하는 오류이다.

| 대기업과 중소기업의 부가가치 격차 원인: 초기 역량에 따른 확대 재생산

동일한 가치사슬상에 놓여 있는 조립업체인 대기업과 부품공급자인 중소기업 간의 임금과 수익성 차이는 어디에서 오는 것인가? 부가가치의 배분 비율에서 누가 더 많은 몫을 차지할 것인가는 협상력의 강약에 달려 있다. 결과적으로 보면 우리나라의 조립업체들은 부품 공급자에 비하여 협상력이 큰 편이다. 그러나 다른 나라의 경우에는 그렇지 않은 예를 흔하게 볼 수 있다. 그러면 왜 우리나라의 조립업체들은 부품공급자에 비하여 협상력이 강한가? 조립업체는 더 나은 또는 동일한 조건의 대안적 부품공급업체를 쉽게 확보할 수 있는 데 비하여, 부품공급업체는 대안적 수요처를 확보하기가 어렵다는 것이 협상력의 본질이다.

기본적으로 협상력의 원천은 경쟁자(동일 제품·부품 공급업자들: 조립업체의 경우는 타 조립업체, 부품 공급사의 경우는 타 부품공급사)에 대한 경쟁우위(품질, 원가, 생산성, 공급능력 및 납기준수 능력)와 그 경쟁우위를 가능하게 해주는 자신만이 갖는 차별적 역량의 보유 여부에 달려 있다.

우리나라 제조업은 외국의 부품을 들여다 조립하는 조립업체가 먼저 생겨났고, 그 이후에 국산화의 진전과 함께 부품생산업체가 생겨나기 시작했다. 결과적으로 우리나라의 조립업체는 기술 축적의 기간이 길었던 데 비하여, 부품업체는 역사가 짧고 기술 축적도도 낮았다. 즉, 차별적 역량과 경쟁우위의 차이에서 오는 기회비용의 차이가 협상력과 부가가치 배분의 차이를 가져온 것이다.

둘째, 조립제품들은 여러 기술들이 융복합되고 고도화된 시스템 기술인 경우가 많아서 잠재 진입자가 쉽게 참여하기 힘든 반면, 어떤 부품들은 형태의 단순성으로 인하여 기술적 차별성을 확보하기가 어렵다는 것이다. 이러한 단순 부품들은 부가가치가 낮을 뿐만 아니라 임금이 싼 후발국 진입자에 의하여 쉽게 대체되기도 쉽다. 즉, 가격 인상 등 유리한 협상조건을 추구하는 것 자체가 보다 경쟁력 있는 경쟁자에 의하여 밀려나는 퇴출을 의미할 수도 있는 것이다. 이러한 단순 부품들에 대해서는 기존 부품 생산업체들도 가격경쟁력을 강화하기 위하여 생산지를 해외로 이전하는 것을 볼 수 있다.

셋째 원인으로 조립업체는 유리한 부가가치 배분을 이용하여 우수한 인재의 확보, R&D 투자, 기술 축적이란 선순환 사이클을 돌릴 수 있었고 부가가치 배분이 불리했던 부품업체는 인재난, 낮은 R&D 투자, 기술열위란 악순환 사이클을 벗어나기 어려웠던 것이다. 즉, 초기 역량의 격차가 확대 재생산된 것이다.

| 거래관행의 불공정성에 대한 고찰과 제언: 조립업체와 부품공급업체들은 기본적으로 동반성장의 길을 걸어와

부가가치 배분 격차의 핵심 원인은 대기업의 악의에 의한 것이라기보다는 역량에 따른 보상이라는 시장에서의 자원배분 과정에서 생겨난 자연스러운 현상이라는 것이다. 한편으로는 많은 조립업체들도 부품업체에 비해서는 높은 협상력을 지녔었지만 그들도 조립업체들 간의 경쟁에서 낙오될 때는 시장에서 퇴출되었다. 물론 이 경우에는 그들에 계열화된 부품업체들도 동반 퇴출되는 경우가 많았다. 반대로 지금 성장한 부품업체들의 성공의 주요 원인은 조립업체의 성공에 기인한 것임을 볼 수 있다. 즉, 조립업체와 부품공급업체들은 기본적으로 동반성장의 길을 걸어왔음을 볼 수 있다.

또한 계열화 구매 체제에서 제품의 경쟁력은 조립업체와 부품업체의 종합 시스템 경쟁력이다. 품질과 원가의 상당부분은 부품 및 소재 업체에 의해서 결정되기 때문이다. 부품업체의 약한 경쟁력은 제품의 경쟁력 약화로 이어질 수밖에 없는 구조이다. 즉, 기본적으로는 경쟁력 강화란 가치를 공유하는 동반성장이 서로에게 유익한 구조인 셈이다.

그럼에도 불구하고 우리 사회에서 관심을 끌고 있는 몇 가지 관련 이슈에 대해서 살펴보기로 한다. 첫째, 1년 단위로 성과평가를 받아야 하는 수요처의 구매담당자는 장기적 동반성장보다는 단기업적을 중시하는 도덕적 해이가 발생하는 것이 당연하다. 구매담당자이든 전문경영자이든 대리인의 도덕적 해이를 방지하기 위해서는 장기적 이익을 중시하는 지배주주가 주도적으로 적절한 장단기 평가지표를 균형 있게 개발하여 대리인들의 성과평가에 적용해 나가야 할 것이다.

둘째, 거래 계약은 당사자가 원해서 하는 것이므로 기본적으로는 공정하다고 볼 수 있겠지만, 협상력이 크게 차이 나는 경우 사회적으로 받아들이기 어려운 불공정한 계약이 이루어질 수도 있다. 이에 대한 대표적인 사회적 관심사가 매년 납품 가격이 인하되는 현상이다. 어떤 경우는 완제품 가격은 계속 오르는데, 납품단가는 계속 인하되는 경우도 있다.

세계적으로 경쟁자가 끊임없이 생산성 혁신을 하는 환경 속에서 지속적 가격 인하는 불가피한 측면이 있는데, 부품공급업체는 생산경험 축적과 대량생산에 따른 생산성 향상을 통하여 납품가격 인하를 흡수하게 되는 것이다. 여기서 유사부품을 생산하는 다른 경쟁자보다 빠르게 생산성을 올리고 원가절감을 이루어내면 이윤이 많아지지만, 뒤진다면 수익성이 악화되고 심지어는 적자가 나서 생존이 위협받게 되는 것이다. 즉, 매년 계속되는 가격 인하는 악의적 행동으로써 대기업인 갑의 횡포로 보이기 쉽지만 전문성이 없는 제3자가 개입하여 가격조정을 꾀한다면 공멸이나, 부품 해외 아웃소싱으로 인한 국내 부품업체 도산으로 이어지는 결과를 초래할 수 있다. 시장에 대한 선의의 간섭이 시장의 보복으로 이어져서 결과적으로 대악이 될 수 있는 것이다.

셋째, 부품공급업체의 타기업과의 거래 금지 관행이다. 한국적 협력관계에서는 조립업체가 단순한 공급계약을 넘어서서 기술이나 품질 지도를 통한 협력업체 육성에 참여하는 경우가 많다. 결과적으로 부품업체를 경쟁우위가 있는 기업으로 키워놓는데 경쟁기업과 거래를 한다면 경쟁우위의 이점이 사라져 버리고, 따라서 내 자원을 투입해 육성을 해야 할 동기를 못 느끼게 된다. 그러한 의미에서 경쟁기업과의 거래금지 관행은 나름대로 논리는 있다고 볼 수 있겠으나, 더 큰 사회적 가치인 타기업의 자유를 속박하는 행동에 해당한다. 조립업체는 꼭 필요하다면 자본참여를 통해서 경영권을 확보하거나 내부제작(make)으로 가는 것이 정당할 것이다.

넷째, 몰아주기의 이슈이다. 기업이 어떠한 업무를 조직 내에서 수행할 것인가, 분사해서 아웃소싱을 통해서 할 것인가는 전형적인 자작(make) 또는 구매(buy) 의사결정에 해당한다. 그러나 이 부분은 기본적으로 모든 다른 기업들에게 공평한 기회를 주어야 한다는 사회적 가치와 부딪히기 때문에 미묘한 부분이다. 몰아주기 규제에 따라서 일부 기업들이 분사된 기업을 다시 통합하는 것은 규제의 해악이다.

일부 기업은 계열사와의 거래를 지배주주나 후계자의 지분이 높은 기업에 높은 수익성을 보장하도록 가격을 책정함으로써 편법 증여나 부당 이익 확보의 수단으로 활용함으로써 사회적 물의를 일으켰다. 이것은 탈세는 물론 지배주주가 기존 주주의 몫을 가로채는 한국적 지배구조의 전형적인 도덕적 해이에 해당하는 사항이다.

몰아주기 규제는 기업의 자유로운 전략적 의사결정을 해칠 수 있는 반면에 기회 균등이란 사회적 가치를 해칠 수도 있다. 또 이것을 이용한 편법 증여나 부당 이익 편취도 막아야 한다. 따라서 이 부분에 대해서는 획일적으로 접근하기보다는 폐해는 막되 기업의 전략적 유연성을 보장해주는 방향으로 여러 가지 상황을 고려하여 신중하게 접근할 필요가 있다.

다섯째, 차이가 큰 임금의 이슈이다. 동일노동 동일임금은 경제적 효율성을 높이는 동시에 사회적 정의에도 해당된다. 관리직과 엔지니어에 대한 노동시장은 기본적으로 유연한 시장이라고 볼 수 있다. 노동 공급자가 역량에 기초한 치열한 경쟁을 하고 있으며, 기업도 더 좋은 인재를 뽑기 위해서 경쟁을 하고 있다. 또한 38선, 45정, 56도란 말로 풍자되듯이 입사 후에도 그들은 자신의 몸값을 못하면 기업을 떠나거나 해고되므로 기본적으로 유연한 시장이라고 볼 수 있다.

반면에 현장 노동자 시장은 매우 경직적이고 따라서 효율적이지도 정의롭지도 못하다. 일부 고숙련 직종을 제외하고는 대부분의 현장 노동은 미숙련 작업자에 의하여 운영되므로 기업 간에 현장 노동의 질은 거의 차이가 없다. 그러나 임금에는 매우 큰 차이가 존재한다. 3차 협력업체 수준의 현장 노동자 임금 수준에서는 초과이윤이 거의 없어서 이직률이 높은 반면, 조립업체 현장 노동자의 임금은 매우 높고 따라서 이직률도 거의 0

에 가깝다.

근로조건이 열악한 중소기업의 노동자는 보호받을 노조가 없거나 약하고, 대기업 노동자는 지나치게 과보호되는 것은 매우 정의롭지 못하다. 심지어는 경영난으로 해고되어도 대기업 노동자는 사회적 관심을 받는다. 그들이 가져가는 초과이윤은 동일노동 동일임금의 형태로 중소기업 노동자가 가져가야 할 몫, 가격 인하 형태로 소비자가 가져가야 할 몫, 기업 확장에 따른 미래 구직자가 가져가야 할 몫, 주주가 가져가야 할 몫을 가로채는 결과를 가져온다. 이러한 불공정은 경직적인 고용제도와 대기업에 있어서 노사 간의 힘의 불균형이 가져온 결과일 것이므로 그에 대한 개선은 정부와 정치권 및 기업의 몫으로 남을 것이다.

아마존 원숭이 사냥이 기업에 주는 교훈

12

박우용(중앙대학교 경영대학 교수)

왜 잘나가던 기업이 갑자기 휘청거
리는가? 기술이나 고객의 요구가 갑자기 변화할 때 우리는 시장에서 잘나
가던 기업들이 급격히 시장 점유율(Market Share)을 잃어버리든지, 더 심
한 경우엔 시장 자체에서 아예 사라지는 경우도 종종 목격한다. 당연한 질
문은 왜 그런가 하는 것이다. 흔히들 언급하는 것이 기업의 역량
(capability)이다. 새로운 기술을 따라잡기 위해서는 새로운 capability가
필요한데 기업의 현재 capability가 새로운 기술을 따라잡을 수 없기 때문
이라고들 말한다. 그것이 사실이라면 똑같은 기술변화를 겪는데 왜 어떤
기업은 새로운 capability를 발달시켜 새로운 시장에 적응했으며, 왜 어떤
기업들은 새로운 capability를 발달시키지 못했는가 하는 질문이 더 중요
한 질문이 된다.

▎현재 고객만족에의 집중이 미래 고객 창출을 방해할 수 있어

여러 가지 이유가 있겠지만 아이러니컬하게도 현재 고객이 바로 새로
운 역량의 발달을 저해시킬 수 있는 요소가 된다는 것이다. 어느 기업이든
고객을 만족시키기 위해 노력할 것이다. 문제는 현재 고객만족에 지나치

게 집중한 나머지 새로운 기술이나 시장변화에 둔감해져서 현재 고객만족이라는 덫에서 나오지를 못한다는 것을 의미한다.

많은 예들이 있다. 노키아는 한때 휴대폰 시장에서 선두주자였다가 (50% 이상의 시장점유율) 지금은 탑티어(top-tier) 시장에서는 애플과 삼성에 밀리고, 심지어 하위(low-tier) 시장에서조차 한국, 대만, 중국 기업들과의 경쟁에서 힘들어 하고 있다. 노키아의 가장 큰 실수는 휴대폰 시장이 일반 휴대폰 시장에서 스마트폰 시장으로 변화할 때 스마트폰 시장으로의 빠른 변화를 못한 것이라고 알려져 있다(BusinessWeek, June p.6~12, p.57~61). 그러나 단순히 노키아가 스마트폰 시장으로의 전환이 늦었다는 사실보다는 그 이유가 기존 휴대폰 시장에 대한 지나친 집중 때문이라는 데 더 주목해야 할 것이다. 노키아는 스마트폰 시장이 서서히 성장하고 있을 때, 일반 휴대폰에서의 성과가 압도적이었기 때문에 일반 휴대폰과 스마트폰 시장을 합칠 경우 여전히 부동의 1위 자리를 고수할 수 있어, 50% 이상의 시장점유율을 유지를 가능하게 했던 현재의 고객들을 외면하기 힘들었던 것으로 보인다. 특히, 노키아가 기술적으로 매우 우수했다는 사실은 노키아의 현실을 더욱 안타깝게 한다.

노키아만큼의 상황은 아니지만 인텔 또한 비슷한 경험을 하고 있다. 기존 PC 고객들에 집중하다 보니, 상대적으로 사이즈가 작았던 스마트폰 고객들을 간과하게 되었고, 마침내 스마트폰 시장에서 적극적으로 움직이려고 할 때는 이미 너무 늦어 삼성과 같은 기업들의 역량을 따라잡기가 쉽지 않다는 것이 지금의 상황인 것이다.

| 시장 변화의 능동적 대처를 위해선 '현재 고객의 덫'을 되돌아봐야 할 때
이처럼 기업이 휘청거리고 있을 때 흔히들 언급되는 것이 기업 capability 부재 또는 고위 경영자의 잘못된 결정인데, 이때 간과되는 것이 '현재 고객의 덫'인 것이다. 현재 고객 만족을 위해 최선을 다하다 보니, 새로운 기술이나 시장이 출현했을 때, 회사가 충분한 capability를 갖고서도 그리고 뛰어난 자질을 가진 경영자지만 잘못된 결정을 할 수 있다는 것이다.

이 모습은 마치 아마존에서 원숭이를 사냥하는 모습을 연상케 한다. 아마존 원시인들은 원숭이를 사냥하기 위해 어떤 통에다가 원숭이 손 하나가 겨우 들어갈 정도의 구멍을 뚫어놓고 그 안에다가 먹이를 넣어둔다. 그러한 통을 발견한 원숭이는 손을 집어 넣어 먹이를 손에 잡지만 그 먹이를 놓지 않는 이상 손이 통속에서 절대 빠져 나올 수가 없다는 것이다. 그리고 원숭이는 쉽게 사냥된다.

우리나라 기업의 경영자들이 되새겨봐야 할 이야기로 믿어진다. 통 속의 먹이에 지나치게 집착하여 트랩에 빠진 것은 아닌지, 다시 말해 현재 고객들에게 너무 집중한 나머지 새로운 기술이나 시장의 변화를 읽지 못하고 있는 것은 아닌지를 되돌아볼 때인 것 같다.

5장

국민행복시대를
여는 발걸음

국민행복기금, 국민은 행복할까

유진성(한국경제연구원 연구위원)

국민행복기금은 2012년 새누리당의 대선공약에서 처음으로 등장하였다. 가계부채로 인한 높은 이자와 원리금 상환으로 고통을 받고 있는 서민들을 구제하겠다는 취지로, 320만 채무불이행자의 신용회복을 지원하고 서민들의 과다채무를 해소한다는 것이 국민행복기금의 주요 내용이었다. 새 정부에서도 국민행복기금에 대한 의지는 확고하여 올해 4월 22일에 가접수를 받기 시작하였다. 그리고 5월 1일부터는 본접수를 시작하여 한창 진행 중이며 10월 31일까지 진행할 예정이다. 하지만 아직까지 국민행복기금과 관련한 논란은 줄어들지 않고 있는 상황이다. 이하에서는 국민행복기금의 문제점과 개선방안에 관하여 간략히 살펴보고자 한다.

| 국민행복기금 무엇이 문제?

국민행복기금의 첫 번째 문제는 국민행복기금의 실효성이다. 국민행복기금은 가계부채의 문제를 해결하고 서민들의 과다채무를 해소하기 위하여 도입되었다. 하지만 가계대출의 약 68%를 차지하는 주택담보대출을 가지고 있는 사람들의 경우는 대상에서 제외되었고, 신용등급이 낮은 서민들이 찾게 되는 대부업체도 90% 이상이 국민행복기금과 협약을 맺지 않은 것으로 나타나 대부업체를 이용한 서민들의 경우도 사실상 대상에서 제외되었다. 따라서 실질적으로 채무로 인해 고통 받고 있는 사람들에게 얼마나 도움이 될 수 있을지는 의문의 여지가 있다. 그리고 국민행복기금은 6개월 이상 1억 원 이하의 연체가 있는 사람을 대상으로 하고 있는데 이미 6개월 이상을 연체한 사람들이라는 점을 감안하며 채무를 감면해 주더라도 과연 채무 감면을 받은 사람들이 남은 채무를 성실히 갚아 나갈 수 있을지에 대해서도 부정적인 시각이 많다. 결국 국민행복기금은 가계부채나 서민 과다채무 해소에 대한 근본적인 처방이 되지 못할 뿐만 아니라 오히려 서민들의 채무를 다시 증가시킬 가능성도 있다.

두 번째는 역차별과 도덕적 해이의 문제이다. 일단 6개월 이상 1억 원 이하의 연체라는 기준이 정해진 만큼 이 기준을 만족시킬 수 없는 사람들의 경우 혜택을 받을 수 없으므로 역차별의 문제가 발생한다. 그동안 어려운 경제상황에서도 절약하며 힘들게 빚을 갚아온 서민들에게는 아예 혜택이 없으므로 이러한 성실 채무상환자들은 대표적인 역차별의 사례라 할 수 있다. 그리고 국민행복기금이 채무를 해소하기 위하여 도입되었다고는 하지만 실질적으로 도움이 필요한, 금융권에서의 대출가능 여력조차 없는 극빈층에 대해서는 아무런 혜택이 없다는 점에서도 역차별이 발생한다. 또한 국민행복기금의 사례로 인하여 향후 채무가 과다하게 발생하게 되면 정부가 어떠한 방식으로든지 도와줄 것이라는 그릇된 신호를 국민들에게 주게 됨으로써 도덕적 해이를 양산하게 된다는 점도 큰 문제이다[26]. 국민행복기금이 단기목적을 가진 일회성 지원이라고 밝혔지만, 채무자들이 또 다른 정부의 지원책을 기대한 나머지 상환여력이 있는 채무자들도 고의적인 연체를 통해 채무를 탕감 받으려는 시도가 나타날 수 있다[27]. 연체된

---

[26] 하우스푸어 구제를 기대하는 집단대출 채무자의 장기연체가 2011년 3월 0.91%에서 올해 3월 1.92%로 크게 증가했다.

부실채권을 국가가 대신 해결해주니 금융기관에서도 도덕적 해이가 발생하여 대출자 선별이나 리스크 관리가 소홀해지고 전체적으로 부실채권이 증가하는 문제가 발생할 수 있다.

세 번째는 막대한 직·간접적 비용이다. 국민행복기금을 위해서는 1조 5000억 원의 재원이 필요한 것으로 알려졌다. 사업 초기에 채권매입을 위해 8000억 원이 소요되고 추가로 7000억 원이 필요한 것으로 알려졌다. 하지만 정책이 시행되면서 대상자 수가 큰 폭으로 늘고 있다. 원래는 32만 정도를 수혜대상으로 정하였으나 대상이 연대보증 채무자까지 확대되면서 50만 명으로 늘어날 전망이다. 올해 하반기에 국민행복기금 대상이 미소금융, 햇살론, 새희망홀씨 등의 연체자까지 포함하면 최대 70만 명에 달할 수 있다는 얘기도 나오고 있다. 이렇게 되면 기존의 재원으로는 부족하게 되고 추가 재원이 필요할 가능성도 높아진다. 이뿐만 아니라 도덕적 해이를 줄이고 채무 감면을 받은 사람이 향후 채무상환 의지가 있는 사람인지를 판별하기 위해서는 여러 가지 단계의 작업을 거쳐야 하며 높은 수준의 정보력을 필요로 하게 된다. 따라서 이에 소요되는 간접비용까지 고려하게 된다면 소요되는 총비용은 훨씬 늘어날 것이다. 추후에는 재원조달이 문제가 될 수도 있고 재원을 조달할 수 있다고 하더라도 다른 부문에서 효율적으로 쓰였을 자원을 가지고 오는 것이기 때문에 자원배분의 왜곡을 가져올 수 있다.

| 국민행복기금 꼭 필요할까?

이러한 논란거리를 뒤로 할 만큼 국민행복기금은 꼭 필요할까? 물론 시장에서 경쟁에 실패한 사람에게 다시 도전할 기회를 주고 과다한 채무

---

27) 미국을 중심으로 한 대부분의 선행 연구에서는 신용회복제도가 자발적 채무불이행수요를 늘리는 방향으로 영향을 미친다고 보고한다.(고혁진 외, 신용회복제도의 도덕적 해이 유발가능성에 관한 실증연구, 금융연구, 2008.12.)

로 빈곤층으로 전락한 사람들에게 빈곤 탈출의 기회를 준다는 측면에서는 긍정적으로 해석할 수 있다. 하지만 국민행복기금 이전부터 이미 이러한 역할을 하는 제도들이 존재하고 있다. 예를 들면 공적 부문에서 시행 중인 개인파산제도, 개인회생제도, 민간 부문(신용회복위원회)에서 시행 중인 프리워크아웃, 개인워크아웃 등이 그것이다. 재도전의 기회를 강조한다면 이미 사업에 실패한 중소기업인의 창업 및 취업을 돕고 신용회복을 지원하기 위한 프로그램도 있다. 기존의 제도 안에서 혹은 기존의 제도를 보완·수정하여 시행할 수 있는 것을 막대한 추가재원과 간접비용을 소요하고 효과성마저 불확실한 새로운 정책으로 도입할 필요가 있는지는 다시 생각해 볼 필요가 있다.

국민행복기금이 이름처럼 국민을 행복하게 할 수 있는지도 의문이다. 혜택을 받지 못하는 국민이 대부분이라는 점, 국민행복기금으로 인해 발생하는 국민들의 불만과 갈등, 소모적인 논쟁 등을 고려하면 국민행복기금은 오히려 대다수의 국민들을 피곤하게 만드는 것이 아닌가 한다[28]. 뿐만 아니라 관대한 면책제도는 전반적으로 개인들의 채무불이행 확률을 높임으로써 금융기관의 손실을 늘리고 이러한 손실은 금융기관의 대출금리 인상을 유도하기 때문에[29] 제도의 비용이 오롯이 성실하게 빚을 갚고 있는 성실채무자에게 전가된다. 추후에 재원이 부족하여 혹시라도 세금으로 메꿔지게 되면 비용을 부담하는 주체도 국민이 될 것이다. 결국 돈을 빌려 쓰는 사람은 따로 있고 그 돈을 갚는 사람은 또 따로 있게 되는 형국이니 대다수 국민이 행복할 수는 없을 것이다

---

28) '빚 안 갚기 운동' 등의 불만 표출, 역차별로 인한 형평성 논란 등.
29) Athreya, K., "The Growth of Unsecured Credit: Are We Better off?", Economic Quarterly – Federal Reserves Bank of Richmond, Vol 87, No. 3, Summer pp. 11~33, 2001.

| 향후 바람직한 방향은…

채무상환능력이 없는 사람에게 무작정 채무만을 탕감해주는 것으로 문제가 해결되는 것이 아니다. 채무자가 스스로 채무를 상환해 나갈 수 있는 여건을 조성하고 빈곤자에게는 빈곤 탈출의 기회를 제공하는 중요하다. 채무불이행이나 개인파산의 증가요인의 주요인이 실직에서 발생한다는 연구결과가 있는 만큼[30] 이런 의미에서 바람직한 정책방향은 국민행복기금이 아니라 이에 소요되는 막대한 재원을 경제성장과 일자리 창출에 배분하여 서민들의 자활 기회를 넓히고 채무상환능력을 키우는 것이라 할 수 있다.

하지만 현재 본접수를 받고 있는 국민행복기금을 중단하는 것은 현실적으로 어려워 보인다. 따라서 차선책으로는 향후 국민행복기금의 대상자를 확대하는 것은 지양하고, 기존의 제도와의 연계성을 강화하여 가능한 한 기존의 제도를 활용하면서 비용을 최소화할 필요가 있다. 그리고 국민행복기금의 지원을 받는 사람들에게는 직업훈련과 취업교육의 참여를 유도·강화하여 수혜자의 근로능력 향상에 보다 중점을 두는 방향으로 정책을 시행해 나가야 할 것으로 사료된다.

---

30) 채무불이행 혹은 개인파산 증가원인의 67%가 실직인 것으로 보고(Sullivan, Teresa, Elizabeth Warren, and Jay Lawrence Westbrook, "The Fragile MiddleClass: Americans in Debt," Yale University Press, 2000.)

국민행복의 시발점은 대중소기업의 거래관계가 아닌 소비자권익에서 찾아야

김진국(배재대 아펜젤러국제학부)

02

새 정부 출범 이후 경제상황이 녹록지 않다. 미국경제가 조금 나아진다고 하지만 양적 완화 출구전략이 예상되고 있고, 유럽경제는 여전히 지지부진한 상태이다. 여기에 지난 4~5년간 우리 경제를 지탱해주었던 중국경제는 절벽으로 치닫고 있지는 않지만 그들이 마지노선으로 잡고 있는 8% 경제성장률에 미치지 못하고 있어 대외경제를 한껏 활용해 경제를 이끌어가고 있는 한국경제에는 특히 수출을 중심으로 성장을 이루기가 쉽지 않은 형국이다. 정부는 일자리 창출을 강조하면서 한편으로 경제민주화를 기조로 하여 기업의 오래된 나쁜 관행들을 정권 초기에 뜯어고치려다 보니 기업들이 투자하기보다 지켜보고 있는 상황이 되어 일자리 창출이 쉽지는 않다. 대학에서 바라본 졸업생들의 취업상황은 한숨이 저절로 나오는 그런 모습이다.

새 정부 들어서 계속 강조되어 온 것이 경제운용 패러다임을 국가경제성장 중심에서 국민행복향상으로의 방향 전환이다. 이제야 비로소 제대로 방향을 잡아가고 있다는 생각이다. 종래의 (국가)경제성장율 중심의 경제운용 방식에서 국민이 그 성장의 과실을 피부로 느낄 수 있는 고용률 혹은 실업률을 운용지표로 삼는 것은 단순한 성장중심주의가 아니라 실제로 일자리를 얼마나 창출하고 있는지를 보는 것이 더욱 중요하다고 판단한 데 기인했을 것이다. 물론 최근의 경제성장률이 신통치 않아 고용률을 목표로 잡은 것으로 볼 수도 있겠으나 나라 전체 경제가 성장해도 고용이 동반되지 않은 상태이다 보니 고용을 기준으로 경제운용을 하기로 한 현 정부의 정책 패러다임 전환은 적절하다고 판단된다.

그런데 국민행복을 피부로 느끼게 할 수 있는 시장에서의 지표는 아직 많이 못 미친다고 할 수 있다. 고용(률)을 중심으로 하는 경제운용 방식에는 동의하지만 그 고용률을 유지·성장시켜 얻고자 하는 국민행복 부분에서 국민의 한 부분만 만족시키려 하는 것은 아닌지 의구심이 든다. 그것은 경제운용 방식이 계속 생산자 중심으로 이루어지고 있다는 데 그 의구심의 진원이 있다. 좀 더 구체적으로 얘기하면 경제운용에 있어서 생산자 간의 힘의 논리에 집중하여 일반적으로 힘이 있다고 여겨지는 대기업과 힘없다고 일반화한 중소기업 간의 대립관계만 따지지 정작 그 사이에 끼어 있는 소비자의 권익 정도는 안중에도 없다는 것이 문제라는 생각이다.

최종소비자 입장에서 판단해야 할 국민행복의 문제를 항상 힘이 없다고 여겨지는 중소기업 위주로 경제운용을 전개하고 있는 것이 문제라는 것이다. 사정이 이러하다 보니 더 좋은 상품, 더 싸게 그리고 소비자에게 편리하게 다양한 상품이 제공되는 상황이 지속되더라도 이 과정에서 중소기업이 경쟁에서 대기업제품에 밀리는 상황이 되면 곤란하게 받아들이는 것이 작금의 경제운용 방식이라고 생각된다. 단지 중소기업이 피해를 입고 있다는 이유만으로 그러한 상황이 지속되면 문제가 있다고 판단하는 것이다.

| 대중소 기업 간 거래관계 중심의 경제운용은 이해관계에 휘말려 쉽게 방향성을 잃어

그렇다면 소비자의 이득은 어디서 찾을 수 있을 것인가? 소비자의 이

득이라기보다 소비자가 더 나은 상품 혹은 서비스를 누릴 권리라고 하는 것이 옳을 것이다. 그들은 결집되지 않은 다수니까 그냥 침묵해야 하는 것일까? 아니면 목소리가 크지 않아 무시해도 좋은 것일까? 소비자 권리를 내세우는 것은 배부른 자의 잠꼬대 같은 소리일까? 심히 우려되는 상황이다. 중소기업은 85% 이상의 고용이 걸린 문제이니까 조금 더 이해해주고 조금 질 낮은 상품 혹은 서비스라도 구매해주어야 한다는 논리일까? 중소기업이라는 이유만으로, 단지 생산규모 및 조직의 규모, 그에 따른 자금규모 등이 열세이니까 중소기업은 보호해주어야 하는 것일까? 이러한 논리를 받아들여야 경제민주화가 이루어지는 것일까? 이 질문에 답하라면 '그런 법은 없다'라고 답할 수 있겠다. 중소기업이라는 타이틀 하나만으로 도와주어야 할 이유는 없다. 소비자를 위해 노력하지 않는 기업을 도와주어야 할 이유는 없다. 왜냐하면 그 손실은 고스란히 소비자의 몫이기 때문이다. 질 낮고 비싼 상품을 소비하는 것도 모자라 중소기업에 지원하는 몫까지 결국 세금으로 충당될 것이므로 소비자는 이중으로 부담을 져야 하는 상황인 것이다.

결국 중소기업을 보호하되 보호를 위한 보호가 아니라 소비자를 위해 노력하는 중소기업에 지원을 하고 대기업과 경쟁할 수 있도록 도와야 할 것이고 이 모든 지원의 잣대는 소비자를 가늠자로 삼을 때 문제는 생각보다 쉽게 풀릴 수 있다.

10여 년 전 독일정부의 중소기업 관련 부처를 방문했을 때 광범위한 중소기업정책을 보고 매우 인상적이었음을 느낀 적이 있다. 그러나 그들은 다른 기업(특히 대기업)을 경쟁에서 제외시키려는 것이 아니라 중소기업이 대기업과 경쟁할 수 있도록 R&D, 마케팅 및 판로개척 등에서 많은 지원을 하고 있어 중소기업이 약한 부분을 보완해 주고 있음을 알 수 있었다.

이제 우리 경제운용도 국가경제성장 중심에서 국민행복 중심으로 그 방향을 잡아가고 있는 상황에서 국민행복의 하나의 근원이 되는 소비자의 권익을 깊이 고려하여야 할 때이다. 소비자의 권익은 더 나은 상품을 더 싸게 구입할 수 있고 더 좋은 서비스로 대접받을 수 있을 때 얻어질 수 있다는 인식하에 경제운용을 해나가는 것이 가장 절실한 때가 되었다는 생각이다.

대중소기업 간 거래관계를 중심으로 경제운용을 이어가다 보면 끊임없는 이해관계에 휘말려 정작 경제의 방향을 잡아가기 어려우나, 대중소기업이 결국 받들어 모셔야 할 소비자를 중심으로 경제운용을 전개한다면 이해관계를 떠난 진정한 경쟁이 이루어질 수 있을 것이다. 더불어 경제적 약자에게 정부의 각종 지원기회가 주어진다면 기업은 경쟁력 향상에 힘을 쏟을 것이고 기업도 불필요한 응석을 부리는 그런 응석받이 행태는 사라질 것으로 사료된다.

결집되지 않고 소리 없는 다수라고 소비자를 무시할 것이 아니라 이들이 결국 경제의 주인임을 인식하여 경제정책을 펼 때 비로소 국민행복이 가시화될 수 있다고 믿는다. 그래야만 한쪽에서는 물가안정을 외치면서 다른 한편으로 대규모점포에서 가격 할인으로 손님을 끌어 결국 동네 중소상인을 몰락시킨다는 이중 논리를 펴지 않을 것으로 생각한다. 물가안정이 중요하다면서 대규모 점포가 가격할인조차 하지 못하게 하는 것은 기업에 대한 사업 활동 방해이며 소비자 권리를 무시, 박탈하는 정책이기 때문이다. 힘없는 일반 백성인 소비자들도 마음껏, 가고 싶은 상점에 가서 원하는 상품 싸게 살 수 있도록 정부가 정책을 펴 나가길 간절히 바란다.

국민행복, 정부가 책임질 수 있는가

신중섭(강원대학교 윤리교육과 교수)

03

박근혜 대통령은 취임사에서 '국민'을 57회, '행복'을 20회나 언급함으로써 자신의 정치적 꿈이 '국민행복'에 있음을 만천하에 표명하였다. '국민행복'은 자연스럽게 박근혜 정부의 국정 목표 가운데 하나가 되었고, 이는 자신이 불행하다고 느끼는 많은 국민들의 희망을 그대로 반영한 것이다. 정치는 현실의 거울이기 때문이다. 그런데 '행복'이나 '국민행복'은 무엇이고, '국민행복'이 정부의 국정 목표가 될 수는 있는 것일까? 될 수 있다면 정부가 할 수 있는 것은 무엇인가?

| '국민 행복'의 추구: '행복한 개개인으로서 국민의 수'를 늘린다는 것인가? 아니면 개개인이 느끼는 행복의 총량을 늘린다는 것인가?

오랫동안 행복은 정치가 아니라 철학과 종교의 주제였다. 철학자 아리스토텔레스는 인생의 궁극적 목적, 최고선이 바로 행복이라고 하였다. 그가 말하는 행복은 쾌락·명예·부의 추구가 아니라 이성의 발휘를 통한 덕의 추구이다. 서양 중세에는 세속적인 행복을 철저하게 부정하여 현세에서는 달성할 수 없는 목적으로 설정하였다. 인간의 욕구를 긍정적으로

인정한 근대 인간관이 출현하면서 행복은 욕구·쾌락과 밀접한 연관이 있는 것으로 해석되었다.

법정 스님은 복잡한 철학적 해석을 떠나 행복을 일상의 기반 위에서 명쾌하게 해석한다.

"행복은 온갖 생각을 내려놓고 세상의 아름다움을 바라볼 시간을 갖는 데서 움이 튼다. 복잡한 생각, 미운 생각, 고운 생각 다 부려 놓고 그저 무심히 자연의 아름다움을 바라볼 수 있는 시간을 가져야 한다."

"행복은 오로지 자신의 생각과 감정을 다스리는 자기 자신에게 달려 있다."

"행복은 요구하고 추구할 수 있는 것이 아니다."

"행복에 어떤 기준이 있는 것은 아니다. 수많은 사람들이 저마다 각기 다른 환경과 상황 속에서 살기 때문에, 어떤 기준을 갖고 행복을 이야기한다는 것은 옳지 않다. 행복은 주관적인 가치이다."

법정 스님에 의하면 행복은 마음의 상태이고 주관적이다. 이런 행복은 개인의 수행이나 깨달음에서 오는 것이지 정치에서 오는 것이 아니다. 곧 '행복'은 정치의 의제가 될 수 없다. 국민을 행복하게 만들겠다고 나선 열정적인 권력자들이 실제로는 국민을 불행으로 몰고 갔다며, '국민행복'이 정치의 의제가 되는 것을 경계한 정치 철학자들도 많다.

그런데 '국민행복'이란 무엇인가? 도대체 행복을 느끼는 주체로서 '국민'이 존재하는가? '국민'은 정치인들이 입에 달고 살기 때문에 마치 '홍길동', '허생'이 존재하듯이 존재하는 것으로 생각하지만, 실제로 그런 '국민'은 존재하지 않는다. 우리는 한 국가의 인적 구성요소로서 개인 하나하나의 집합을 '국민'이라고 부를 뿐이다. '국민행복'은 결국 국민을 구성하는 개인 하나 하나의 행복에 지나지 않는다.

이렇게 해석한다고 '국민행복'의 문제가 명쾌하게 해소되는 것은 아니다. '국민행복'을 추구한다는 것이 '행복한 개개인으로서 국민의 수'를 늘린다는 것인가, 아니면 개개인이 느끼는 행복의 총량을 늘린다는 것인가? 설령 둘 중에 하나라고 하더라도 그것을 계산하여 양으로 표시하는 것이 가능할까? 설사 가능하다고 할지라도 개개인이 느끼는 행복의 양을 증가시키기 위해 정부는 무슨 일을 할 수 있을까? 정부가 국민의 행복의 양을 증가시키기 위해 어떤 정책을 시행할 경우, 그 정책이 실제로 행복을 증가시켰는가를 어떻게 확인할 수 있을까?

현실적으로는 '행복 지수'라는 것이 있고, 그것을 측정하는 구체적인 방법이 있기 때문에 '행복 지수'를 높일 수 있는 정책을 정부가 시행해야 한다는 주장도 있다. 중산층의 비중이 확대된 것을 '국민 행복'의 정도가 높아진 것으로 해석할 수 있다는 주장도 있다. 물론 이런 주장들도 행복에 대한 객관적인 연구에서 나온 것이다.

최근의 한 통계 조사에 따르면 우리나라의 행복 지수는 OECD 34개 국가 가운데 32위이다. 특히 삶의 질과 관련된 19개의 지표 가운데 환경·생태 유지 가능성과 공동체 구성원들과의 접촉 빈도 등이 반영된 '사회네트워크 안정성 부분'에서는 최하위인 34위를 기록했다. 주관적 건강 상태(32위), 필수시설을 갖추지 못한 가구비율(31위), 소수 그룹에 대한 관대성(28위), 국가기관 신뢰도(26위), 고용률(21위), 소득분배의 정도를 나타내는 지니계수(21위) 등도 하위권에 속했다.

이 가운데 정부가 적극적으로 나서서 효과를 거둘 수 있는 부분은 많지 않다. 그럼에도 불구하고 정부가 적극적으로 나선다면 오히려 역효과를 낼 수도 있다. '국민행복'을 실현하기 위해 '중산층 70% 재건 프로젝트', 경제민주화, 보편적 복지를 시행한다고 주장하는 사람들도 있지만 이런 정책들은 오히려 경제 성장에 부정적인 영향을 미친다. 경제민주화와 보편적 복지는 경제 성장과 같이 가기 어렵기 때문이다. 경제성장·고용확대·경제민주화·보편적 복지가 함께 갈 수 있다는 주장은 이상주의자들의 머릿속에서만 존재할 뿐 현실적으로 구현된 경우는 거의 없다.

| '국민 행복'을 위한 노력에의 종교적 몰입과 열정보다 객관적 현실 이해를 바탕으로 한 정책 시행을 하려는 신중함이 필요한 때

그렇다고 '국민불행' 시대에 정부가 손 놓고 있을 수만은 없다. 스코틀랜드 도덕철학자 아담 스미스는 "건강할 때, 빚이 없을 때, 양심의 가책이 없을 때" 사람들은 행복을 느낀다고 하였다. 일반적으로 건강, 경제적 안정(생활필수품의 확보), 안정적인 가족 관계와 공동체 소속감, 자존감, 사랑, 여가 시간, 개인이 자신의 삶을 통제하는 정도, 자연환경 등이 행복의 구성 요소 또는 조건으로 꼽힌다. 이런 요소들은 서로 꼬리를 물고 있어 하나가 무너지면, 동시에 무너지는 도미노 효과를 가지고 있다. 이 가운데 현대 사회에서 가장 근본적인 것은 경제적 안정이다.

행복에 대한 객관적인 연구에 따르면 시민들의 행복을 위해 정부는 자신에게 주어진 기본적인 과제, 곧 국방과 치안을 엄중하게 확보하고 공정한 법의 제정과 집행만 하면 시민의 행복을 위해 가장 중요한 임무를 수행한 것이다. 여기에 더하여 '빈곤선' 아래에 떨어진 시민들이 그 선을 벗어날 수 있도록 경제적으로 지원하는 것이다. 그것을 벗어나 적극적인 행동을 취하면 오히려 부작용만 많아지고, 시민들의 경제적 안정의 기반이 되는 경제 성장을 해칠 뿐이다. 임기가 4년에서 5년인 선출직 정치인들에게 국가의 먼 장래를 내다보라는 것은 매우 어려운 주문이긴 하다.

'행복'에 있어서는 개인이 노력해야 할 부분이 많다. 보통 사람은 적어도 자신의 '손자 세대'의 운명까지에는 관심을 가진다. 우리는 '손자 세대'의 불행을 담보로 현세의 '국민행복'을 추구하지 않는 도덕적 책임 의식을 지녀야 한다. 지금 우리에게 필요한 것은 '국민행복'을 위해 전심전력을 다하겠다는 '종교적 열정과 몰입'이 아니라, 현실에 대한 엄정하고 객관적인 이해와 이를 기초로 정책을 시행하려는 신중함이다. 더욱 중요한 것은 자신의 행복과 같이 중요한 사안을 '정부의 손'에 맡기지 않는 국민 각자의 책임 의식이다.

최근 복지 논쟁에 관하여

04

김필헌(한국지방세연구원 연구위원)

지난 대선 즈음 불붙은 복지 논의가 최근 재원조달을 위한 증세논의로 이어지면서 더욱 가열되고 있는 분위기이다. 복지와 성장, 보편적 복지와 선별적 복지, 조세제도의 개혁방향 등 여러 이슈들이 뒤섞여 각계각층에서 제자백가식의 목소리를 내고 있어 좀처럼 감을 잡을 수 없을 지경에 이르렀다 해도 과언이 아니다.

상황이 이런 지경에 이른 데는 여러 요인이 있겠으나 무엇보다 필자의 견지에서는 논의의 대상인 복지에 대한 개념 설정에서부터 문제가 발생했다고 여겨진다. 예를 들어 우리가 지향하는 복지의 기본적 성격이 무엇이냐에 대한 원초적 질문에 대해서도 논객에 따라 답이 다르다. 같은 용어를 쓰더라도 서로 의미하는 바가 다르다 보니 논의의 진전을 보기 힘들고 합의를 이끌어 내기 힘들게 된다.

복지는 다양하게 정의될 수 있으나 통상적으로 사회구성원 모두 골고루 잘사는 사회로 규정할 수 있을 것이다. 좀 더 구체적으로 특정 계층이 소외받지 않고 사회가 제공하는 여러 기회를 다양하게 누릴 수 있는 사회를 복지사회라 할 수 있을 것이다. 기회 제공의 형평성이라 하여 어떤 행위에 대한 결과의 형평성을 완전히 배제하는 것은 아니다. 예를 들어 경제적으로 어려운 형편에 처하게 된 사람에게 재정적 지원을 통해 소득보전을 해 주는 것은 결과의 형평성 제고라 볼 수 있다. 그러나 소득보전의 궁극적 목적이 이를 통한 재활의 기회 제공에 있다고 본다면 기회제공의 형평성 성격을 띤 것으로 볼 수도 있다. 어찌 됐든 중요한 것은 기회의 제공이 구성원 간 자원의 재분배를 의미하며, 이는 결국 소득의 재분배로 귀결된다는 것이다. 이런 관점에서 복지는 소득재분배를 통해 계층 간 갈등을 완화함으로써 사회적 연대를 강화시키는 수단으로 규정될 수 있다. 이와 관련하여 주의할 것이 국가에 의한 복지제공이란 개념이다. 복지논의에서 흔히 복지확충의 주체를 국가로 보는 경우가 많다. 국가에서 취약계층에 대한 지원을 늘려야 하고, 국가에서 무상보육과 무상급식을 시행해야 한다고 주장한다. 그러나 이는 마치 국가가 활용할 수 있는 제3의 자원이 있는 것처럼 인식시킴으로써 복지확충이 수반하는 특정 계층의(여기서 특정 계층이란 최근 증세 논의에서도 보듯이 단순히 고소득 계층만을 의미하지 않는다) 소득 박탈이라는 민감한 문제를 회피하도록 만든다.

| 소득재분배를 통한 양극화 현상 해소 시도는 바람직하지 않으며 지속가능하지도 않아

소득재분배는 그 의도가 아무리 바람직하다 하더라도 국가의 개입을 통한 특정 계층의 소득 박탈을 수반한다. 이러한 국가의 강제적 공권력 행사는 해당 소득계층의 동의가 있을 때에 한해 정당성이 확보된다. 앞에서 말한 바와 같이 복지의 목적이 사회적 연대의 강화에 있다고 한다면, 소득 박탈에 대한 동의 확보의 필요성은 더욱 중요해진다. 동의가 전제되지 않을 경우 소득재분배를 통한 복지는 오히려 계층 간 갈등구조를 더욱 악화시켜 사회적 연대의식을 저해하게 될 것이기 때문이다. 그러나 작금의 복지 논의에서는 소득재분배가 더욱 강화되어야 할 정당한 이유를 제시하고 있다고 보기 힘들다.

또 다른 문제는 복지확충을 목적으로 인식하는 데에서 드러난다. 복지 확충은 그 자체가 목적이 아니라 사회적 연대의식을 강화하기 위한 수단으로 봐야 할 것이다. 따라서 우리가 직면해야 하는 문제는 복지의 확충이 아니라 사회적 연대를 어떻게 더욱 강화해 나가야 할 것이냐가 되어야 한다. 사회적 연대의식이 약화되는 주된 원인을 주로 소득양극화에서 찾을 수 있다고 볼 때 작금의 복지논의는 더더욱 그 방향을 잘못 설정하고 있다. 소득양극화는 경제발전에 따라 시장이 분화하면서 나타나게 되는 필연적 결과이며, 이에 대한 대응책은 소득재분배뿐 아니라 시장의 구조 개선이라든가 저소득층의 경쟁력 향상 등 다양한 형태로 나타날 수 있기 때문이다. 과거 전반적이고 대대적인 복지확대를 시도했다가 U턴한 여러 선진국들의 사례는 소득재분배를 통한 양극화 현상 해소 시도가 바람직하지 않으며 지속 가능하지도 않음을 보여준다.

복지에 치중한 지금의 논의는 사회적 연대의식의 강화로 화두를 바꾸어야 한다. 우선 연대의식의 훼손이 어디까지 진전되었는지 냉정한 평가가 필요하다. 여기에 대한 국민적 합의가 이루어진다면 수단으로서의 복지가 어디까지 확충되어야 하는지에 대해서도 답을 얻을 수 있을 것이다.

복지국가를 대신할 윤리적 과제

05

민경국(강원대학교 경제학과 교수)

주택도 공급하고 아동 급식도 담당하고 아픈 사람을 치료도 하고 노후도 보살피는 걸 정부의 과제로 하는 게 복지국다. '진정한 자유'가 달성되려면 정부는 시민들의 삶을 보살펴주어야 한다는 이유에서 생겨난 이념이다. 보육, 교육을 무상으로, 대학 등록금은 반값으로, 건강·연금보험을 국가독점으로 하는 것도 그런 이유다. 이쯤에서 보면 유대감과 이타심이 복지국가의 도덕적 기초라는 걸 어렵지 않게 확인할 수 있다. 사회성원들 각자는 유대감을 갖고 타인들의 복지를 위해서 자기를 희생해야 한다는 게 복지국가의 윤리다. 그들은 모두 같은 배를 탔기에 사회는 공동운명체라는 이유에서다.

흥미로운 건 그런 도덕의 원천인데, 이는 소규모로 무리를 지어 생활하던 원시 부족사회라는 게 경제인류학의 인식이다. 원시인들은 25~150명으로 구성된 소규모 사회를 구성하여 수렵채취로 척박한 삶을 영위했다. 기쁨, 슬픔을 서로 나누고 삶의 위험을 함께 대비하는 등 공동으로 생산·분배하면서 살았다. 사촌이 논을 사면 배 아픈 심성, 경쟁에 대한 혐오 등도 호모 사피엔스의 본능과 신경구조가 형성되던 석기시대의 산물이다. 그래서 그런 도덕관은 우리의 본능에 정착되어 현대인의 마음속 깊이 자리 잡고 있다. 그것은 '생물학적 진화'의 선물이라는 게 진화심리학의 인식이다.

그런데 흥미롭게도 역사적·내용적으로 그런 연대 도덕과 대비되는 게 있다. 화폐적 교환 이자놀이, 개인주의, 자기 책임, 사유재산의 존중 등과 관련된 시장도덕이 그것이다. 이는 사기, 약탈, 도둑질, 계약 위반, 불손한 행위 등과 같이 특정의 행동을 금지하는 내용의 규칙들로 구성되어 있다. 시장도덕의 원천도 흥미롭다. 그것은 본능에서 나온 것이 아니라 오히려 이를 억압한 결과이다. '자연인'은 결코 시장의 열린사회에는 적합하지 않다. 인간은 책임회피, 부자에 대한 질투, 경쟁 혐오 등과 같은 본능적 심성을 억압하여 비로소 문명인이 되었다. 시장도덕은 인간이성을 통해서 계획하여 만든 것도 아니다. 그것은 언어처럼 전통 모방 학습을 통해서 자생적으로 형성되는 '문화적 진화'의 선물이라는 것을 주지해야 한다.

흥미롭게도 폐쇄된 소규모 사회를 극복하고 수백만, 수천만 명 아니 수억의 인구가 참여하는 분업과 거대한 열린사회를 가능하게 한 것은 시장도덕이라는 것을 직시할 필요가 있다. 소득의 성장이 인구증가를 따라가지 못한다는 이유로 생겨난 맬서스의 인구 덫을 극복할 수 있었던 것, 오늘날과 같이 자유·평화·보편적 번영을 가능하게 한 것이 시장도덕과 열린사회의 진화라는 것도 기억해야 한다.

| 인위적인 복지국가를 만들게 아니라 자생적 질서에 의존한 열린사회가 중요해

시장도덕과 열린사회를 바탕으로 하는 현대문명은 매우 짧다. 인류는 장구한 역사의 대부분을 폐쇄된 사회 속에서 살아온 결과 부족사회의 정신태도가 유전자 속에 정착되어 현대인의 본능 속에도 생생히 녹아 있다. 복지국가는 열린사회에 대한 그런 본능의 도전장이다. 가족과 같이 친숙한 소규모 그룹에서나 효과적인 본능적 도덕을 수백만, 수천만의 인구를

포괄하는 거대한 열린사회에 강제적으로 적용하라는 것이다. 다시 말하면 연대와 이타심의 행사를 시민들의 자유재량에 맡기지 말고 정부가 강제로 집행하라는 뜻이다. 그래서 복지이념은 원시사회에 대한 향수를 실현하기 위해 인간 이성이 발작한 결과라고 보아도 무방하다. 그런 발작이 바람직한 결과를 초래한다면 문제될 게 없다.

그러나 유감스럽게도 복지국가는 인간사회에 훌륭한 모든 윤리를 파괴한다. 정부가 복지국가의 이름으로 개인들의 사적 삶에 개입하기 때문에 자기와 자기 가정에 대한 개인들의 책임감이 소멸된다. 복지정책은 저축, 절약정신, 모험심, 진취성과 독립심 등 자본주의 정신까지도 갉아먹는다. 교회 및 각종 시민단체 등의 친숙한 그룹의 형성을 가로막고 자발적 박애정신과 자선활동도 손상시킨다.

인류가 자유와 번영 속에서 평화롭게 공존하려면 인위적으로 복지국가를 만들게 아니라 본능과 이성의 중간에 있는 열린 자생적 질서에 의존해야 한다. 이런 열린사회야말로 자연적 본능을 충족하는 소규모의 절친한 그룹도 번창할 수 있고 자발적 기부활동도 활성화될 수 있다. 따라서 우리는 원천적으로 불가능한 복지국가를 만드는 법을 배울 게 아니라 열린사회에서 시장윤리에 따라 살면서 동시에 유대감과 이타심을 추구하는 가족, 친지, 종교공동체, 마을공동체 등 소규모의 친숙한 질서에서도 살 수 있는 방식을 배워야 한다. 이게 현대인의 도덕적 과제이다.

취득세를 인하하면 부동산 경기가 살아나는가

06

김상겸(단국대학교 경제학과)

최근 정부와 정치권을 중심으로 부동산 취득세 인하 논의가 진행 중이다. 이는 지난 6월30일, 취득세 한시감면 조치가 종료됨에 따른 것이다. 당초 전문가 그룹과 시장에서는 부동산 거래 급감 문제를 우려하여 선제적 조치를 요구한 바 있으나, 감면 연장에 실패함에 따라 실제로 매매거래가 사라지는 현상이 나타나고 있다. 이에 정부는 취득세율의 항구적 인하를 핵심으로 하는 세제개편을 모색 중이라고 한다. 이 글에서는 취득세 인하에 따른 몇 가지 쟁점을 짚어보기로 한다.

취득세율 인하 논쟁은 최근에 부각된 것으로 보이지만, 사실은 별로 새로울 것이 없는 논의이다. 우리나라는 이미 오래전부터 부동산 세제의 정책방향을 '거래세 완화 및 보유세 강화'에 두어왔다. 따라서 거래세 범주에 속하는 취득세율을 인하하자는 것은 오래전에 세워두었던 계획을 이제야 추진하는 것에 불과한 것이다.

그렇다면 당초의 계획대로 추진하면 될 것인데, 왜 이제 와서 논란이 불거지고 있는가? 취득세율 인하 논란의 중심에는 세율 인하에 따른 지방정부의 세수 결손 문제가 자리 잡고 있다. 우리나라 취득세의 세수는 대략 14조 원에 육박하는 규모로, 전체 지방세수의 25% 가량을 담당하는 것으로 알려져 있으며, 재정자립 문제에서 자유로울 수 없는 지방정부 입장에서는 취득세를 상당히 중요한 세목으로 인식하고 있다. 따라서 취득세율을 인하하면 안 그래도 부족한 지방정부의 세수가 부족해질 수 있다는 것이다. 최근에는 이와 관련하여 정부 부처 간의 이견도 부각되는 듯하다. 즉 취득세율 인하에 찬성하고 있는 국토교통부와는 달리, 지방재정을 담당하고 있는 안전행정부에서는 취득세수 결손에 따른 대책 마련을 요구하고 있는 것이다. 현재까지 언론을 통해 알려지기로는 취득세수 결손에 따른 보완책으로 재산세 부담을 높이는 식의 대안이 모색되고 있다고 한다. 그런데 이러한 정책조합, 즉 취득세율을 인하하면서 재산세 부담을 높이는 방식은 몇 가지 심각한 문제를 안고 있는 것으로 보인다.

| '취득세율 인하 재산세 부담 증가' 정책조합의 문제점

먼저 이는 정책목표의 달성 측면에서 모순되는 조합이다. 취득세율 인하의 목적은 거래활성화를 통해 부동산시장의 온기를 불어넣자는 것인데, 재산세 부담의 인상은 이러한 효과를 억제하는 성격을 갖고 있기 때문이다. 사실 부동산 시장 침체의 원인은 소비자들이 부동산 소유를 기피하는 데에서 찾을 수 있다. 즉 부동산 소유에 따른 제반 비용과 기대이득(expected capital gain)을 비교했을 때, 그 결과가 별로 낙관적이지 않기 때문인 것이다. 이는 매매가격은 하락하면서 임대가격은 급등하는 현상을 통해서도 쉽게 파악할 수 있는 바이다. 요컨대, 사용은 원하지만 소유는 부담스러워하는 상황인 것이다. 그런데 여기에 재산세 부담을 증가시킨다는 것은 부동산 보유비용을 더욱 높여 매매수요의 추가적 위축을 가져올 것이다. 이러한 관점에서 보자면 취득세율을 인하하면서 재산세율을 인상하는 것은 결국 거래활성화와 거래위축을 동시에 가져와 정책효과를 반감시키는 정책조합이 될 수 있는 것이다.

둘째는 정책의도의 합리성 측면의 논의이다. 사실 취득세 인하정책은 정부가 국민에게 주택매입을 권하는, 즉 '정부가 이만큼 성의를 보이는데, 이제 그만 집을 좀 사는 것이 어떠한가?' 라는 제안을 하는 것이다. 반면 재산세 부담의 인상이란 '일단 집을 샀으니 이제는 나라살림을 위해 더 많은 세금을 내야 한다' 는 의미와 다름 아닌 것이다. 결국 한편으로는 친절한 얼굴로 매입을 권하면서, 다른 한편으로는 소유에 걸맞은 의무를 지우겠다고 정색하는 것인데, 이는 아무리 생각해도 긍정적 평가를 내리기는 어려운 상황으로 보인다. 더구나 취득세는 한번만 내면 되는 것이지만 재산세는 그 본질상 보유기간 동안 매년 내야 하는 것이니, 아무리 세부담의 무게가 다르다 하더라도 매입자 입장에서는 왠지 꺼림칙한 생각이 들지 않을 수 없다. 마치 한쪽으로는 단말기 값을 깎아주면서 다른 한쪽으로는 고가의 요금제를 선택하게끔 하는 약삭빠른 장사꾼의 모습이 연상되는 대목이다. 국가가 국민을 대하는 바람직한 자세는 아니라고 본다.

세 번째로 떠오르는 쟁점은 취득세수 결손 문제가 진정 심각한 것인지에 대한 의문이다. 잘 알려진 바와 같이 우리나라의 취득세율은 4%로 정해져 있지만, 2006년 이후 실제 법정세율이 적용된 시기는 거의 없었다. 만약 취득세율 감면으로 인한 세수 부족 문제가 그리도 심각했다면 과연 과거 8년 동안은 어떻게 버텨냈는지 궁금하지 않을 수 없다. 세수 결손 문제가 심각해서 세율 인하가 불가능하다면 그 긴 시간 동안은 어떻게 견뎌냈는지, 어떠한 방법으로 궁핍의 문제를 해결했는지 의아할 따름이다.

넷째는 재산세 인상정책의 타당성에 대한 것이다. 앞서 언급했던 바와 같이 우리나라의 부동산세제의 기본운영 원칙은 '거래세 부담의 완화 및 보유세 부담의 강화' 라 할 수 있다. 사실 이러한 원칙은 과거 부동산 경기가 활황일 때 세워진 것이다. 즉 거래활성화를 통해 가격의 이상변동을 억제하면서, 재산세 부담증가를 통해 수요억제를 도모하려는 것이었다. 이러한 방향설정에 따라 이미 수년 전에 보유세 부문에서는 세율인상 및 실거래가를 기준으로 한 과세가 단행되었고, 결국 재산세 부담은 단기간에 대폭 높아진 바 있다. 여러 논란을 야기했던 종합부동산세 역시 보유세 부담을 높이려는 정책목적에 따라 도입된 것이다. 이러한 맥락에서 보자면 부동산세제 운영의 원칙 가운데 보유세 부담의 증가는 '이미' 달성이 된 것으로 볼 수 있다. 그렇다면 거래세 부담 완화는 어디로 갔는가? 세제운영의 원칙대로라면 거래세 부담도 지금쯤에는 상당히 완화되었어야 한다. 물론 한시적 세율 인하 등을 통해 거래세 부담 완화를 도모하기는 했지만, 아직도 법정세율이 그대로라는 것은 그동안 정부가 취득세율 인하에 대해서는 상당히 인색했다는 인상을 지울 수 없게 한다. 따라서 거래세 완화를 명분으로 다시 보유세를 높이려는 것은 납세자 입장에서 쉽게 수긍할 수 없는 정책인 것이다. 일부 언론에서 조세저항을 거론하는 이유도 바로 여기에 있다고 본다.

끝으로 첨언하고 싶은 것은 차제에 부동산 관련 세제를 전반적으로 다시 검토하고 개편하는 것이 어떤가 하는 점이다. 주지하는 바와 같이 현재의 부동산 세제 골격은 부동산시장 과열기에 가격안정화 및 투기억제를 목적으로 세워진 것이다. 이 과정에서 조세논리에 부합하지 않는 불합리한 정책요소들도 다수 개입된 것이 사실이다. 더욱이 다른 자산 관련 세제와는 달리, 우리나라 부동산 세제에는 가히 징벌적이라 평가되는 정책들도 아직 상존하고 있다. 향후의 조세정책은 세제 본연의 모습을 찾는, 즉 그동안 과도하게 강조되어 왔던 정책세제로서의 기능을 거두는 방향으로 진행되는 것이 바람직해 보인다.

전세 문제, 전세를 포기해야 해결할 수 있어

07

김현아(한국건설산업연구원 건설경제연구실장)

| 고소득, 유주택자까지 가세한 전세수요

'전세가 고공행진', '미친 전세', '씨마른 전세'. 최근 언론에 비춰진 전세시장의 모습이다. 지난 10년 동안 전세가격은 반복적으로 급등기를 겪어 왔다. 그러나 2013년 1~7월까지 전세가격은 전국 2.1%, 서울 2.5% 상승한 게 전부다. 반면, 전세 가구를 압박했던 월세전환이율[31]이나 월세 가격은 하락하고 있다. 단순히 가격 상승률이 문제가 아닌 것은 분명하다. 그러나 전세시장에 대한 불안 심리는 과거 어느 때보다도 심각하다. 일반적으로 가격이 오르면 수요가 감소하고 공급은 늘어야 정상인데 현재의 전세시장은 이러한 기초적인 원리도 작동되지 않는다. 일선 중개업소에 따르면 '전세'로 나온 주택 자체가 없다고 한다. 전세를 월세로 전환하려는 임대인들이 늘면서 전세주택은 점점 반전세나 월세주택으로 변하고 있다. 그나마 전세주택이 나와도 집주인의 대출이 많은 전세주택은 '깡통 전세'라고 임차인들이 기피한다. 그러니 '온전한 전세주택'은 귀할 뿐만 아니라 가격도 비싸다. 그런데도 전세 수요는 더 늘고 있다. 자금이 부족해

---

31) 월세/(전세보증금−월세보증금)

전세로밖에 살 수 없는 가구뿐만 아니라 주택을 구입할 능력이 있어도 전세로 거주하려는 수요까지 추가되고 있기 때문이다.

언제부터인지 유주택자이면서 전세로 사는 사람들이 많아졌다. 통계청 인구주택총조사(2010)에 의하면 수도권 전세 가구 4분의 1이 타지에 주택을 소유하고 있는 유주택자다. 전세가가 매매가에 근접해도 이처럼 타지에 주택을 보유한 가구들이 매매로 전환하기 위해서는 기존 주택을 처분하거나 2주택보유자가 되어야 한다. 이뿐만이 아니다. 타 지역의 매매가격보다 높은 전세보증금을 지불하는 고소득층 전세가구도 많다. 강남의 신축 30평형대 아파트의 평균 전세가격은 6억~8억 수준이다. 이는 서울시 전체 평균 주택 매매가격의 두 배 수준이다. 물론 여전히 아직은 구매력이 부족해 전세로밖에는 살 수 없는 가구들도 있다. 그러나 분명한 것은 이제 '전세 서민'이라는 말은 일부 계층에게만 해당되는 표현이라는 것이다.

| 전세 유지하려는 정책으로는 전세문제 해결할 수 없어

정부는 지난 4년 동안 전세자금 대출지원으로 전세시장의 문제를 해결하려고 하였다. 그 결과 임차자의 월세전환에 대한 대항력이 커지면서 전세가격은 더 올랐다. 수요를 오히려 늘린 셈이다. 뒤늦게 전세공급 확대와 수요 관리정책을 추가하였지만 제대로 작동되지 않고 있다. 매매가격 상승이 전제되지 않으면 전세주택 공급을 확대하기는 쉽지 않다. 수요 역시 매매나 월세로의 전환을 유도할 수는 있지만 전세가구의 사정이 제각각이다 보니 강제할 수도 없는 노릇이다. 전세의 매매전환이 필요하다는 판단에 대책이 추가되었지만 전세가구의 매매전환 역시 다양한 사정들로 여의치 않다. 전세가구 중 유주택자가 많을 뿐만 아니라 전세보증금에 이미 대출이 포함되어 있어 자가로 전환하려면 기존 주택을 처분하든지 많은 대출 부담을 안아야 하기 때문이다. 전세 문제가 반복될 때마다 우리는 다양한 방법으로 전세시장을 유지하려고 하였다. 그러나 지속적으로 임대차 거래량에서 월세의 비중은 늘어나고 대신 전세 비중은 감소하고 있다. 전세의 월세 전환은 거스를 수 없는 변화로 다가오고 있는 것이다.

반복되는 것 같지만 전세시장의 문제는 조금씩 진화하고 있다. 이는 우리의 주택임대시장이 구조적으로 변하면서 '전세'가 사라지는 과정인 셈이다. 그러므로 아무리 정책적으로 전세제도를 유지하려고 해도 이 흐름을 바꾸기는 역부족일 것이다. 다행인 것은 최근 월세가격과 월세전환이율이 하락하고 있다. 월세주택 공급이 증가하면서 시장기능이 작동하는 것이다. 월세로의 전환은 싫고 전세 구하기가 어려워지자 향후 집값 상승에 대한 기대감이 낮아도 내집 마련으로 돌아서는 가구들도 있다. 시장이 스스로 전세보다는 매매나 월세로 이동하고 있는 것이다. 결국 최근의 '전세 문제'는 주택 임대차 시장의 구조가 변하는 임계점에서 겪게 되는 '성장통'인 셈이다.

| 월세시장의 정착, 자가 거주 장려 필요

그렇다면 정책은 무엇을 해야 할까? 우선, 여전히 전월세 보증금 마련에 정책적 지원이 필요한 계층에게는 현재와 같이 저리의 전월세 보증금 대출지원이 지속되어야 할 것이다. 아울러 저렴한 전월세 주택의 공급확대도 필요하다. 그렇지만 주택구입능력이 있어도 전세로 머무르는 임차가구에 대해서는 전세지원은 축소하고 매매나 월세로의 전환을 적극적으로 유인할 필요가 있다. 월세시장이 전세보다 불리하다는 소비자들의 선입견을 없애기 위해서는 월세에 대한 소득공제 확대, 월세 임대료 보증제도, 임대주택 관리제도 및 임대사업자 지원방안 등 다양한 제도 정비도 요구된다.

다행스럽게도 얼마 전 주택임대관리업을 도입하는 주택법이 국회를 통과하였다. 점진적으로 소득공제가 축소되는 가운데 주거비의 소득공제를 확대하는 것은 근로소득자들에게 환영받을 일이 될 것이다. 마지막으로 적정 자가 거주를 장려하는 사회 및 제도적 정비가 필요하다. 이미 많은 선진국들의 경험에서 자가 거주 가구들이 임차가구들에 비해 지역 커뮤니티 활동의 참여나 주택의 유지·관리·보수 등에 적극적이라고 판명되었다. 또한 복지재정 마련을 위한 안정적인 지방세 세수 확보 측면에서도 자가 거주를 장려하는 것은 필요한 정책이다. 시대의 큰 구조적 변화는 거스를 수 없다. 즉 전세를 포기해야 지금의 전세문제를 해결할 수 있다.

고령화 문제, 올바로 보고 있나

08

이승훈(서울대 경제학부 명예교수)

  우리나라의 인구밀도는 2011년 현재 1km²당 498명이고 중국 140명과 인도 378명보다 훨씬 더 높다. 세계적 순위로는 인구 1천만 명 이상 국가 가운데 방글라데시와 대만에 이어 세계 제3위이다. 국내 시계열 자료는 1970년의 320명과 비교할 때 현재의 수준이 그 1.5배를 넘어섰음을 보여준다. 1990년과 2000년 사이의 10년 동안에는 24명이 늘어난 데 비하여 2000년과 2011년 사이에는 36명이나 늘었다. 한국의 인구는 그만큼 급격히 증가해 오고 있는 중이다.

  사실 1990년대까지만 해도 우리의 인구정책은 출산 억제였다. "아들딸 구별 말고 둘만 낳아 잘 기르자"는 표어를 내걸었고 나중에는 "둘도 많다"는 캠페인을 벌였다. 이처럼 정부가 앞장서서 '덜 낳아 잘 기르기' 사회운동을 대대적으로 펼쳤고 그것이 성공하여 한국의 출산율은 세계 최저 수준을 달성하였다. 이와 더불어 소득수준이 높아지고 의료기술이 발달한 결과 한국인의 평균 수명도 크게 늘었다. 국토에 비하여 인구가 너무 많았던 탓에 벌인 저출산 운동이 성공하였고 나라 살림이 윤택해지면서 누구나 오래 살고 싶은 희망이 현실로 실현되었다. 마땅히 온 나라가 경축해야 할 일이었지만 일은 엉뚱하게 빗나갔다. 그동안 한국 사회가 몹시도 갈망해 왔던 사회적 목표가 정작 실현되고 난 뒤 부딪혀야 하는 다른 문제의 정체를 보니 다름 아닌 저출산·고령화였기 때문이다.

| 저출산·고령화의 폐해가 실제 일어나고 있는가

저출산·고령화는 현재 고소득 국가 모두가 당면하고 있는 가장 심각한 성장 정체 요인이다. 생활이 윤택해지고 의술이 발달하면서 수명은 늘어났고, 젊은 부부가 자아실현에 더 많은 시간을 할애하기 위하여 출산과 육아의 부담을 줄이기 시작하면서 출산율도 낮아졌다. 그런데 한국의 저출산화에는 한 가지 요인이 더 있다. 급증하는 인구를 통제하려는 국가적 필요 때문에 벌인 사회운동의 효과다. 과거에는 공무원의 셋째 자녀에게는 학교 공납금 지원도 끊을 정도였다. 그런데 저출산이 사회문제로 부각되면서 이제는 셋째 출산에 푸짐한 지원금도 나온다. 그 때문인지 출산율이 조금씩 높아지는 중이라고 한다. 이렇게 가다 보면 조만간 우리의 인구밀도가 세계 제1위로 될 것이다. 과연 좋기만 한 일일까?

전문가들은 사회가 고령화되면 부양해야 할 인구는 늘어나는데 정작 일할 인구의 비율이 줄어든다는 점을 문제로 지적한다. 가정에서는 가장 또는 부부가 일하여 얻은 소득으로 자녀와 노부모를 부양한다. 부양해야 할 가족의 숫자가 늘어나면 일을 하는 부부의 부담도 그만큼 늘어난다. 사회도 마찬가지다. 고령화 사회는 일하는 인구에게 더 많은 부양 부담을 안긴다. 부양해야 하는 노년층이 점점 더 비대해지면 생산에 종사하는 청장년층은 그만큼 더 많이 일해야 한다. 설상가상으로 투자에 필요한 재원을 노년층 부양에 써야 할 지경에까지 이르면 나라경제는 침체를 벗어날 길이 없다. 고령화 사회의 이러한 문제점은 이미 널리 알려져 있기 때문에 굳이 더 부연할 필요가 없다.

그런데 이 설명이 맞는다면 고령화 사회에서는 근로연령층이 허리가 휘도록 일에 혹사당해야 하고 노년층 지원하느라 재원이 축나서 좋은 투자기회를 놓쳐야 한다. 그러나 우리의 현실을 보면 과고용에는 근처에도 가지 못한 채 오히려 낮은 고용율과 높은 실업률이 문제다. 최근의 투자 부진도 자금을 조달하지 못해서가 아니라 경기 전망이 매우 부정적이기 때문이다. 기업들은 10년 가까이 현금을 쌓아두고서도 마땅한 투자처를 찾지 못하고 있다. 결론적으로 말하자면 한국사회는 급속히 고령화의 길을 치닫고는 있지만 고령화의 폐해는 아직 요원하다.

반면 한국의 인구밀도는 장수의 시대에 접어든 2000년대에 들어서면서 전보다 훨씬 더 빨리 증가하고 있다. 장수화와 더불어 출산율도 각종 출산 장려 정책에 힘입어 되살아나고 있으니 인구밀도의 증가속도는 더욱 더 가속화할 것 같다. 세계 제1의 인구 대국인 중국도 1가구 1자녀 정책으로 인구를 통제해 왔는데 중국의 인구밀도는 우리의 1/3에도 미치지 못한다. 저출산·고령화의 문제를 출산 증가로 풀려고 하는 다른 나라는 우리보다 인구밀도 측면에서 한결 여유롭다.

| 출산장려만이 적절한 고령화 대책일까

인구가 과밀해지면 무슨 문제가 생길까? 단기적으로 맬서스의 파국에 이르는 일은 없겠지만 늘어난 인구는 그만큼 더 많은 자원을 소모한다. 예컨대 토지 수요도 그만큼 높아질 텐데 토지는 다른 자원과 달리 수입할 수도 없으므로 그 절대 공급량이 고정되어 있다. 그러므로 인구가 과밀해지면 결국 토지 가격은 오르게 되어 있고 이 사실을 인지한 사람들은 다투어 토지를 미리 사두려고 나설 것이다. 늘어나는 실수요에 투자수요까지 겹치면 토지가격은 더욱 더 오를 것이고 결국 거품이 끼어들 수밖에 없다.

인구밀도 339명인 일본의 부동산가격은 한때 일본을 팔아서 미국을 살 수 있다는 말이 나올 정도로 세계 최고의 수준이었다. 일본의 '잃어버린 20년'은 지난 세기 말 부동산 거품이 꺼지면서 시작되었는데 그 결과 지금은 한국의 땅값과 엇비슷하거나 오히려 더 낮아졌다. 한국의 개인소득이 일본의 절반인데도 땅값이 서로 엇비슷한 것은 우리의 인구 대비 국토 면적이 일본보다 상당히 작기 때문일 수도 있다. 같은 소득수준이라면 인구밀도가 더 높은 나라가 땅값도 더 비싸다는 말이다.

저출산·고령화에 대처하기 위한 현재의 출산장려정책은 인구밀도의 급증을 초래함으로써 장기적으로 부동산 대란을 불러올 위험이 있다. 땅값 급등은 고령화 못지않게 생계에 부담을 주면서 원가상승을 부추겨 국제경쟁력까지 잠식한다. 그 폐해는 고령화가 성장을 저해하는 정도보다 더 클 수도 있다. 그리고 노동생산성 향상과 노령 인력 활용 등 고령화 문제에는 다른 해법도 있다. 인구밀도가 이미 최고 수준인 우리에게 출산장려는 적절한 고령화 대책이 아닌 것 같다. 출산장려를 선택하는 다른 나라들에 비해 우리의 인구밀도는 이미 훨씬 더 높다는 사실을 유념해야 한다.

실업은 문제의 원인 아닌 결과

09

최광(한국외국어대학교 경제학부 교수, 前 보건복지부 장관)

이명박 정부가 취임 초 국민들에게 연간 7%의 경제성장률을 바탕으로 300만 개의 일자리를 만들어내겠다고 약속했지만 성장률은 5년 평균 2.9%, 취업자 수 증가는 126만(2008년 15만, 2009년 -7만, 2010년 32만, 2011년 42만, 2012년 44만) 명에 그쳤다. 그 결과 청년층은 더 높은 실업으로 그리고 장년층은 더 심한 고용불안으로 고통을 겪고 있다.

2012년 전체 기준으로 경제활동인구는 대략 2550만 명인데 이 중 안정적인 직업의 상용근로자는 43.5%인 1110만 명에 불과하며 662만 명은 임시·일용직이며, 무급가족종사자를 포함한 자영업자가 697만 명이고, 실업자는 82만 명이다.

임시·일용직 662만 명, 자영업자 697만 명, 실업자 82만 명 사태가 유발된 근본적 원인은 1963~1991년 간 평균 9.5%의 고도성장을 구가하던 우리 경제가 3%대 성장으로 추락한 때문이다. 3~4%의 성장으로는 많아야 25만 명의 고용이 창출되는데 매년 50여만 명의 대졸자만 놓고도 절반에게만 일자리가 부여되고 나머지 절반은 임시직·일용직 등 비정규직이 된다. 경제성장이 감속되는 한 일자리 창출은 줄 수밖에 없다.

청년 취업자 수가 2002년에 480만 명이었던 것이 2007년에 420만 명으로 줄고 2012년 10월에 374만 명이라 하니 노무현 정부 때 60만이 줄고 이명박 정부 때 다시 46만 명이 줄어 지난 10년 동안 무려 106만 명의 청년 일자리가 줄었다. 고용률 하락에 따라 20대 후반(25~29세)의 실업률은 2010년 6.7%에서 2011년 5.8%로 하락했다가 최근 6.7%로 상승했다.

최근에는 경제성장이 더 낮아지고 있으니 청년들이 일할 자리가 있겠는가? 더딘 일자리 창출과 더불어 고용의 내용도 문제가 심각하다. 청년들이 중소기업은 회피하고 대기업을 선호하는 상황에서 일할 만한 기업이 줄어들고 있다. 1987년 이른바 정치민주화 이후 한국 기업들은 고임금과 강성노조 등으로 사업 여건이 악화되자 앞다퉈 해외로 나가기 시작했다. 그 결과 대기업 수가 반으로 줄어들었다. 1986년에 1255개였던 300인 이상 고용 대기업 수가 2007년에는 675개, 2008년에는 660개, 2009년에는 650개로 줄어든 반면 해외에 나가 있는 기업 수는 5만2000여 개로 늘어났다.

박근혜 정부 대통령직인수위원회의 가장 큰 특징의 하나는 고용·복지 분과의 설치이다. 역대 대통령직인수위원회에 없던 조직이다. 고용·복지 분야에 대한 당선인의 관심과 의지를 반증하는 것이다. "매년 57만 개의 좋은 일자리를 만들어내겠다"며 "고용이 모든 경제정책의 최우선 고려사항이 될 것"이라고 말했다. 일자리 57만 개에 대한 구체적인 내역은 '창조혁신형 생태계 조성'을 통해 6만 개, '스마트 코리아 프로젝트'로 23만 개, 생활복지산업을 통해 28만 개 등이다.

오늘날 우리의 가장 심각한 문제는 실업이고 일자리 창출이 국가정책의 최우선 과제라고 한다. 실업은 개인적으로 엄청난 고통이 따르는 불행이고 국가적으로 자원의 낭비를 초래하기에 문제임에는 틀림없다. 다른 문제와 마찬가지로 실업도 현황에 대한 정확한 인식, 원인에 대한 철저한 규명, 그리고 해결을 위한 유효한 대책의 마련 등이 이뤄져야 한다.

우리의 실업이 최근 크게 증대한 것으로 인식되고 있으나 지난 50년 역사를 보면 작금의 실업률은 결코 높지 않다. 역대 실업률을 살펴보면, 박정희 대통령 땐 5.1%, 전두환 대통령 땐 4.0%였으며, 노태우 대통령과 김영삼 대통령 때 2.5%로 하락한 후, 김대중 대통령 때 외환위기로 4.3% 상승하였다가, 노무현 대통령과 이명박 대통령의 최근에는 3.3%인데 작금의 실업률은 과거에 비해 결코 높지 않다. 청년 실업률 8%도 다른 나라에 비해 높은 수준이 아니다.

| 경기 활성화, 일자리 창출, 복지 확대 등의 정책과제 해결과 경제 선순환의 첩경은 투자의 활성화

실업에 대한 대책을 효율적으로 수립하기 위해서는 실업의 원인에 대한 올바른 진단이 선행되어야 한다. 실업과 고용은 동전의 양면이다. 고용이 증대하지 않기 때문에 실업이 발생한다. 매우 복합적 요인으로 인해 첫째 양질의 일자리를 제공하는 기업이 새로이 창업되지 않고, 둘째 기존 기업이 사업을 확장하지 않고, 셋째 기업인들이 새로운 사업을 국내에서 추진하지 않고 해외로 나가고, 넷째 외국의 기업들이 우리나라에 들어오지 않으며, 다섯째 국내의 대기업들은 엄청난 여유자금을 가지고도 새로운 투자를 하지 않고 있다. 이 다섯 가지 경향을 반전시키면 일자리 창출은 저절로 이뤄진다. 문제는 최근의 상황이 위의 다섯 가지 경향을 반전시키기는커녕 더 악화시키는 데 있다. 정치권이 '상생발전', '재벌 때리기' 등으로 일자리 파괴에 앞장서고 있다.

일자리 제공이 최대의 복지정책이다. 일자리 창출은 기업만이 하는 만큼 일자리 창출의 주체는 기업이 돼야 한다. 기업이 일자리를 만들기 위해서는 불확실성 속에서 아직 발견되지 않은 이윤 기회를 찾아 나서는 기업가 정신이 충분히 발휘될 수 있는 환경을 마련해야 한다. 이를 위해서는 노동단체의 과격한 투쟁, 특히 불법투쟁 행위에 강력히 대응하고 정규직에 대한 과보호를 포함한 각종 규제를 철폐하는 것이 필요하다.

보호받는 근로자들의 특권을 없애며, 기업들이 해고를 통해 구조조정을 쉽게 할 수 있도록 노동시장을 보다 유연하게 바꾸는 정책으로 전환해야 한다. 근로자를 한 번 고용하면 평생을 보장해야 하는 환경에서 어느 기업가가 고용을 확대하겠는가? 실제로 일자리가 쉽게 사라지면 새로운 일자리도 쉽게 창출될 수 있다. 실업 해소, 일자리 창출과 관련하여 정부가 지나치게 개입하는 것은 참으로 문제이다. 정부의 재정지출 확대를 통해 새로운 일자리를 추가로 창출할 수 있다는 믿음이 너무 강하다. 재정지출의 확대가 고용을 확대한다는 주장은 일견 타당한 것 같으나 틀린 주장이다. 새로운 고용을 창출하는 것이 아니고 일자리의 재배치만을 야기할 뿐이다. 필자더러 모든 사람이 일자리를 갖는 방책을 내놓으라 하면 즉각적으로 제시할 수 있다. 각 마을별로 모든 실업자를 공터에 모이게 하여 일당 5만원씩 지급하면서 하루는 구덩이를 파도록 하고 다음 날은 구덩이를 메우도록 되풀이하면 모든 국민에게 일자리가 제공된다. 이러한 대책은 장기적으로 지속 가능하지도 않고 당사자들도 전혀 보람을 느끼지 못한다. 공공사업을 통한 일자리 창출로 실업문제를 해결하겠다는 발상은 국민의 세금을 효율적으로 사용하는 방법이 아니다. 공공사업, 취로사업은 부실기업도 외면하는 생산성이 낮은 투자이다.

고용 즉 일자리는 파생수요이다. 기업의 투자가 확대되고 경제가 성장하면 고용이 늘어난다. 경기 활성화, 일자리 창출, 복지 확대 등 우리 사회의 핵심 정책 과제를 해결하고 경제를 선순환(善循環)시키는 첩경은 투자를 활성화시키는 것이다. 해외 한국법인들이 많게는 수만 명, 적게는 수십 명씩 고용하고 있다. 평균 고용인원이 100명이라고 가정하면 해외 한국법인들의 10%인 5천 개만 한국으로 다시 들어와도 50만 명의 일자리가 창출된다. 국내 기업의 투자 확대는 물론 세계의 우량 기업이 대한민국에서 투자를 하도록 하기 위해 국운을 건 결단과 획기적인 조치가 필요하다.

국민행복 시대와 비정규직보호법

10

안재욱(경희대학교 경제학과 교수)

경제민주화와 창조경제 외에 박근혜 정부의 또 다른 국정 목표는 '국민행복 시대를 여는 것'이다. 사실 행복만큼 주관적인 것은 없다. 아무리 어렵고 고통스러운 환경에서도 자신이 행복하다고 생각하면 그만이다. 그리고 부귀영화를 누리고 살지만 자신이 만족하지 못하고 산다면 그것은 불행이다. 이러한 면에서 보면 분명 행복은 마음에 달려 있다.

그러나 행복이 마음에 달려 있다고 하는 것은 지극히 개인적인 판단이지 누가 강요할 수 있는 것도 아니다. 물론 물질이 풍부하다고 해서 반드시 행복한 것은 아니다. 그렇다고 물질을 경시한 채 정신적인 것만 강조한다고 해서 사람들이 행복한 것도 아니다. 극히 일부 종교인과 수도자를 제외한 평범한 일반 사람들은 정신적인 것과 물질적인 것들이 동시에 충족되어야 행복해진다. 물질만을 강조하는 인간 생활은 사막처럼 척박하고, 물질적인 바탕이 없는 정신적인 행복 추구는 공허하며 오래 지속되지 못한다.

그래서 개인적인 행복의 문제를 사회 전체 이슈로 삼을 경우에는 우리가 초점을 둬야 하는 것은 사람들이 보다 나은 삶을 추구하기 위해서 어떠한 사회적 환경을 만들어야 하는가에 있다. 사람들은 자신의 선택이 외부의 힘에 의해 지속적으로 방해받을 때 행복을 박탈당한다고 느낀다. 시골에서 도시로 또는 도시에서 시골로 이사하여 살고 싶은데 그러한 자유를 제한하는 환경에 산다면 불만을 갖게 된다. 어느 한 직장에 계속 다니고 싶은데 그렇게 하지 못하게 방해하는 환경에 산다면 행복해 하지 않는다. 어느 직원을 계속해서 고용하고 싶은데 그렇게 하지 못하게 방해하는 환경에 처해 있다면 불만을 갖는다. 이러한 사회는 사람들의 행복을 빼앗아 가는 사회다.

지금 우리 사회에서 사람들에게서 행복을 빼앗아 가는 제도가 있다. 그것이 바로 2006년에 제정된 비정규직보호법이다. '2년 동안 비정규직으로 근무하면 정규직으로 전환해야 한다'는 비정규직보호법은 비정규직을 보호하고 행복하게 만드는 법이 아니라 고통을 안기고 불행하게 만드는 법이다. 이 법 때문에 비록 비정규직이라도 계속 근무하고 싶은 직장에서 떠나야 하는 근로자들이 부지기수다. 이 법 때문에 계속 고용하고 싶지만 정규직으로 전환해줄 수 없어 내보내야 하는 기업들이 매우 많다.

| 비정규직 문제의 해법은 노동시장의 문제를 개선하는 것, 고용의 선택은 개인의 자유와 계약에 맡겨야

혹자는 법에 따라 2년 후에 비정규직을 정규직으로 고용해주면 될 것 아니냐고 주장할지 모르겠다. 물론 비정규직보호법 때문에 2년 후에 정규직으로 전환되는 사람도 있고 그런 사례도 많다. 그렇다고 이것이 성공한 법은 아니다. 그러한 사람들은 비정규직보호법이 없다하더라도 일정 기간이 지나면 자연스럽게 정규직으로 전환될 수 있는 사람들이다. 문제는 그렇지 않은 사람들이다. 고용자 입장에서 정규직으로 고용하기는 어렵지만, 계약직이라면 계속해서 고용하고 싶어 하는 사람들이 있다. 근로자 입장에서 정규직이 아니더라도 비정규직으로 계속 고용되고 싶어 하는 사람

들이 있다. 지금 비정규직보호법은 이러한 개인의 선택과 자유를 박탈하여 사람들을 불행하게 만들고 있다.

장자는 '지락 편'에서 이렇게 이야기하고 있다. "옛 성인은 사람의 능력이란 한 가지가 아니며 일도 같지 않다고 여겨, 실질에 알맞은 명성에 머물게 하고 본성에 합당하게 따라가는 길을 마련했다. 이것이야말로 조리가 잘 통해서 행복을 내내 간직하는 길이다." 개인의 일은 개인 각자에 맡겨야 행복하다는 의미다.

정치인들이 정말로 비정규직을 보호하고 위하고 싶다면, 왜 우리 사회에 비정규직이 그렇게 만연하게 되었는지를 생각해봐야 한다. 우리 사회에 비정규직이 많아진 이유는 정규직에 대한 보호가 너무 강하기 때문이다. 다시 말해 격렬한 노조활동과 정규직에 대한 강력한 보호로 인해 정규직 사용 비용이 매우 높은 우리나라 노동시장의 현실 때문이다. 따라서 비정규직 문제의 해법은 바로 이러한 노동시장의 문제를 개선하는 데 있다.

사실 비정규직보호법은 위헌이다. 왜냐하면 국민의 행복추구권을 빼앗는 법이기 때문이다. 국민의 불편함을 없애주는 것이야말로 '국민행복'을 위한 정부다. 이제 많은 국민들을 불행하게 만드는 비정규직보호법을 폐지하자. 그리고 고용의 선택을 개인의 자유와 계약에 맡기자. 그것이 국민행복 시대를 열 수 있는 첫걸음이다.

고용률 70% 달성 로드맵 성공하려면

11

조하현(연세대학교 경제학과 교수)

최근 우리나라의 소비자신뢰지수 (경기상황에 대한 소비자들의 주관적인 전망지수)가 아시아 최저를 기록하였다. 경기상황을 비관적으로 전망하는 요인 중 가장 큰 이유가 '불확실한 취업시장'이다. 얼마 전 9급 공무원 시험에 사상 최대 인원이 지원한 것을 보아도 안정적인 일자리에 대한 국민들의 목마름이 어느 정도인지 알 수 있다. 안정적인 고용률은 개인의 가처분소득을 증가시켜 소비를 진작시키고 경제를 활성화시킨다는 점에서 국가 경제를 지탱하는 핵심 요소라고 할 수 있다.

올해 들어 취업자 증가 수는 20만 명을 간신히 넘기며 3년 만에 최저 수준으로 떨어졌고, 청년 실업률은 2011년 이후 처음으로 9%대까지 치솟았다. 이에 정부는 2017년도까지 총 240만 개의 일자리(연 48만 개)를 창출하겠다며 '고용률 70%의 로드맵'을 제시했다. '고용률'은 경제활동 참가인구 중에서 취업자가 차지하는 비율을 의미하며, 정책은 3가지 측면으로 구성되어 있다. 첫째, 남성과 제조업·대기업으로 대변되는 기존의 고용창출시스템의 중심축을 여성과 서비스업·중소기업의 창조경제로 이동시키고, 둘째, 장기간 근로해소를 위해 시간제 등 다양한 형태의 일자리를

5장 국민행복시대를 여는 발걸음 **253**

창출하며, 마지막으로 사회적 연대를 기반으로 노사정이 함께하는 일자리를 창출하겠다는 비전이다.

이러한 계획에 대한 의견은 다양하다. 우선 현실적으로 달성하기 어려운 목표라는 부정적 시각이 있다. 외환위기 이후 63% 수준에서 정체하고 있는 현재의 고용창출력으로 고용률 70%를 달성하기 위해서는 연평균 8%의 경제성장이 뒷받침되어야 한다. 정부가 발표한 '중장기 인력수급전망 2011~2020'에 따르면, 실질 GDP 증가율이 연평균 4.1%라는 가정하에서 일자리가 연평균 24만 개 창출될 전망인데 이는 정부의 목표인 연 48만 개에 미치지 못한다. 또한 얼마 전 IMF가 세계 경제성장 전망치를 하향 조정하고, 미국이 출구전략의 시점을 연기한 만큼 향후 4%대의 경제성장을 장담할 수 없다는 회의적인 시각도 있다.

반면, 네덜란드와 독일과 같이 성공적인 사례를 들며 긍정적으로 바라보는 시각도 있다. 네덜란드는 시간제·전일제 차별금지 규정을 제정하고 저임금 근로자를 고용하는 고용주에게 사회보험료를 감면하고 해당 근로자에게는 세금을 감면하는 SPAK 프로그램 등을 통해 노동자와 고용주 모두에게 시간제근로에 대한 인센티브를 부여했다. 이를 통해 네덜란드는 연평균 3.7%의 경제성장률 증가와 2.6%의 고용률 증가를 달성하였다. 독일도 비슷한 취지로 저임금 근로를 '미니잡(mini-job)'으로 제도화함으로써 시간제 근로에 대한 혜택을 부여해 고용 증대의 효과를 누리고 있다.

| 일자리 창출의 근원인 기업들이 성과를 낼 수 있도록 환경을 조성하고 다차원적인 고려가 이루어져야

'고용률 70%의 달성' 정책에서 가장 이슈가 되는 것은 '시간제 일자리 확충'이라 할 수 있다. '시간제 근로'는 노동시간을 기준으로 분류한 근로형태이며 전임제 근로에 비해 짧은 근로를 말한다. 정부는 향후 5년간 240만 개의 일자리를 늘리는데 이 중 38%에 달하는 93만 개를 이러한 시간제 일자리로 채우겠다는 구상이다. 실제로 OECD 국가 중 우리나라의 연간 근로시간이 두 번째로 높기 때문에, 이는 고용 증대 및 장기간 근로의 해소를 동시에 꾀할 수 있다는 점에서 일석이조의 효과이다.

더 구체적으로 보자면, 정부는 시간제 근로의 확충을 위해 관련법을 제정한 데 이어 내년부터는 단계적으로 시간제로 근무하는 일반직 공무원 채용을 늘리기로 했다. 이러한 정부정책의 연착륙을 위해 다음 과제들에 대한 고민들이 수반되어야 한다.

첫째, 공공 부문에서 정규직 시간제 일자리를 만드는 것은 한계가 있고 결국 민간 부문에서 늘려야 하는데 이는 기업에게 부담이 될 것이다. 해외 사례처럼 시간제 근로자 고용 시 기업들에게 세제혜택을 주는 방법 등 기업에게 시간제 일자리 사용에 대한 유인책을 적극적으로 부여해야 한다.

둘째, 양적인 측면에 집중하다가 시간제 근로의 질적인 측면을 놓쳐서는 안 된다. 독일은 미니잡을 통해 고용률은 증가시켰지만 저임금 일자리의 함정에 빠졌고, 이탈리아에서는 비자발적인 시간제 근로의 비중이 늘었다. 이를 타산지석 삼아 우리나라의 고용정책은 동일 조건하에 시간제 근로에 대한 차별이 없어야 하며, 기존의 일자리를 나누는 것이 아닌 양질의 새로운 일자리를 창출해 낸다는 측면에서 접근해야 한다.

셋째, 노사정의 적극적인 협력이 필요하다. 여야는 휴일근로를 연장근로에 포함하는 방안을 통해 실근로시간의 축소를 강제하는 법안을 발의하였는데, 사실 외국의 사례를 보면 근로시간 단축을 법으로 강제하는 경우는 흔치 않다. 이보다는 주로 노사 간 자율적 합의로 근로시간을 서서히 줄이는 방법을 취하고 있다. 법 개정 등을 통해 급격히 노동시간을 줄일 경우 중소협력업체의 비용 인상, 생산량 감소 및 이직률 증가 등에 의한 부작용이 우려되기 때문이다. 이는 우리나라 산업의 국제경쟁력 약화로 이어질 수 있다. 또한, 근로시간 단축 시 임금조정을 동반하지 않을 경우 근로시간 단축에 의한 일자리 창출 효과도 미미할 것이다. 따라서 우리나라도 일률적인 법적 강제보다는 노사정의 적극적인 협력이 바람직하다.

고용률 정체는 노동 수요적 요인이 크다. 투자 부진과 R&D의 정체로 일자리 창출 근원인 기업의 성장 동력이 약화되고 있기 때문이다. 실제로 현재 상장기업들의 경영위축이 심각한 수준이다. 따라서 정부는 일자리 창출의 근원인 기업들이 성과를 낼 수 있도록 산학연 활동을 장려하고, 연구개발 투자에 대한 세제지원을 확대해야 한다. 또한 어려움을 겪고 있는 기업들의 실적 향상을 위해 규제 완화, 자금지원 확대 등을 통해 기업들이 활동하기 편한 경제 생태계를 만들어 준다면, 성공적인 '고용률 70%' 정책을 가능케 할 수 있을 것이다. 이와 더불어 정부는 여러 해외 사례를 벤치마킹하되 위의 열거한 과제들에 대한 심도 깊은 고민과 함께, 우리나라의 사회, 경제, 문화 실정을 감안하여 합리적이고 효율적인 고용 증대 정책들을 동반하여 '고용률 70%' 로드맵을 성공적으로 진행해 나가길 바라는 바이다.

가계부채 감축정책, 신중히 추진해야 한다

12

장대홍(한림대학교 명예 교수, 금융경제학)

우리나라의 가계부채는 현재 약 962조 원, 작년 말 가처분소득 대비 136퍼센트(GDP 대비 81퍼센트)로 각각 사상 최고치를 기록하고 있다. 이는 OECD 평균치인 122퍼센트(GDP 대비 73퍼센트)이나, 미국(107퍼센트), 일본(120퍼센트)의 경우보다[32] 훨씬 높다. 보다 우려스러운 점은 지난 1년 전에 비해 대폭 증가했을 뿐 아니라, 소득 증가 속도를 앞지르는 추세를 보이는 데 있다. 취득세 감면 등 현 정부의 부동산 정책으로 주택담보대출이 일시 늘어난 점이 반영되었고, 최근 증가세가 다소 둔화되고 있다고는 하지만, 향후 우리 경제의 가장 큰 불안요인의 하나일 뿐 아니라, 경제성장의 걸림돌이 될 여지가 크다.

우리 경제가 안정적 성장궤도에 들기 위해서는 가계부채 감축(deleveraging)이 선행되어야 한다는 데는 이견이 없다. 그러므로 정부와 금융 당국이 이를 최우선 과제로 삼고 있음은 바람직한 일이다. 금융위원회가 다양한 방법으로 가계부채 연착륙 전략을 추진하고, 가계부채의 증가속도를 안정적으로 관리하려는 노력도 타당해 보인다. 정부가 국민행복기금을 통

---

32) Economist, Household debt, June 1st, 2013.

해 가계부채의 조정 내지 탕감에 나서는 일도 같은 맥락에서 이해하는 경향도 있는 것 같다.

가계부채 감축은 경기변동 경로에서 항상 발생하는 과정으로 거의 모든 OECD 국가들이 모두 경험하였다. 따라서 정책의 장단점, 정책수단의 효과나 부작용도 대부분 잘 알려져 있다. 특히, 미국, 일본, 핀란드, 남부유럽 국가들의 경험을 잘 이해해서 타산지석으로 삼을 필요가 있어 보인다. 가계부채 감축이 궁극적으로 경기회복 속도와 금융기관의 안정성과 긴밀히 연결되어 있기 때문이다.

가계부채 감축은 상환기간 연장, 채무대환, 이자율 인하, 채무감면과 같은 채무조정(restructuring)이나 채무불이행(default)에 의해 이루어지기 때문에, 금융기관의 수익성 내지 건전성을 악화시킬 수밖에 없다. 그 일부를 정부가 보전할 경우에는 가계부채가 공공 부문으로 이전될 뿐이다. 어떤 경우든 신용 위축, 국가채무 증대, 물가와 이자율 상승 압력을 초래하여 경기회복을 어렵게 하고, 이는 다시 가계소득과 민간소비의 감소, 가계부채 증가라는 악순환으로 연결될 수 있다. 가계부채 감축을 단기간에 정책적으로 이루기 어렵고, 신중히 접근해야만 하는 이유이다.

| 정부가 하우스푸어 해소나 가계채무 조정에 직접 개입하는 것은 자제해야

각 국가들의 가계부채 감축의 사례를 자세히 논의한 대신, 비교적 성공적으로 진행된 경우를 중심으로 주요 시사점을 찾아보기로 하자. 최근에 진행된 사례들은 자산거품의 붕괴로 촉발되었다는 공통점을 가지고 있다. 미국, 유럽국가들, 일본의 경우 근원에는 차이가 있지만, 모두 주택가격 하락과 부동산 시장의 붕괴에 따른 신용축소와 경기후퇴가 가계부채 감축의 필요성을 불러왔으며, 우리나라의 경우도 예외가 아니다. 가계자산이 주택과 같은 부동산 위주라서 대체자산이 빈약한 우리나라의 경우, 이 문제는 더욱 심각하다. 부동산은 기펜재(Giffen goods)의 특성을 가지고 있기 때문이다.

핀란드는 1990년대 자본자유화와 금융규제 완화로 자산 가격과 물가의 급등, 수출경쟁력 약화를 긴축정책으로 대응하면서 자산 가격 버블의 붕괴를 겪었다. 그러나 뒤따른 가계부채 감축 과정에서 민간소비 감소와 경기후퇴가 발생하자, 이를 적절한 환율정책에 의한 수출증대로 극복하였다. 미국의 경우, 2008년에 주택가격 폭락에 따른 신용경색, 경기후퇴가 이어지자, 부실자산 정리와 금융기관 구조조정을 적극적으로 추진하여 금융시스템을 안정시켰으며, 그 결과 비슷한 과정을 겪은 OECD 국가들 중 가장 큰 폭의 가계부채 감축을 이루었다.[33] 미국 가계부채 감축의 가장 큰 특징은 가계부채 조정 과정에 정부가 직접 개입하지 않았으며, 주택압류(foreclosure)에 의해 부실 모기지를 상당 부분 정리하였다는 점이다. 이는 미국의 효율적인 부실채무정리 절차에 힘입은 바 크다. 한편 상대적으로 부실 채무정리 절차가 보다 번거롭고, 정부나 금융기관이 보다 소극적인 영국, 네덜란드, 남유럽 국가에서는 가계부채 감축에 큰 진전을 보이지 못하고 있다. 현재 미국은 이들 국가들에 비해 훨씬 밝은 경기회복 전망을 보이는 것으로 평가되고 있다.[34]

가계부채 문제는 궁극적으로 경제성장에 따른 소득증가로 해결되는 것이 옳다. 정책적 개입은 가계부채를 직접 감면하거나 차주인 금융기관을 지원하는 방식으로 공공 부문에 이전하는 과정에 불과하다. 그것이 악성 가계채무의 증가가 금융불안–경기후퇴로 연결되는 악순환의 고리를 끊기 위한 단기 처방에 그쳐야 하는 이유는 그 부작용이 크기 때문이다. 부작용은 채무자나 금융기관의 도덕적 해이를 유발하고, 역차별이라는 갈등을

---

33) 2008년 이후 2011년 사이에 미국의 가계부채는 GDP 대비 75.2%에서 16.1% 하락한 반면, 이 기간 중 일본, 영국, 남유럽 국가의 가계부채비율은 오히려 증가하였다(자료: Mckinsey Global Institute).
34) Economist, Household debt, June 1st, 2013.

초래하며, 그 범위가 확대되어 경제성장을 해치는 데 있다. 정부가 빚을 갚아준다면, 채무자는 빚을 늘리려 하고 금융기관은 부실채권을 늘리려 하는 유인이 커지고, 성실히 채무를 상환하는 가계를 역차별하는 데 대해 불신과 갈등이 증폭될 게 뻔하다.

정치권과 정부가 하우스푸어 해소나 가계채무 조정에 직접 개입하는 것은 자제해야 한다. 그 대표적인 경우가 바로 국민행복기금에 의한 가계채무 조정이다. 이런 포퓰리즘 정책은, 비록 사회취약계층을 배려함으로써 사회안정을 얻겠다는 정치적인 필요성을 인정하더라도, 그 범위의 확대를 제한해야 한다. 이미 채무탕감을 당연한 권리로 인식하는 분위기가 번지고 있고, 국민행복기금 적용 대상에 '미소금융',' 햇살론', '새희망홀씨 연체자'까지 포함해야 된다는 주장이 대두하고 있음은 걱정스럽다. 미국의 경우에서 볼 수 있듯이, 가계부채 축소는 어디까지나 채무자–채권자의 차원에서 해결해야 효과를 발휘할 수 있을 뿐 아니라, 도덕적 해이나 역차별이라는 부작용을 최소화할 수 있기 때문이다. 정부가 해야 하고, 할 수 있는 역할은 채무자–채권자 간에 자발적 채무조정을 유도하는 공간을 최대한 확대하는 데 그쳐야 할 것이다.

인간심리로 살펴본 가계부채와 저축의 문제

13

유경원(상명대학교 금융경제학과 교수)

| 달콤한 현재, 씁쓸한 미래

언제부터인가 우리는 현재의 만족이 내일의 희망보다 우선하게 되었다. 게다가 치열해진 경쟁 속에 낙오된 실패자의 모습을 보이지 않기 위해서는 현재의 모습이 부풀려질 필요가 있고 또 일견 부풀려진 모습에 스스로 도취되기도 하였다. 지금 받을 수 있는 적은 액수의 현금을 언젠가의 많은 돈보다 선호하는 것도 같은 이유다. 이처럼 많은 사람들은 현재에 중독되어 있다. 대부분의 사람은 '오늘 저축하고 내일 소비하는 것' 보다 '오늘 쓰고 내일 갚는 것' 을 훨씬 좋아한다. 그러나 '내일 쓰고 모레 갚는 것' 과 '내일 저축하고 모레 쓰는 것' 을 비교할 때는 대부분의 사람이 큰 차이를 느끼지 못한다. 이런 시간에 따른 선호도 역전현상을 경제학자들은 '하이퍼볼릭 할인(hyperbolic discounting)' 가설로 설명한다.[35]

현재 쓰는 것이 너무나 쉬워진다면 오늘 쓰고 내일 쓰고 모레까지 쓰고 결국 갚으라고 할 때까지 쓰고자 할 가능성이 제기된다. 이 가설에 따르면

---

35) '하이퍼볼릭 할인' 은 현재가 미래에 비해 훨씬 더 가깝고 중요하게 느껴지며, 현재에서 멀어질수록 중요도는 더욱 급속하게 떨어진다는 인간의 심리를 경제학적으로 설명한다. 특히 '오늘이 내일보다 더 중요하다' 는 느낌이 '내일이 모레보다 더 중요하다' 는 느낌보다 훨씬 강하다는 것을 설명한다.

현재의 자신은 모든 즐거운 일은 현재에 하고 모든 괴로운 일은 미래의 자신에게 떠넘기려는 속성을 가지고 있으며, 이런 의사 결정의 결과로 자신의 재무 상태를 망치면서도 버틸 때까지 버티는 최종 벼랑 끝 전술로 부채를 계속해서 쓰게 된다는 것이다. 1000조 원대의 가계부채와 2%대로 하락한 우리의 가계저축 현실이 바로 이와 같은 심리행태와 현재 쓰는 것이 너무도 쉽게 된 결과가 아닐까?

| 소비가 미덕 그리고 빚 권하는 사회

우리는 자문한다. '내가 그리 낭비벽이 심해서 부채를 지게 되었나? 열심히 번 것 같은데 손에 쥐는 건 없다. 더 허리띠를 졸라매야 할까? 저축률이 이리 낮다고 하는데. 노후준비도 안 되어 있는데 아이들 교육비는 늘어만 가고…' 이러한 상황에서 저축은 언감생심 꿈도 못 꿀 지경이다. 손만 뻗으면 닿을 것 같은 부채의 달달한 유혹을 우리의 본성은 쉽게 떨쳐버리기 힘들다. 현재의 달달한 유혹이 너무나 강력하기에 미래의 든든함은 그리 큰 유인이 되지 못하고 있다. 그동안 정책적으로 유지된 낮은 이자와 '부동산 불패', 자산 가격 상승기대에 우리 재무건전성이 얼마나 위험에 빠진지를 자각하지 못했다.

현재와 같이 소비가 미덕인 사회에서 현재의 달콤함과 편리함의 유혹을 떨쳐내기란 쉽지만은 않다. 최근에는 빅 데이터의 활용 등 첨단기법을 이용해 기업들은 더더욱 소비자들의 욕구를 집요하게 자극한다. 매체의 홍수 속에 융단폭격과 같은 광고를 버텨내고 미래를 위해 소비의 욕구, 잘 살고 싶은 욕구를 자제하기 어렵다. 이러한 상황에서 현재와 같은 대출의 접근성 제고 위주의 소비자금융 정책과 빚을 권하는 사회의 분위기는 너무도 손쉽게 부채의 덫에 빠지게 하는 배경이 되었다. 일단 지기 시작한 부채는 쉽게 줄어들지 않는다. 처음 부채를 지기 어려워서 그렇지 한번 지기 시작하면 어느 누구도 이를 쉽게 상환하기 어려운 가계부채의 구조적 문제에 직면해 있다.

| 서민금융정책의 핵심은 저축이 되어야

이제 우리는 너무도 쉽게 쓸 수 있는 돈에 대해 정책적으로 고민해 볼 필요가 있다. 2013년 새롭게 출범하는 신정부는 가계부채 문제 해결을 최우선 과제로 두고 있는 것으로 보인다. 국민행복기금 등 다양한 정책을 쏟아내고 있지만 가계부채 문제 해결의 가시적 성과에 급급할 뿐 향후 서민금융정책의 기본방향에 대한 고민이 부족한 것으로 보인다. 과거 서민금융 정책이 대출의 접근성 내지 용이성 제고가 목적이었고 또 이로 인해 가계부채 문제가 심화되었다면 인간의 심리와 현재의 사회·경제적 여건을 감안할 때 향후 서민금융정책은 대출이 아닌 금융자산 축적 유인에 두어야 한다. 대출에 대한 용이성 제고와 인위적인 이자율 하락에 급급하기 보다는 낮은 저축률을 제고시킬 수 있는 특단의 방안이 모색이 되어야 한다. 가계저축은 바로 가계부채의 다른 모습이다.

모두(冒頭)에서 살펴보았듯이 가계부채의 저하 그리고 저축 증대, 내키지 않는 내일을 위한 저축이 사랑 받기 위해서는 더 큰 인센티브 제공을 위한 발상의 전환이 필요하다. 가령 복권형 저축(saving bonds)을 도입한다든지 자산형성 및 저축의 접근성을 높이기 위한 좀 더 혁신적인 아이디어가 필요하다.[36] 지금의 낮은 이자하에서 예전과 같은 재형저축의 부활만으로 취약계층의 자산형성이 이루어질지 미지수이다. 한편 이와 같은 소비자의 심리 내지 행태를 반영한 미국의 '점진적 저축증대 프로그램(Save More Tomorrow)'은 봉급이 인상될 때마다 퇴직연금 기여율을 높임으로써 사람들로 하여금 당장 손해 본다는 생각이 들지 않게 하여 사람들

---

36) 미국과 영국의 경우 저소득 취약계층의 저축을 유도하기 위해 원금을 보장한 상태에서 이자를 복권형태로 추첨을 통해 제공하는 저축상품을 도입한 바 있다. 저소득계층의 낮은 원금으로 인한 낮은 이자소득이 충분한 저축유인을 제공하지 못함을 감안한 상품이다.

의 참여를 높이는 데 성공한 바 있다.

정책이 결국 선택의 문제라면 부채를 활용하여 집을 당겨 사는 것에 인센티브를 주기보다는 미래를 대비한 금융자산 축적에 보다 많은 그리고 현명한 인센티브를 주는 것이 바람직할 수 있다. 부채와 저축은 동전의 앞뒷면이다. 새롭게 출범하는 정부는 서민금융정책에 있어 현재를 중시하는 서민의 손에 카드를 쥐어줘야 할지 아니면 통장을 쥐어줘야 할지 심각하게 고민해 보아야 한다.

대학교육의 질과 반값 등록금

14

김진영(건국대학교 경제학과 교수)

| 한 흑인 교수 이야기

우리나라에서도 꽤 많이 읽힌 『괴짜경제학』이라는 책에는 현 하버드대학 경제학과 교수인 롤란드 프라이어 2세(Roland Fryer Jr.) 교수의 이야기가 흥미롭게 나오고 있다. 편부 슬하에서 가정 폭력에 시달려야 했던 흑인 소년이었던 그는 텍사스 주립대의 알링턴 분교에 농구 특기생으로 입학한 후 경제학에 흥미를 느끼기 시작한다. 이후 펜실베이니아 주립대에서 박사학위를 받은 그는 하버드대학교 교수가 된다. 현재에도 그는 매우 촉망받는 학자로 엄청난 양의 연구결과들을 쏟아내고 있다.

『괴짜경제학』에서는 이 정도까지 소개되어 있다. 이만큼만 해도 프라이어 교수의 사례는 개천에서 용 나는 인간 승리의 사례로 회자될 만하지만 사실 이 책에 소개되어 있지 않은 부분이야말로 우리가 알아야 할 중요한 미국 대학의 특징들이 숨어 있다. 이 사람을 하버드 대학에 진학할 수 있도록 실질적으로 도와준 지도교수인 Tomas Sjostrom 교수는 스웨덴 사람으로 전 하버드 대학교수로 하버드대의 정년 심사에서 탈락하여 펜실베이니아 주립대에 근무하게 된 사람이다. 이 단순해 보이는 사실 속에 이러한 사례가 예외가 아니라 상당히 빈번하게 이룰 수 있는 미국대학 시스템의 강점을 엿볼 수 있다. 여기서 우리는 양질의 교육 기회 제공, 순위는 있되 순위 간 격차는 감소, 學歷이 아닌 學力, 교수의 이동, 외국인 교수에 대한 개방 등 고등교육의 경쟁력과 관련한 몇 가지 열쇠(key-words)들을 발견할 수 있는 것이다. 이제 이들 키워드들에 대해 좀 더 자세히 살펴보면서 우리의 현실을 생각해 보자.

| 부가가치의 창출과 인사 평가시스템

사회적으로 열악한 환경 속에 있던 흑인 청년은 수직상승을 거듭했다. 그것이 가능했던 것은 그가 다녔던 학교들이 그와 함께 그가 스스로의 가치를 높일 수 있도록 최선을 다했기 때문이다. 우리 식으로 이야기하자면 그는 지방대 분교에서부터 착실히 실력을 쌓아 세계 최고 대학의 교수로 빠른 시간에 도약할 수 있었다. 미국 고등교육이 부러운 것은 하버드 대학 같은 유명 대학들이 있어서만은 아니다. 그보다 더 부러운 것은 우리가 이름도 못 들어 본 구석구석의 대학에서 학생들이 자신의 가치를 높일 수 있는 충실한 교육이 이루어지고 있다는 것이다. 학생들 한 사람 한 사람을 놓치지 않고 부가가치를 높여주는 것이 그들만의 경쟁력이다. 부가가치의 상승은 학교의 순위와 관계없이 이루어져야 한다. 우리가 '세계 100위권 학교 몇 개'라는 식의 목표에 앞서 생각해야 할 것이 부가가치이다.

물론 이렇게 높아진 가치를 인정해 주는 평가시스템도 새겨보아야 할 것이다. 우리나라도 많이 변해가고 있기는 하지만 교수임용에서 지방대 분교라는 학력만 보고는 서류 전형도 통과시키지 않는 학교도 많은 것이 엄연한 현실이다. 우리나라의 대학은 학생들의 부가가치를 높이기 위한 노력을 얼마나 기울이고 있는가? 혹시 학교 명성만으로 출신 학생들을 평가하고 있지는 않은가? 진지하게 자문해 보아야 할 것이다.

| 경쟁과 교수 시장의 유연성

다음으로 간과해선 안 될 키워드는 '경쟁'이다. 하버드 대학뿐만 아니라 모든 대학에서 정년 보장을 따내기 위한 보이지 않는 격렬한 경쟁이 이루어진다. 앞서 보았듯이 프라이어 교수의 지도교수도 하버드 교수였지만 하버드의 정년 보장 교수가 되지는 못했다. 그러나 정년 보장 심사가 엄격하다고만 해서 국가의 고등교육 질이 저절로 올라가는 것은 아니다. 정년 보장을 받지 못한 교수들도 훌륭한 학자들이다. 이들이 정년 보장을 받지 못해 학자로서의 경력이 단절되는 것은 사회적으로 바람직하지 못한 일이다. 그들이 지속적으로 연구와 교육을 계속할 수 있는 여건이 마련될 수 있어야 한다. 우리가 주목해야 할 부분이 바로 여기다. 엄격한 정년심사가 있고 그 심사에 탈락도 많이 하지만 탈락자가 사회에서 버려지지는 않는다. 다른 학교로 옮기면 되기 때문이다. 한마디로 교수 시장이 유연한 것이다. 교수시장이 유연해지면 순위는 있더라도 순위 간 격차는 줄어들 가능성이 높아진다.

우리나라의 교수시장도 점차 유연해져서 학교를 옮기는 사례가 많이 늘고 있기는 하다. 그러나 아직 충분한 유연성을 갖지 못하고 있어 눈에 보이지 않는 손실을 겪고 있다. 일반적으로 현재 우리 대학의 고용 관행은 학계에서 널리 인정을 받는 성취를 보인 교수들을 뽑는 것이다. 이런 관행은 학위를 따낸 지 얼마 안 된 젊은 교수들이 대학에 고용되는 것을 막고 있다. 이는 여러모로 바람직하지 않다. 많은 학문분야에서 학자로서의 생산성이 가장 높은 시기는 학위를 취득하고 나서 몇 년간이기 때문이다. 그 몇 년간 대학이 아닌 공간에서 자기의 능력을 증명하는 데 세월을 보내는 것은 대학으로 보아서는 손실이라 할 수 있다. 학문 발전의 최전방을 막 경험하고 나온 젊은 교수들이 늘어야 5년, 10년 된 강의안을 읽는 교수들이 줄어들 수 있으며 학생들과의 상호교류라는 면에서도 학생과 연령차가 크지 않은 젊은 교수들이 유리할 것이다.

| 반값 등록금 논쟁을 넘어서

지금까지의 이야기는 사실 반값 등록금 논쟁과도 깊은 관계가 있다. 조금만 생각해 보면 학생들의 반값 등록금 요구는 대학이 자신의 부가가치를 높이는 데 기여하지 못한다는 판단에 기인하고 있는 것임을 알 수 있다. 학생들은 대학에게 더 높은 교육의 질을 요구하기보다는 등록금 인하로 낮은 교육의 질과 등록금의 균형을 맞추라는 요구하고 있다. 물론 그런 요구가 수요자로서 타당할 수는 있다. 그러나 학생들의 그러한 요구가 우리나라의 장래를 위해 바람직한 것인가?

우리는 논쟁의 수준을 등록금 그 자체에서 등록금과 교육의 질의 조화라는 문제로 속히 끌어올려야 한다. 우리나라 대학의 문제를 높은 등록금에서 찾는 사람들이 많지만 정작 더 심각하게 우려해야 할 것은 낮은 경쟁력이기 때문이다. 어느 분야든 경쟁력이 낮은 일차적인 원인은 경쟁의 부재에서부터 찾는 게 순서이다. 우리나라의 경우 대학은 항상 오겠다는 학생으로 넘쳐 났고, 한국의 세칭 일류대학들은 세계의 다른 대학과의 경쟁은 생각하지 않는 상태에서 아무런 노력 없이 국내의 가장 우수한 학생들을 끌어들였다. 대학의 기능은 부가가치의 창출이라기보다는 학생들 가려내기(sorting)에 가까웠다.

이런 경쟁의 부재가 상당 부분 교수사회의 직업윤리에도 영향을 주었다. 부단한 자기계발 없이 학생들의 기를 꺾어 놓는 형태의 교육 아닌 교육이 그동안 너무나도 많이 이루어져 왔다. 연구에서도 최근 많은 변화가 있었기는 하지만 여전히 연구 업적을 쌓지 않고 직장인 대학을 취미 생활과 유사하게 생각하는 사람들이 적지 않다. 현재의 낮은 경쟁력은 이러한 관행이 상당 기간 쌓인 업보로 현재 대학에서 많은 변화가 이루어지고 있음에도 불구하고 과거의 업보로부터 완전히 벗어나는 데는 적지 않은 노력과 시간이 필요할 것이다. 안타까운 사실은 대학의 변화가 대학 내부의 반성과 자체의 문제의식에 의해 견인되면서 대학의 교육과 연구풍토를 근본적으로 바꾸어가고 있다기보다는 정부나 일간지 평가 지수에 맞추는 외형 변화 혹은 성형 수준에 그치고 있다는 점이다.

앞으로 대학이 어떠한 변화를 해나갈지 아직은 알 수 없다. 하지만 분명한 것은 지금과 같아서는 안 된다는 것이다. 일차적으로는 보다 나은 연구를 위한 경쟁과 학생들의 부가가치를 올리기 위한 경쟁이 이루어지고, 경쟁 속에서 얻어진 동료들에 대한 존중을 바탕으로 성숙한 학문 공동체가 성립되어야만 우리 대학의 경쟁력을 끌어올릴 수 있다. 다시 말하지만 우리는 논쟁의 수준을 등록금 그 자체에서 등록금과 교육의 질의 조화라는 문제로 속히 끌어올려야 한다.

6장

규제에서 자유로
: 한국경제가 나아가야 할 길

지하경제 양성화, 조세 효율성 제고에 바람직

01

황상현(한국경제연구원 부연구위원)

2012년 대선 과정에서 서민·중산층의 복지재원 확대를 내세운 새 정부는 그 이행을 위해 세출구조조정과 더불어 세입증대에 대한 필요성을 어느 정도 인식하고 있는 듯하다. 현재 대통령직인수위원회는 세입증대 방안으로 세율인상 등에 의한 직접적인 증세보다는 지하경제 양성화를 통한 세입기반 확대를 적극 검토하고 있는 중이다. 또한 국세청은 2013년 1월 12일 300조 원 내외로 추산되는 지하경제로부터 연간 6조 원 내외의 세수를 더 확보할 것임을 대통령직인수위원회에 보고했다. 새 정부의 출발점이 되는 인수위 과정에서 이러한 논의는 조세정책의 효율성 측면에서 보면 긍정적인 시그널로 여겨진다.

OECD 국가들에 비해서 우리나라는 고용구조에서 자영자의 비중이 상당히 높아 세무행정상 과표 양성화의 어려움이 있기 때문에 지하경제 규모도 상당히 크다. 아래 〈표〉는 2007년 기준 OECD 국가들의 민간고용 중 자영자 비중과 Schneider, Buehn and Montenegro(2010.07)가 추정한 GDP 대비 지하경제 규모를 보여주고 있다.[37] 우리나라의 자영자 비중은 31.8%로 OECD 평균 16.6%보다 15.2% 포인트 높고, OECD 30개국 중에서 4번째로 높다. 한편 우리나라의 지하경제 규모는 25.6%로 OECD

평균 16.6%보다는 9.0% 포인트 높고, OECD 25개국 중에서 4번째로 높다.

다른 OECD 국가들을 살펴보면 미국은 자영자 비중이 7.2%로 상당히 낮으며 또한 지하경제 규모도 8.4%로 상당히 낮다. 반면 멕시코는 자영자 비중이 34.3%로 상당히 높으며 이와 비례하여 지하경제 규모도 28.8%로 상당히 높아 OECD 25개국 중 가장 높다. 한편 지나친 복지지출과 함께 재정위기를 겪은 PIIGS 중 포르투갈, 이탈리아, 그리스, 스페인은 자영자 비중과 지하경제 규모가 OECD 평균보다 높다. 즉, 한 국가 내 자영자 비중이 높을수록 지하경제 규모는 커지는 상관관계를 보인다고 할 수 있다.

<그림> OECD 국가들의 자영자 비중과 지하경제 규모

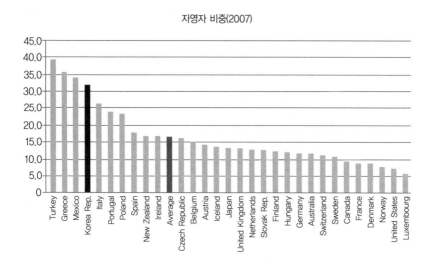

자영자 비중(2007)

37) Schneider, Friedrich, Andreas Buehn and Claudio E. Montenegro (2010.07), "Shadow Economies All over the World: New Estimates for 162 Countries from 1999 to 2007", Policy Research Working Paper No. 5356, World Bank.

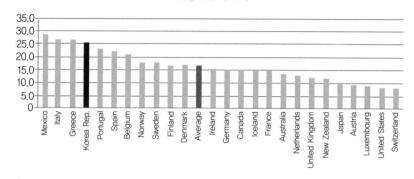

지하경제 규모(2007)

주: 자영자 비중은 OECD 30개국을 포함하며, 지하경제 규모는 이 중에서 Czech Republic, Hungary, Poland, Slovak Rep., Turkey 등 5개국을 제외하고 OECD 25개국을 포함하고 있음.

자료: OECD.Stat, Schneider, Buehn and Montenegro(2010. 7)

| 자영자 비중이 높아 지하경제 규모가 큰 국가는 세수확보를 위해 직접적인 증세를 할 경우 타 국가에 비해 사회적 비용을 상대적으로 많이 지불할 수 있어

이같이 우리나라는 다른 국가들에 비해 고용구조에서 자영자 비중이 상당히 높고 이에 따라 지하경제 규모가 상당히 크기 때문에 세율인상 등에 의한 직접적인 증세는 노동공급 감소뿐만 아니라 탈세 증가를 초래하여 사회적 비용을 상당히 증가시킬 수 있다. 세입증대를 위해서는 흔히 특정 세목이 선택되고 세율이 인상되지만, 이는 근로자들의 노동의욕을 떨어뜨려 사회적으로 필요한 노동공급의 감소를 초래할 수 있다. 또한 자영자들은 세율인상의 경우 상대적으로 줄어든 소득을 보전하기 위해 탈세에 대한 더 큰 유인(incentive)을 가진다. 그리고 우리나라와 같이 지하경제 규모가 클수록 세율인상에 따라 탈세는 더 큰 폭으로 증가할 수 있다. Alm(1995)은 탈세를 시도하는 납세자의 비효율적 자원배분으로 탈세는 또 다른 형태의 비용부담을 줄 수 있다고 지적한다. 따라서 우리나라의 이

러한 경제 환경에서 만약 새 정부가 복지재원 확충을 위해 세율인상 등으로 직접 증세하는 경우 상당히 큰 사회적 비용이 수반될 것이다.

필자가 수행했던 연구의 결과에 따르면 우리나라는 2008년 기준으로 세수증가를 위해 부가가치세율을 인상할 경우 세수 1원당 1.7140원(=세수 1원 + 세수 1원당 초과부담), 소득세율을 인상할 경우 2.0187원의 비용을 지불하게 된다.[38] 한편 0% 자영자 비중, 즉 지하경제가 존재하지 않고 탈세가 없다는 가정하에 부가가치세율을 인상할 경우 세수 1원당 1.1033원, 소득세율을 인상할 경우 1.1485원의 비용을 지불하게 된다. 따라서 자영자 비중이 상당히 높아 지하경제 규모가 큰 우리나라는 세수증가를 위해 부가가치세율이나 소득세율 등을 인상할 경우 다른 국가들에 비해 사회적 비용을 상대적으로 많이 지불할 수 있다. 특히나 소득세율 인상은 소비세율 인상보다 더 높은 수준의 사회적 비용을 초래한다.

이러한 면에서 새 정부가 추진하고 있는 지하경제 양성화는 세수확충에 있어 조세 효율성을 제고하는 방안이 될 수 있다는 점에서 그 의의가 있다. 즉, 복지재원 확대를 위해 세수증대가 필요하다면 높은 사회적 비용을 수반하는 직접적인 증세가 아니라 지하경제 양성화가 먼저 이루어져야 한다는 것이다. 하지만 지하경제 양성화는 전시효과에 매몰될 경우 다분히 개인정보 침해, 생산활동 위축 등 부작용을 초래할 수도 있다.[39] 따라서 새 정부가 이러한 부작용을 최소화하는 데 주의를 기울이며 지하경제 양성화를 추진할 것을 기대해 본다.

---

38) 황상현(2011. 05), "세수입의 한계비용과 재정건전성에 대한 시사점: 부가가치세와 소득세를 중심으로", 연구보고서 11-07, 한국경제연구원.
39) 현재 지하경제 양성화에 대한 구체적 방안으로서 금융정보분석원이 고액 현금 거래 자료 등을 국세청에 모두 넘기는 법 개정안, 국세청이 아니라 탈세 혐의자에게 자금 출처 입증 책임을 가지도록 할 계획 등이 진행 중이다.

가계대출 부실처리, 결자해지하게 하라

손정식(한양대학교 경제금융대학 명예교수)

02

　　　　　　　　시장경제에서 가장 중요한 원
칙 가운데 하나는 '자기책임의 원칙'이다. 개인이든 기업이든 시장에서
자유로운 의사결정에 따른 선택, 즉 거래로 발생하는 이득이나 손실은 의
사결정자에게 귀속된다는 원칙이다. 그것은 은행 등 금융기관도 마찬가지
다. 이 원칙이 훼손되면 이득이 발생하면 의사결정자에게 귀속되고 손실
이 발생하면 사회에 귀속되는 현상이 발생할 수 있다. 그러므로 시장경제
체제를 관리하고 감독하는 정부는 이 원칙을 엄정하게 적용하는 시장경제
체제의 파수꾼이 되어야 한다.

　　언론보도로는 금융위원회는 대출금이자를 1년 이상 갚지 못한 금융채
무 불이행자 48만 명을 박근혜 대통령 당선인의 핵심 민생공약인 국민행
복기금 우선 지원 대상으로 선정해서 채무를 최대 50% 감면받게 하는 '행
복기금 운영에 관한 세부 이행계획'을 마련해서 1월 15일 인수위에 보고
했다고 한다.[40] 이는 거의 1000조 원에 이르는 가계부채 문제를 금융기관
감독 당국이 미시문제로 보지 않고, 거시문제로 보고 있거나 적어도 거시

---

40) 한국경제신문(2013. 1. 14)

문제로 비화하지 않도록 해야 하겠다는 판단을 한 것으로 보인다.

비록 그런 문제의식은 납득할 수 있지만, 대출금 연체문제는 개별 은행과 고객의 금전대차 거래 과정에서 파생된 문제이다. 대차거래로 이익이 발생하면 은행과 고객 사이에 공유한다. 이때 아무리 이익이 많이 발생해도 제3자가 개별 고객이 얻는 이익이나 은행의 이자수입을 공유하자고 할 수 없고 해서도 안 된다. 마찬가지 이유로 손실이 발생해도 은행과 고객이 공유하는 것이 마땅하며, 개별 은행이 입은 손실을 제3자가 공동 분담할 수 없다. 그러므로 대출금 연체문제는 원칙적으로 개별 은행과 고객이 '거래'를 통해 해결해야 한다.

개별 금융기관 입장에서는, 부실처리 대상 채권 기준을 마련해 놓고 해당하는 채권을 일괄 할인 매각 처리하는 방식으로 해결하고 싶어 할 것이다. 그렇지만 그것은 부실채권을 양산할 우려가 있다. 사실 금융기관은 자체 심사과정을 거쳐 고객에게 대출자금을 제공한 것인 만큼 대출부실에도 일말의 책임이 있다. 따라서 대출고객이 차입자금으로 이득을 얻을 때 이자수입으로 이익을 공유한 금융기관이 부실화된 가계대출에 관한 책임도 함께 부담해야 한다. 그러므로 부실화했거나 부실화할 우려가 있는 가계부채에 대해 일차적으로 금융기관 스스로 부채조정, 특히 부채 원금, 만기구조와 이자율을 재조정해서 가계가 시간을 가지고 자기능력으로 부채의 전부 또는 일부를 갚을 수 있도록 말미를 제공해야 한다. 원금을 재조정하는 때도 개별 금융기관이 자기 고객의 형편을 조사해서 판단해야 할 것이다. 일괄적으로 50% 탕감 등등의 방식으로 접근해서는 안 될 일이다. 환수 가능성이 전혀 없는 대출은 은행 책임하에 100% 탕감할 수도 있어야 한다. 그에 따른 손실은 일차적으로 금융기관의 대손충당금과 자본금 확충 그리고 경영예산 축소 등으로 대처해야 할 것이다. 그래야만 부실채권의 양산을 방지할 수 있다. 물론 부실처리 과정에서 개별 금융기관이 위기에 직면해 도움을 요청하면 금융시스템 안정화 차원에서 정부가 지원할 수 있을 것이다.

| 시장경제의 기본인 경제주체의 '자기책임원칙'을 정부 스스로 훼손해서는 안 돼

결자해지로 문제를 풀라고 권고하는 까닭은 정부가 개별 은행과 고객 사이의 거래결과에 개입하는 것은 여러 문제를 일으킬 소지가 있기 때문이다. 첫째, 시장경제의 기본원칙인 은행과 대출고객 등 개별 경제주체가 지켜야 할 자기책임원칙을 정부 스스로 훼손하는 문제가 있다. 둘째, 자신의 사유재산을 처분하고 생활비를 아껴서 원리금을 제대로 갚았거나 갚아가고 있는 은행 고객을 차별하는 결과가 된다. 그들이 받고 있는 고통은 지금 대출금을 연체하고 있는 고객보다 결코 적을 것으로 단정할 수 없다. 셋째, 더 큰 문제는 연체문제가 고정된 정태적 문제가 아니라 매일 계속해서 발생하는 동태적 문제라는 점이다. 특정 기일을 기준으로 연체자를 한 번 구제하는 것으로 가계부채 문제가 종료되는 것은 아니다. 예컨대, 연체기간 1년을 기준으로 몇 십만 명 고객을 구제한다 해도 새날이 오면 또 1년 연체자가 계속 발생할 것인데, 그때마다 계속 원리금 절반을 탕감해 줄 수도 없는 일이다. 넷째, 차후 개별 은행과 개별 고객이 도의적 해이에 빠질 우려가 있다. 당장 현재 연체기간이 1년이 되지 않아 혜택을 보지 못하는 고객은 계속 대출을 연체해서 부채를 탕감 받으려 할 것이다.

가장 우려되는 문제는 가계부채 1000조를 만들어 낸 금융기관이 발생시킨 대출금 부실문제를 정부가 해결해주면, 이제부터도 '고위험 고수익' 원리에 따라 금융기관은 더욱 과도한 위험을 부담할 우려가 크다. 그 전략이 성공해서 금융기관에 막대한 이익이 발생하면 임직원과 주주들이 보너스 잔치를 벌이고, 부실화되면 재정을 투입해서 구제해 줄 것으로 믿기 때문이다. 한 번 그런 일이 발생하면 금융기관이 '자기책임의 원칙'을 신뢰하지 않게 되어 대출자산의 건전성보다는 수익성 및 은행의 외형규모 확대 등에 치중할 우려가 크다.

'소 잃고 외양간 고친다' 는 말이 연상되기는 하지만, 정부는 미시문제가 거시문제로 비화하지 않도록, 즉 개별 금융기관의 가계부채를 개별 금융기관 스스로 감당하지 못할 규모로 키우지 않도록 평소에 철저하게 관리 감독해야 할 것이다. 그뿐만 아니라 금융기관이 부실대출 문제에 대비할 수 있는 능력을 확충하기 위해 호황기에 이익이 많이 발생할 때 적정하게 추가 대손충당금을 확충하도록 규제하는 방안도 검토해 보기 바란다.

순환출자의 회사법적 문제점

03

김정호(고려대학교 법학전문대학원)

순환출자는 대선 후인 지금도 경제민주화의 주요 논제이다. 순환출자는 정말 문제만 많고 반드시 해소되어야 할 대상인가? 아니면 경영권 방어비용을 절감하고 국제경쟁력을 강화하는 자연스러운 기업 간 출자인가? 지금까지 순환출자에 대한 비판론의 논거는 가공의결권론 내지 가공자본론으로 요약될 것이다. 순환출자 방식 때문에 가공자본이 형성되고 소액주주의 의결권이 침해되는 반면 지배주주는 부당히 그들의 영향력을 확장한다는 것이다. 순환출자에 대해서 지금까지는 비판론이 대세였다. 이를 옹호하면 왠지 민주화에 역행하는 듯한 느낌마저 들었다. 그러나 이 문제에 대한 보다 균형감 있는 논의가 속행될 수 있기 위해서는 순환출자에 대한 비판론과 더불어 이를 긍정적으로 보는 시각도 필요할 것이다.

| 순환출자의 법적 규율의 추상성과 기업의 지속 가능한 경영을 위한 경영자 역할 보호

우선 순환출자를 법적으로 규율하기가 매우 어려운 점을 지적하지 않을 수 없다. 상법 회사 편에는 2개 회사 간 상호주를 규율하는 규정들이 있다. A회사가 B회사의 주식의 50%를 초과하여 소유하는 경우 B회사는 A 회사의 주식을 취득할 수 없다.[37]. 나아가 A회사가 B회사의 10%를 초과하는 주식을 가졌을 경우 B회사가 가진 A회사의 주식은 의결권이 없다.[38] 상법은 이러한 A, B 두 회사 간의 상호주 규제에서 한 걸음 더 나아가 의제자회사의 개념을 경유하여 순환출자의 아주 초보적 형태를 규율하고 있다.[39] 그러나 이 경우 순환출자 고리 중 어느 하나에는 50% 초과의 주식 보유라는 법정모자관계가 나타나야 한다. 순환출자의 어느 고리에서도 이 법정모자관계가 나타나지 않을 경우 현재 3개 회사 이상의 순환출자는 사실상 무규율(無規律) 상태이다. 물론 순환출자를 규제하려는 주요 논거는 부분적(部分的) 자기주식성(自己株式性)에 있다. 그러나 입법기술적으로 더 세세히 나아가기가 어렵다. 영업양도인의 경업금지를 규정한 상법 제41조에서도 행정구역의 대소를 구별하지 않아 직업선택의 자유를 과잉침해했다는 위헌제청이 있었다. 그러나 헌법재판소는 입법기술적으로 더 이상 나아갈 수 없다고 결론지으면서 동 조문이 헌법에 위반되지 않는다고 결정한 바 있다. 고리형 상호주인 순환출자의 경우 외국의 입법례를 보면, 미국 델라웨어주 회사법상 '다른 회사의 이사를 선임할 수 있을 정도의 간접보유' 시, 일본 회사법상으로는 '타 회사의 경영을 실질적으로 지배할 수 있는 관계' 에 있을 때에 의결권 제한가능성을 예고하고 있다. 그러나 이는 매우 추상적인 법문언으로 해석상 어려움을 수반하며 그 적용 예도 발견하기 어렵다. 우리 상법이나 경제법령에 설사 이런 유사규정을 둔다 해도 재산권침해가능성 등 위헌시비가 끊이지 않을 것이다.

나아가 순환출자에 대해서는 주주의 충실의무(duty of loyalty)라는 이론적 도구로 설명될 수 있는 부분이 적지 않다. 대주주이건 소액주주이건

---

41) 상법 제342조 2 제1항.
42) 상법 제369조 3항.
43) 상법 제342조 2 제3항 및 동법 제369조 3항.

회사관계에 개입하는 모든 당사자들은 다른 주주들과 회사의 이익을 배려하여야 하는 보편적 충실의무를 부담한다. 지배주주만이 아니다. 소액주주들도 기업가치의 유지 및 향상에 기여해야 한다. 오늘날 특히 제조업분야에서는 국제경쟁이 극심하다. 잠시 한눈파는 사이 더 이상 추격이 어려울 정도로 기술격차가 벌어지며 각 기업들은 생사의 갈림 속에서 하루하루를 보낸다. 전설적인 전자거인 소니(SONY)도 'global localization'이라는 기치하에 전통적인 중앙집권적 경영지배구조에서 소위 'company'로의 분권화를 시도하다가 삼성 등 후발주자에 여지없이 뒤처지게 되었다. 스티브 잡스 없는 애플 역시 심각한 주가하락을 면치 못하고 있으며, 디지털시대로의 변화에 민첩하게 대응하지 못한 코닥(Kodak) 역시 사라졌다. 지속가능경영이 가능하려면 최고경영자의 예지와 결단은 필수이며, 기업가치의 유지·향상을 위해서는 안정된 경영권과 장기적 시각이 필요하다.

더불어 순환출자 방식은 오늘날 경영권 방어에 탁월한 효능이 있다. 일전에 KT&G에 경영권 분쟁이 있었다. 칼 아이칸이라는 국제적으로 유명한 기업인수전문가가 이 회사의 이사회를 흔들었다. 다수의 전문가들은 이 'target company'가 만약 대기업 계열사였다면 그런 유사한 일은 없었을 것이라고 단언하였다. 거친 파도에 노출된 다수의 선박을 밧줄로 묶어 항구에 안전하게 정박시키듯 순환출자는 다수의 국내 기업들을 국제투기자본으로부터 보호하는 그런 밧줄 역할을 한다. 경영권 방어를 위하여 과도한 재원을 마련하느니 그 재원으로 기술투자에 전력하여야 할 것이다. 그것이 기업 가치를 유지·향상시키는 유일한 대안일 것이다. 오늘날 삼성전자나 현대차 등 국내 유수의 대기업들은 세계경제의 침체 속에서도 글로벌 우수기업으로 우뚝 섰다. 적어도 이런 대기업의 지배주주들은 소액투자자들과 회사에 대한 충실의무는 성실히 이행한 것으로 평가해야 할 것이다.

| 정치민주화와 기업지배구조는 동열에서 다룰 수 없어, 균형 있는 논의가 진행되어야

끝으로 순환출자와 관련하여 기업지배구조의 문화사회적(文化社會的) 요소를 언급하고 싶다. 미국경제가 전성기를 누리던 21세기 초 미국기업의 지배구조가 아시아나 유럽에서도 수정 없이 관철될 수 있는지에 대해 많은 논의가 이루어졌다. 세계의 지배구조가 하나로 수렴될 수 있다면 그 지향점(指向點)은 미국이 되어야 한다는 암묵적 흐름도 감지되었다. 그러나 세상 모든 것에 영원은 없었고, 기업지배구조에도 정답은 없었다. 2008, 2009년의 미국금융위기 이후 지배구조의 국제적 수렴에 대한 논의는 열기를 잃었다. 한편 기업지배구조의 형성에는 각국의 문화사회적 요소도 큰 역할을 한다. 특히 우리나라에는 '가(家) 중심의 기업문화'가 아직도 강렬하다. 텔레비전의 시청률 조사를 보면 우리나라에서는 사극(史劇)의 인기가 시들지 않는다. 그곳에서 들려오는 풀벌레소리, 시냇물소리, 때로는 아름다운 달빛 그리고 극중 인물들의 대사 이 모든 것들이 우리의 정서 속에 녹아 있는 한국적 멘탈리티를 자극하기 때문이다. 순환출자 역시 그러한 한국인의 정서에 맞는 기업활동방식이 아닐까?

순환출자고리는 마치 대규모 농경사회를 연상케 한다. 수 개의 회사가 순환출자 방식으로 연결되어 시너지 효과를 낸다. 다만 '가(家) 중심'의 회사문화는 우리가 이룬 고도의 정치민주화에 역행하는 듯한 외관을 갖고 있어 표면적으로는 커다란 국민적 저항에 부딪힐 우려가 있다. 그러나 우리가 이룬 고도의 정치민주화를 기업의 영역에까지 수정 없이 확장할 일은 아니다. 정치민주화와 기업지배구조는 동열에서 다룰 수 없는 많은 것들을 잉태하고 있기 때문이다. 현금흐름권과 회사지배를 반드시 비례시켜야 하는 것은 아니다. 순환출자 역시 그 한 예로 보고 그 이론적 정당성은 위에서 언급하였듯이 주주의 보편적 충실 의무에서 찾아야 할 것이다. 향후 이 문제에 대한 보다 균형감 있는 논의가 진행될 수 있기를 바란다.

정부의 금산분리 규제, 기본에 충실해야 한다

04

김미애(한국경제연구원 선임연구원)

2013년 6월 3일부터 열린 6월 임시국회에서 기업규제 관련 법안이 한창 논의 중이다. 원래 정부의 규제는 '바람직한 경제 질서의 구현을 위해 정부가 시장에 개입해 경제주체의 본원적 경제활동을 제약' 하는 것으로 정의된다. 그런데 여야 의원들이나 정부의 각 부처에서 내놓는 규제 관련 법안들은 유행처럼 번지고 있는 '민주화' 라는 옷을 입으면서 본래의 목적이나 입법 취지에서 멀어지고 있다는 느낌이다. 특히 최근 논의되고 있는 금산분리 규제 강화방안을 보면 원래의 목적이 무엇인지 그 목적을 어떻게 달성할 수 있는지에 대한 논의보다는 '대기업 후려치기' 라는 냉소적인 반응이 나올 정도로 반기업 정서를 표출하고 있다.

| 기업의 광범위한 경영활동을 제약하고 경영권 방어에만 급급하게 할 규제 논의

금산분리 규제의 주요 이슈인 금융회사 지배구조법은 기존에 은행과 저축은행 등에만 국한된 주기적 대주주 자격심사를 증권 · 카드 · 보험사 등 비은행권까지 확대하겠다는 것을 골자로 하고 있는데, 이는 표면적으로는 건전한 금융회사 경영을 위한 것으로 보인다. 그러나 자세한 내용은 금융회사의 건전성을 확보한다는 차원을 넘어서서 비은행 금융회사를 소유하고 있는 산업자본에 대한 지나친 자격 요건을 요구하고 있다.

무엇보다 심사대상을 최대주주 1인에 한정하지 않고 특수 관계인에 확대적용하는 것은 금융회사의 건전경영과 무관하다고 판단된다. 예를 들어 법률에서 정하는 특수관계인에 포함되는 친인척이 어떠한 이유에서건 도덕적인 결함이 있으면, 대주주가 경영관련 의사결정을 함에 있어 전혀 영향을 주지 않음에도 불구하고 대주주가 대신 책임지고 물러나야 한다는 것이다. '경제민주화'를 주장하면서 '경제연좌제'를 도입하는 아이러니한 상황이다. 또한 대주주 자격요건으로 요구하고 있는 준법성 또한 그 내용에 있어 불합리한 면이 없지 않다.[44] 정상적인 기업 경영에서 발생할 수 있는 '의도하지 않은 손해'까지도 배임죄로 성립되는 등 여러 가지 법리적 문제점에도 불구하고 법률위반 여부만으로 결격사유가 된다는 것은 경영권에 대한 지나친 제약이 된다. 또한 경영 건전성에 큰 영향을 주지 않는 법률 위반의 경우에도 결격사유가 될 수 있다는 점에서 과잉규제라는 문제가 있다. 결국 광범위한 경영활동을 하는 대기업의 특성상 대주주 자격 미달로 소유권 강제매각을 강요당할 가능성이 매우 높아진다.

금산분리 강화방안 중 또 하나의 중요한 이슈는 대기업집단이 금융회사를 통해 비금융계열사를 지배하지 못하도록 의결권을 제한하는 것이다. 하지만 이 논의는 금융보험사가 투자자나 고객으로부터 자금을 모집하여 마치 자기자본인 것처럼 사용하는 것을 막기 위한 것이다. 하지만 정상적인 경영활동을 제약하는 것에 최종적인 목적이 있지 않다면 현재의 논의 방향을 수정할 필요가 있다.

---

44) 비은행권 대주주에 대해 주기적으로 자격을 심사해 금융관련법, 공정거래법, 조세범처벌법 등 51개 법률에서 벌금형 이상을 받을 경우 의결권을 제한하고, 불이행 시 6개월 내 보유주식을 처분해야 한다는 '초강력' 처벌 내용을 담고 있다.

주주가 의결권을 행사하는 주된 목적은 기업의 합리적인 경영을 유도하여 주식 가치를 높이는 데에 있다는 것을 상기해 볼 때, 기업의 경영과 관련된 의결권은 충분히 보호받아야 하기 때문이다. 그러나 현재 논의되는 안은 대기업집단의 금융보험사가 보유주식 의결권 행사에 지나친 제약을 받게 되어 경영권조차 위협받게 될 수 있음을 간과하고 있다. 금산분리 규제를 받지 않는 자본에 대항하여 경영권을 수호함에 있어 상대적으로 불리하게 되는 것이다. 국내 대기업은 금융계열사 소유 지분의 의결권은 일부만 행사할 수 있는데다가 이를 보완할 수 있는 경영권 방어 수단이 마련되어 있지 않기 때문에 소유 지분만큼 의결권을 행사하는 데 제한을 받지 않는 외국자본의 적대적 M&A에 취약해진다. 이러한 결정적인 문제점을 해결하지 않으면 국내 기업활동과 경제에 큰 부담이 될 뿐만 아니라, 결국에는 국내 굴지의 계열사들을 외국 자본에 넘겨주면서 경제력 집중을 해소하는 일이 벌어질 수 있다.

｜위험 요소의 해체가 아니라 그것을 컨트롤할 수 있는 방안을 고심해야 하는 것이 규제의 기본

금융위기가 한창이던 2009년 1월, 미국 자동차 시장에서 현대자동차 미국법인은 자동차 할부금융(Retail financing) 서비스인 '어슈어런스 프로그램(Assuarance Program)'을 전격 도입했다. '어슈어런스 프로그램'은 현대차를 산 지 12개월 안에 실직하면 구입대금을 환불해준다는 현대캐피털과의 협력으로 구상할 수 있었던 마케팅 캠페인이다. 이에 힘입어 현대자동차는 미국 자동차 시장에서 화제를 불러일으키며 불황의 돌파구를 찾을 수 있었다. 이와 같이 제조업과 금융업의 융합으로 시너지효과를 노리는 글로벌 자동차 회사들은 모두 파이낸셜 서비스를 전담하는 금융회사를 보유하고 있고 이를 통한 매출액이 전체 매출의 상당 부분을 차지한다. 그러나 이러한 상황에서 국내 기업들이 금산분리 규제에 의해 금융회사와의 협공이 어렵게 된다면 세계 자동차 시장에서 경쟁력을 잃을 것은 분명하다.

금산결합으로 인한 위험은 분명히 존재한다. 그러나 그로 인한 경쟁력 강화 효과 또한 무시할 수 없다면 금산결합자체를 해체할 것이 아니라 그 위험 요소를 컨트롤할 수 있는 방안을 고심해야 하는 것이 관련 규제의 기본이다. 대주주 적격성 심사는 금융회사의 건전한 경영을 위한 것이어야 하며, 대기업의 의결권 제한은 재벌그룹의 부당한 경제력 확장을 방지한다는 목적에 충실해야 한다. Back to basics(기본에 충실하자). 금산분리규제의 기본은 거대한 산업자본이 가지고 있는 금융회사를 빼앗는 데 있는 것이 아니다.

기업가 정신의 발휘와 계열사 간 거래의 규제

05

김이석(시장경제제도연구소 소장)

창조경제가 강조되면서 창조경제와 관련하여 가장 핵심적인 개념이라고 할 기업가 정신이 재조명되고 있다. 기업가 정신은 보통 이윤을 창출하는 새로운 사업기회의 발견과 실행과 관련지어 정의되는 것이 보통이지만, 좁은 의미의 사업기회의 발견에 한정되지 않는다. 흔히 창업을 대표적인 기업가 정신의 발로로 보고 이를 위한 생태계 마련을 창조경제를 실현시키는 방법으로 제시하지만, 사실 기존 기업가들도 새로운 사업기회를 끊임없이 탐색하고 그중 일부를 시도하고 있다는 의미에서 이들도 기업가 정신을 항상 발휘하고 있는 것이다.

기업가 정신이 시장경제에서 강조되는 까닭을 감안해 보더라도 기업가 정신을 창업에만 한정시킬 필요가 없음을 알 수 있다. 시장경제하의 기업에서는 기업가 정신의 발휘를 통해 자원을 더 절약하면서도 소비자들의 수요를 충족시키는 여러 방법들이 탐색되고 시도된다. 이에 대해 소비자들이 1원1표를 던짐으로써 여러 시도들 가운데 소비자들의 선택을 받은 것들이 번성하고 그렇지 못한 것들은 시장에서 사라져간다. 하이에크는 이런 시장에서의 경쟁과정을 발견과정이라고 불렀다. 소비자들이 무엇을 원하는지, 어떤 방법이 가장 비용이 적게 드는 방법인지, 그것들이 또 어떻게 변화해 갈 것인지 (정부 관료를 포함해) 그 누구도 확신할 수 없다. 시장의 경쟁과정은 이런 인지적 한계를 극복하게 해 준다. 소비자들의 선호와 그 변화에 대한 기업가적 가설이 경쟁적으로 지속적으로 실험되어 상대적으로 소비자들이 원하는 것들이 계속 선별되기 때문이다. 이 과정에서 어떤 때는 성공하고 어떤 때는 실패하기도 하며 어떤 기업가는 성공하고 또 다른 기업가는 실패하기도 한다. 그러나 소비자들은 이 과정에서 더 저렴하게 더 좋은 것들을 제공받는다.

| 효율적인 기업구조와 기업 간 관계의 규정은 기업가 정신 발휘의 대상, '치명적 오만'으로 규제할 대상이 아냐

기업가 정신의 범주를 조금 더 넓혀보면, 좁은 의미의 사업기회의 발견 이외에도 기존의 생산방법을 혁신하는 것이 포함된다. 그뿐 아니다. 기업의 경계를 어떻게 하고 기업구조를 어떻게 할 것인지, 기업 간 어떤 관계를 맺을 것인지에 대한 결정도 더 효과적인 기업의 조직화를 발견해 내기 위해 어느 분야 못지않게 기업가 정신의 발휘가 필요한 분야이다. 우선 기업구조와 관련해서 프레데릭 소테(F. Saute)는 단순기업을 넘어서서 복잡한 거대기업이 되면 기업내부에서도 각 구성원들의 지식과 정보를 최대한 활용할 필요가 발생하며 이를 가능하게 하는 다양한 규칙들이 발견될 필요가 있다고 보았다.[45] 구성원들의 기여를 어떤 방식으로 보상할 것인지에 대한 규칙도 여기에 포함된다. 또한 기업 간 관계와 관련해서 어떤 것은 기업내부에서 생산하고 다른 것은 외부에서 구매해 올 것인지에 대한 결정도 기업가 정신 발휘의 대상이다.[46] 기업들은 경쟁하기도 하지만 협

---

45) Frederic Saute (2006), *An Entrepreneurial Theory of the Firm*, Routeldge.
46) 브라이언 로스비(Brian Loasby)에 따르면 이런 기업 간 관계의 형성과 유지가 기업의 생존에 중요하다는 인식을 한 대표적인 경제학자가 알프레드 마셜이라고 한다.

력관계를 맺기도 하고, 일정 부분에서는 경쟁하지만 다른 부분에서는 협력하기도 한다. 기업역사가 챈들러(Chandler Jr.)는 전략이 기업구조를 만들어낸다(Strategy Shapes Structure)는 유명한 명제를 남겼다.[47] 기업의 구조와 기업 간 관계의 형성과 유지 그리고 변화가 기업가들이 깊은 관심을 쏟아야 할, 기업의 존망과 직결된 중요한 문제라는 것이다.

자유주의의 지혜 가운데 하나는, 결과에 대한 책임을 지지만 자유로운 시도를 할 영역이 제한되지 않을 때 진실을 찾기 위한 노력이 가장 효과적으로 도모되고 실제로 진리를 찾을 가능성이 높다는 데 있다.[48] 소비자들의 필요에 대한 '진실'을 찾는 노력도 마찬가지이다. 시장에서 소비자들에게 도움이 될 여러 사실들이 발견되어 가기 위해서는, 다양한 사업 가설의 실험을 통해 큰 성공을 거둘 기회가 열려 있어야 하고, 또 그런 사업가설을 적용할 영역이 제한되어 있지 않아야 할 것이다.

이런 우리의 논의는 현재 우리나라에서 시도되고 있는 기업구조에 대한 규제 정책에 대해 중요한 시사점을 가지고 있다. 만약 동일한 기업집단 사이의 내부거래를 '일감몰아주기'라며 규제한다면, 이를 입법하는 사람은 기업가 정신의 발휘를 통해 계속 발견되어 가야 할 "가장 적합한 기업구조와 기업 간 관계가 무엇인지 이미 알고 있는 것처럼" 가장하고 사업가설의 적용 대상을 불필요하게 제한하는 셈이다. 하이에크는 이런 태도를 '치명적 오만(fatal conceit)'이라고 불렀다. 경영권을 가진 사람이 내부거래를 통해 다수 주주의 이익을 해치면서 자신의 이익을 취하는 방편으로 악용한다면 응당 주식회사 제도의 허점을 다루는 법률들을 적용하면 그만이다. '일감몰아주기'라며 내부거래 자체를 막겠다는 발상은 구더기 무서워 장 못 담그게 하겠다는 것과 다를 바 없다.

---

47) Chandler, A. D. Jr. (1962). *Strategy and Structure: Chapters in the History of the American Industrial Enterprise.* Cambridge, MA: MIT Press.
48) 민경국 (2007), 『자유주의의 지혜』, 아카넷.

우리나라 기업의 독과점에 대한 소고

: 선인가 악인가

정규석(강원대학교 경영학과 교수)

06

| 독과점에 대한 경영학과 경제학의 상반된 입장

경영학과 경제학은 다 같이 기업에 관심을 갖고 있지만 어떠한 부분에서는 정반대의 입장에 서기도 한다. 이러한 입장의 차이는 독과점에서 두드러지게 나타난다. 주체로서의 기업을 다루는 경영학은 어떻게 우리 기업이 다른 기업보다 높은 성과를 내느냐에 관한 방법을 연구한다. 따라서 높은 성과를 내는 기업은 선이고 영웅이다. 요즘 유행하는 기업의 사회적 책임이나 지속가능경영에 대한 강조도 따지고 보면 단기적 성과 극대화란 근시안적 최적화에서 벗어나 장기적 성과극대화란 장기 최적화를 추구하라는 메시지일 뿐이다.

다른 기업보다 높은 성과를 내기 위해서는 자신이 진출해있는 시장에서 독과점적 위치를 차지할 필요가 있다. 경영전략에서 가장 중시되는 개념인 경쟁우위나 차별화란 전체 시장에서 독과점적 지위를 확보할 수 없다면 시장을 세분화하여 특정한 세분 시장에서라도 독과점적인 위치를 확보하라는 메시지이다. 즉, 기업은 완전경쟁 시장이 추구하는 초과이윤 없는 세상을 꿈꾸는 것이 아니라, 끊임없는 혁신을 통해서 역량을 향상시키고 이것을 효과적으로 활용할 수 있는 시장을 찾아 경쟁우위를 확보하고 차별화함으로써 초과이윤을 추구하려고 하는 존재이다.

반면에 국가를 주체로 다루고 기업은 그 구성원의 하나로 보는 경제학은 독과점을 통하여 가격을 높이고, 공급량을 줄임으로써 초과이윤을 추구하고 결과적으로 사회 후생을 감소시키는 독과점기업을 아름다운 세상인 완전경쟁 시장을 파괴하는, 따라서 척결대상인 사회악으로 보고 있다.

| 독과점 이론에 대한 재고찰

근래에는 독과점기업이 초과이윤을 R&D 투자 등을 통하여 미래 혁신에 투자하고 혁신을 통하여 결과적으로 사회적 후생을 증진시킨다는 동태적 균형이론이 등장하여 독과점 기업에 대한 선악의 판단을 어렵게 하고 있다.

실제로 기업 세계를 들여다보면 초과이윤을 창출하는 대다수의 독과점 기업들은 R&D 투자에 적극적인 반면, 완전경쟁 시장에서 경쟁이 치열하여 초과이윤을 낼 수 없는 기업들은 여력이 없어서 미래를 위한 비용인 R&D 투자를 거의 못하는 형편임을 볼 수 있다. R&D 투자도 별로 없고 그에 따른 혁신도 약한 서비스업의 경우는 독과점 업체의 폐해가 득보다 크다고 볼수도 있겠지만, R&D 투자도 많고 혁신도 활발한 제조업이나 IT 관련 서비스업의 경우는 독과점이 장기적으로 사회에 득이 되는 경우가 적지 않다.

경제학적으로 독과점 문제가 일방적 판단이 어렵고, 사안에 따라서 선별적으로 판단해야 할 문제임에도 불구하고 반독과점 또는 그 상징적 존재인 대기업에 대한 반대 정서가 보편적으로 주류를 이루는 이유는 여기에 정치적 이유가 덧붙여져서라고 볼 수 있을 것이다. 모든 인간은 서로가 경쟁자적 위치에 놓여 있는 것도 사실이다. 우리는 나의 직업과 관계없는, 따라서 경쟁자라고 생각하지 않는 연예계나 스포츠계 영웅에는 큰 박수를 보내지만 일반적 직업세계에 있는 다른 기업이나 다른 사람에게는 여전히 경쟁심을 느끼게 된다. 그들이 성공하면 성공을 인정하고 축하해주기보다는 무언가 반칙을 저질렀을 것이라고 생각하고 그 요인 중의 하나가 독과점적 지위를 활용하여 부당한 이익을 올렸을 것이라고 생각하기 쉽다.

이는 농경시대의 한정된 토지자원 분배란 제로섬 사고에 익숙해져 있을 수도 있고, 또 평등주의가 유달리 강한 한국 사회의 특징일 수도 있다. 상대성이 중요한 평등주의에서는 국민 모두가 나와 비교대상자가 되며 남의 성공은 상대적으로 나의 실패가 되는데, 나의 실패를 인정하는 것은 그 자체가 심리적으로 힘들기 때문일 수 있다. 나의 실패를 남의 반칙 탓, 사회구조적 모순 탓, 그것도 안 되면 조상 탓으로 돌려야 마음이 편안해진다. 독과점에 의한 초과이윤 이론은 이들에게 자신의 감정이 옹졸한 질투가 아니라 정당한 주장이고 사회적 정의의 실현이라는 논리를 제공한다.

경제학의 독과점 이론은 단순한 가정에 입각한 이론이고 이것을 복잡한 현실세계에 적용할 때는 가정과 다른 부분이 생겨나서 이론과는 정반대의 진실과 맞닥뜨리는 경우도 있다. 흔히 말하는 "젊은 시절 좌파가 아니면 가슴이 없는 것이고, 사회 나와서도 좌파면 머리가 없는 것이다"라는 표현도 아마 이와 유사한 경우이다. "선무당이 사람 잡는다"는 우리 속담도 이에 해당된다고 볼 수 있을 것이다.

| 우리나라 독과점 기업의 공과

우리나라의 독과점 기업에 관한 사안도 경제학 이론이 제시하는 단순한 문제가 아니라고 할 수 있다. 이론이 제시하는 후생을 극대화해야 하는 대상인 '사회'의 범위가 어디까지인가가 문제의 핵심이 될 수 있다. 그 사회는 한국인가, 아니면 세계인가? 그 사회가 세계이고, 그가 세계의 후생 극대화를 추구하는 코스모폴리탄이라면 경제학의 독과점 이론은 그대로 적용될 수 있다. 그러나 대다수의 한국인이 그렇듯이 그가 생각하는 사회가 한국이라면 한국 국적의 글로벌 독과점 기업의 경우에는 정반대가 되어버린다. 즉, 한국이 하나의 기업이 되어버리고 우리가 세계시장에서 독과점기업이 됨으로써 어떻게 더 많은 초과이윤을 누리느냐가 목표가 되며 국가경쟁력 향상이 핵심 수단이 되어버린다.

세계시장에서 독과점적 위치를 차지하고 있는 삼성전자의 휴대폰은 세계 시민에게는 높은 가격으로 인하여 독점의 폐해를 끼칠지 모르지만 창출된 가치의 상당 부분 혜택을 보고 있는 한국은 최고의 수혜자인 것이다. 초과이윤은 물론이고, 나아가서는 그보다 훨씬 큰 부분인 창출된 부가가치의 상당부분이 한국에 떨어지기 때문이다. 삼성전자 휴대폰은 경쟁에서 퇴출되었고, 노키아나 애플의 아이폰이 세계시장과 우리나라 시장을 독차지하고 있다고 가정하면 지금과의 차이가 삼성전자 휴대폰이 한국에 가져다주는 사회적 후생이자 기회이익인 것이다.

매출액의 80%를 해외에서 실현하는 삼성전자나 현대 · 기아차는 우리의 후생을 감소시키는 대표적 사회악인가, 후생 창출에 공헌이 큰 우리들의 영웅인가? 그 답은 그들이 그대로 증발되었다고 가정했을 때 한국경제의 후생이 줄어들 것인가, 늘어날 것인가에 달려 있다. 명목상으로 1인당 GDP가 북한의 20배이고 북한 암시장 달러 가격으로는 600배인 남한이 북한보다 못하다고 추종하는 사람들에게는 심리적, 정치적 가치가 더욱 중요하니 경제적 논리로 설득하고 싶지는 않다. 그러나 적어도 경제적 관점에서는 글로벌 시대에 글로벌 기업에게는 독과점이론이란 닫힌 시장에서 만들어진 잣대는 더 이상 적절하지 않다는 것이다.

삼성전자가 세계적 휴대폰 독과점 업체이기 때문에 세계시민은 물론 한국인에게도 비싸게 팔아서 초과이윤을 챙겼다고 해도 한국사회에 대한 공과를 종합적으로 평가해보면 아무리 그 공을 낮게 잡아도 '공이 9이고, 과는 1'이라고 볼 수 있을 것이다. "나는 낙수효과의 혜택은 못 보고 손해만 보았다"고 주장할 수도 있겠으나, 한국경제는 서로 간에 밀접하게 연계된 시스템이라 눈에 보이는 직접 효과만 없다뿐이지 간접적인 낙수효과의 혜택은 정도의 차이는 있을지언정 누구나 공유하게 돼 있다. 그들과 관련 기업들이 낸 법인세, 소득세 등의 세금만 해도 전국민이 수혜자인 셈이다.

물론 세계화와 함께 그들이 창출한 부가가치 중 국내에 떨어지는 비율이 예전에 비하여 줄어든 것도 사실이다. 그리고 이 추세는 앞으로도 계속될 수밖에 없을 것이다. 그 문제는 그들을 핍박해서 해결될 일이 아니고 더 유리한 기업여건을 만들어 주도록 하는 방법 외에는 길이 없다. 핍박할수록 해외이전 속도는 빨라질 수밖에 없기 때문이다.

| 구조조정 대상이 되어야 할 독과점 이론

독과점 이론의 적용성은 내수산업형에게는 이야기가 달라져야 할 것이다. 독과점에 의하여 사회적 후생을 줄이는 측면이 여전히 존재하지만, 후생을 늘리는 역할은 상대적으로 미미할 수 있기 때문이다. 즉, 그들이 사라졌을 때 한국경제에 어떠한 영향을 미칠 것인가? 그들이 사라지면 거기에 사회적 후생을 증가시키는 완전경쟁 시장이 자리 잡을 것이라고 추정된다면 그들은 규제대상이 되어야 할 사회악이 될 수도 있다.

그러나 내수산업형처럼 보이지만 그들이 사라지면 외국계 기업이나 외국의 상품 및 서비스가 그 자리를 차지할 것이라고 추정된다면 그들은 국내시장을 방어하는 또 다른 형태의 글로벌 경쟁기업이라고 볼 수 있으므로, 이 경우 역시 공과를 신중하게 따져봐야 하는 상황이 된다. 정부의 규제가 줄어들고 있는 오늘날의 세계경제 체제에서 수출산업형이냐 내수산업형이냐, 아니면 수입의존형 산업이냐는 세계급 선수냐, 국내급 선수냐, 퇴출된 선수냐의 국제경쟁력 차이일 뿐이지 업종 특성 차이에 기인하는 부분은 점차 줄어들고 있고, 서로를 구분하는 것도 점점 어려워지고 있다.

즉, 시장의 범위를 국내시장에 국한하고 독과점 이론을 적용하는 사고는 점점 더 타당하지 않은 용도 폐기된 골동품이 되어 가고 있다. 경영학자인 필자가 과거에는 국내 독과점 기업을 바라보는 시각에서 경제학자들과 큰 차이를 느꼈으나 요즘은 별 차이를 못 느끼고 있는 것도 그 예일 것이다.

사실은 자원이 부족하고 국내시장이 협소한 우리나라 기업들은 태생적으로 세계시장을 목표시장으로 삼아왔다. 반면에 내수시장이 큰 미국의 경우에는 미국시장이 세계시장이었다. 따라서 독과점 이론이 가장 잘 적용될 수 있는 국가는 미국이었으며, 무역의존도가 큰 한국은 원래가 그대로 적용하기에는 한계가 있는 이론이었다. 그러한 의미에서 본다면 미국적 이론의 망령이 오랫동안 우리를 괴롭혀 왔다고 볼 수 있다. 중남미 경제의 해석에는 설명력이 있었을지 모르지만 우리에게는 부적절했던 종속이론이 아직도 이 땅에서 생존하고 있는 것과 비슷한 현상일 것이다.

물론, 어떤 업종이 수출시장 점유율과 내수시장 점유율에 크게 차이가 난다면 이 경우는 정부의 수입규제가 큰 축을 담당하고 있는 것이므로 국가 보호의 정도에 비례하여 사회적 후생 증대에 기여하라는 책임을 요구하는 것은 나름대로 정당한 측면이 있다고 할 수 있을 것이다.

기업을 저해하는 상법 개정안 유감

07

김병태(영산대 법과대학 교수, 미국변호사)

새 정부의 출범과 함께 소위 '경제민주화'의 경제정책이 발표되면서 지배주주의 사익추구 행위를 견제하고 소액주주의 이익을 보호하기 위한 기업지배구조 개선이 중요 관심사로 떠올랐다. 이를 반영하는 법안들이 국회에서 이미 개별적으로 발의되었고 같은 맥락에서 이를 통합하는 정부주도하의 상법 개정안 준비가 별도로 이루어지면서 법무부는 2013년 7월 17일 개정안 입법을 예고하였다.

이번 상법 개정안에서 정부는 이사 및 감사위원회 위원의 선임절차를 개선하고 이사회의 감독과 집행기능을 정비하는 한편 경영진의 위법행위에 대한 사법적 구제수단을 확대하며 주주총회의 활성화를 도모하고자 하였다. 그 내용은 다중대표소송제의 도입, 집행임원제의 의무화, 집중투표제의 의무화, 전자투표제의 의무화, 감사위원회 위원의 분리선출로 요약된다. 이번 상법 개정안에 대해서는 많은 논란이 있으며 특히 기업의 경영권을 위협하고 기업경쟁력을 저하시키는 내용에 대하여는 우려의 목소리가 크다.

| 입법취지만 앞세우고 부작용에 대한 고민은 부족, 일부의 전횡은 제재되어야 하지만 기업 전체 활동을 저해하는 상법 개정은 지양되어야

첫째, 상법 개정안은 모회사의 주주가 자회사의 이사에 대해 책임을 추궁하는 다중대표소송제를 도입하고 있다. 그 취지는 자회사 이사의 위법행위로 자회사뿐만 아니라 모회사 역시 손해를 입는 경우 특히 모회사의 소액주주를 보호하기 위한 것이다. 그러나 모자회사라도 모회사의 주주가 별개의 법인격인 자회사 이사의 책임을 묻는 것은 회사법의 근간인 법인격의 본질을 훼손시킨다. 우리 상법상 법인격을 부인하는 법인격부인론은 판례로 인정되는 아주 예외적인 경우로서 요건도 엄격하다. 그런데 이와 동등한 다중대표소송제를 상법상 명문으로 도입하는 것은 비록 기업오너의 사익추구를 견제할 수 있다는 장점에도 불구하고 법리적으로 심각한 문제를 발생시키고 또한 펀드의 투기적 수단으로 악용되어 기업이 일방적으로 희생될 수 있는 문제가 있다.

둘째, 상법 개정안은 감사위원회 설치회사의 경우 이미 도입된 집행임원제를 의무화하여 업무집행을 전담하게 하고 이사회 의장을 겸직하지 못하도록 하고 있다. 집행임원제는 경영효율의 극대화라는 취지로 도입되었고 궁극적으로 주주와 기업의 이익을 추구하기 위한 것이다. 그런데 현재 자산 2조 원 이상의 상장회사는 이사 총수 과반수 이상이 사외이사이므로 만일 집행임원제가 의무화되면 기업경영 현실을 자세히 알지 못하는 비상근 사외이사가 이사회의 중심이 되어 정책결정을 하고 집행임원을 감독하게 되기 때문에 기업경영의 현실이 무시될 뿐만 아니라 의무화 취지와는 달리 기업과 주주의 이익을 저해하는 결과가 발생할 수 있다. 따라서 회사의 사정에 따라서 그 도입 여부는 스스로 정하도록 하는 현재의 입법태도를 유지하는 것이 바람직하다.

셋째, 상법 개정안은 일정 자산규모 이상 상장회사는 소수주주권으로 집중투표를 청구할 경우 정관의 배제규정과 관계없이 집중투표제를 의무화하도록 하고 있다. 사실 대부분 회사가 이미 도입된 집중투표제를 정관으로 배제한 이유는 이사를 선임하는 과정에서 주주들 간의 극심한 경영권 확보경쟁으로 인한 혼란 때문이다. 이미 SK의 경우 지난 수 년간 소버린의 집중투표제 실시로 어려움을 겪기도 하였으므로 우리나라 글로벌 기업들이 집중투표를 허용하는 경우에는 외국계 투기자본에 의한 경영권위협이 지속적으로 발생하여 안정적인 경영활동이 위협받을 수 있다. 또한 이사의 시차임기제와 같은 편법이 동원되면 1인 이사만 선임하기 때문에 집중투표제 의무화의 효과가 무력화될 수도 있으므로 오히려 현재와 같이 개별회사의 사정에 따라 도입 여부를 정하는 것이 바람직하다.

넷째, 상법 개정안은 감사위원회 위원을 맡을 이사를 다른 이사와 분리하여 선출하도록 함으로써 선임 단계에서부터 3%의 의결권 제한규정을 적용하도록 하고 있다. 현재 감사 선임 시 대주주의 의결권은 3%로 제한되지만 감사에 갈음하는 감사위원회 위원은 선임된 이사 중에서 선임되므로 사실상 의결권 제한규정이 배제되어 감사선임과 비교하여 독립성이 저해되는 문제가 있었다. 그러나 감사위원의 분리 선출을 의무화하면서 대주주의 의결권을 3%로 제한하면 특히 국내외 투자펀드들이 연합하여 감사위원을 선임하는 등 이를 악용할 위험이 커진다. 따라서 대상기업인 자산 2조 원 이상의 상장회사 대부분이 경영권을 위협받을 수 있는데도 이러한 악용에 대한 경영 방어권이 전혀 없는 상법 개정안은 문제가 있다.

다섯째, 상법 개정안은 주주총회의 활성화를 위하여 일정 주주 수 이상의 상장회사에 대하여 전자투표제를 의무화하고 있다. 실제로 주총이 활성화되지 못한 것은 기업에게도 책임이 있지만 달리 주주의 경영참여 인식 부족과 책임의식 부족에도 원인이 있다. 전자투표를 의무화해도 주주 마인드가 바뀌지 않으면 주총 활성화의 큰 변화는 기대하기 어렵다. 의무화를 하면 해킹과 같은 문제도 심화되고 현장주주총회와 병행되는 전자투표 관련 비용과 업무도 기업에게는 이중부담이 된다. 따라서 의무화의 효과가 크지 않다면 오히려 회사의 사정에 맞추어 스스로 정하도록 하는 현재의 입법태도가 바람직하다. 특히, 자본시장법 개정으로 섀도 보팅(Shadow voting)이 2015년부터 폐지됨에 따라 전자투표제가 보다 활성화될 것이므로 당장 이를 의무화할 필요가 없다.

이와 같이 상법 개정안은 소액주주의 보호와 주주총회의 활성화를 위한 기업지배구조의 개선이라는 입법취지만을 적극적으로 내세울 뿐 그 결과와 부작용에 대한 고민은 부족해 보인다. 외국 입법례에서도 드문 의무화라는 강제적 수단은 기업지배구조에 대한 기업의 선택권을 박탈하고 자율성을 침해한다. 또한 대주주의 의결권은 제한하면서 국내외 펀드와 소액주주의 권한을 강화하기 때문에 적대적 M&A에 쉽게 노출될 수도 있다. 특히 개정안 일부는 이미 우리 기업들이 경험한 악성적인 투기자본이 유용하기 좋은 제도들이기 때문에 소액주주를 가장한 일부 공격적 펀드의 소위 '먹튀' 수단이 될 수 있다. 집행임원과 집중투표 및 전자투표는 상법상 시행된 지도 몇 년 안된 상황인데 이들을 급하게 의무화시키는 이번 상법 개정 움직임은 정답에 대한 확신도 없이 자칫 시행착오로 남지 않을까 걱정된다.

이번 상법 개정안을 보면 우리나라에서 기업이 창업과 발전하는 과정에서는 많은 지원과 보호장치를 강조하지만 일정 수준의 대기업으로 성장하면 많은 규제와 불이익을 주어 더 이상 세계적 기업으로 성장하지 못하는 장벽을 조성하는 것 같다. 일부 지배주주의 전횡과 사익추구는 견제되어야 하지만 그 방법으로 기업 전체에 저해되는 상법 개정은 지양되어야 한다.

기업지배구조 상법 개정안 신중히 처리되어야

최완진(한국외대 법학전문대학원 교수, 前 한국상사법학회 회장)

법무부는 최근의 글로벌 금융위기 이후 전 세계적으로 바람직한 기업지배구조에 관한 관심이 고조되고, 국내에서도 경영투명성 제고를 위한 제도 개선의 필요성이 제기되고 있다고 하면서 기업지배구조 관련 상법 일부 개정 법률안을 입법예고하였다. 법무부에 따르면, 새로운 기업지배구조 상법 개정안의 제안 이유는 이사 및 감사위원회 위원의 선임 절차를 개선하고, 이사회의 기능과 역할을 정비하는 한편, 경영진의 위법행위에 대한 사법적 구제수단을 확대하며, 주주총회의 활성화를 도모함으로써 투명하고도 건전한 경영 및 기업문화를 유도하기 위한 법적 기반을 구축하는 데 있다고 한다.

주지하다시피 그동안 회사법을 중심으로 한 상법 개정 논의는 2005년부터 시작되어 6년여를 끌다가 우여곡절 끝에 2011년 4월 14일 새로운 회사법이 공포되었고, 새 회사법은 공포된 후 1년이 경과한 2012년 4월 15일부터 시행되고 있다. 2011년 개정회사법은 장기간의 논의를 거쳐 250개 조문을 개정한 건국 이래 상법 개정으로서는 최대의 규모로 이루어졌던 것이다. 새로운 개정회사법이 시행된 지 1년 3개월 정도의 시간이 경과된 상황에서 또다시 기업지배구조 관련 상법 개정안이 입법예고됨으로써 많은 논란이 제기되고 있다.

그 주요 내용을 보면 ①다중대표소송제의 도입, ②이사회의 업무감독 기능강화(집행임원제도의 도입), ③집중투표제 단계적 의무화, ④감사위원회 위원 분리선출 방식 도입, ⑤전자투표제 단계적 의무화로 되어 있다. 이러한 제도들은 경영투명성을 높이고 경제민주화를 실현시키기 위한 좋은 취지도 있으나 이것을 기업에게 의무화할 경우 많은 문제점과 부작용이 생길 수 있으므로 신중한 접근이 요구된다고 본다.

첫째, 다중대표소송은 경영투명성을 보다 높일 수 있다는 장점은 있으나, 주주대표소송도 현재 활성화되고 있지 않는 현실에서 이 제도를 도입하는 것이 과연 얼마나 실효성이 있을지 의문이다. 기업들이 요구해온 '포이즌 필' 같은 경영권 보호장치는 외면하면서 소액주주들의 권익만 과도하게 보호하는 것은 한쪽에 치우친 것으로 균형이 맞지 않는다. 만일 다중대표소송을 도입할 경우 우리나라는 세계 최초로 이 제도를 입법화하는 국가가 되고, 미국도 일부 판례에서만 극히 제한적으로 허용하는 제도를 새로이 채택할 경우 기업의 경영권은 크게 위축될 수밖에 없을 것이다.

둘째, 집행임원제도는 회사의 경영감독기능과 업무집행기능을 분리하게 되어 기업지배구조의 투명성을 보다 강화할 수 있는 장점이 있다. 따라서 2011년 개정상법에서는 이사회의 감독기능을 강화하고 회사의 업무집행의 효율성을 제고하기 위하여 이사회의 업무집행기능을 분리하여 이를 전담할 집행임원제도를 도입하였고, 채택 여부는 주주와 기업의 선택에 맡겼던 것이다. 선진국에서도 광범위한 정관자치가 인정되고 있는 이 제도를 현 시점에서 구태여 강제할 필요는 없다고 본다.

셋째, 집중투표제도는 동일한 주주총회에서 2인 이상의 이사를 선임하는 경우에 소수주주가 1주마다 선임할 이사의 수와 동일한 의결권을 가지는 제도로서 이사선임에 관한 일종의 비례대표제라 할 수 있다. 그러나 이 제도를 도입할 경우, 이사회의 효율적인 운영이 어려워질 수 있고 소수주주를 대표하는 이사와 최대주주를 대표하는 이사가 이사회에 공존하여 당파적인 행위를 할 가능성이 높다. 실제로 2006년 영국계 헤지펀드가 다른 외국계 기관들과 손잡고 집중투표를 통해 KT&G의 경영진 교체요구 등 경영권을 간섭한 선례가 있다. 또한 실무상으로도 집중투표제도는 기업의 업무 부담과 불필요한 비용을 야기할 수 있다.

넷째, 감사위원의 강제분리 선출은 최대주주의 이사선임권을 제한하는 것으로 외국계 펀드가 이사회 구성에 큰 영향력을 행사할 수밖에 없고 이는 기업경영 간섭을 초래하고 경영효율성을 악화시킬 가능성이 크다. 이사회는 기업의 전략적 의사결정과 업무집행의 가장 중요한 역할을 수행하는 집합체로 감사위원도 이사회의 구성원이 된다. 이사회는 기업의 중요한 의사결정 기관으로 '1주 1의결권 원칙'에 따라 구성되어야 하며 최대주주가 가장 큰 영향력을 행사하여 개별기업의 경영환경에 적합한 이사를 선출할 수 있도록 하는 것이 타당하다고 생각된다. 특히 감사위원의 분리·선임 및 해임제도와 3% 의결권 제한 연계방안은 기업지배구조 체계와 경영전반에 혼란을 가중시킬 가능성이 높고 기업의 투명성 확보를 이유로 정부가 적극 권장했던 지주회사체제가 오히려 역차별을 받는 결과가 발생할 수 있어 정책집행의 모순이 된다는 문제점이 발생하게 된다. 감사위원 선임의 의결권 제한 규정은 다른 나라에서 찾아볼 수 없는 우리나라에만 존재하게 되는 독특한 제도로서 기업에게는 지나친 규제가 된다고 볼 수 있다.

다섯째, 전자투표제도는 회사의 의사결정 신속성과 비용절감 등 효율성·경제성을 증진할 수 있는 좋은 제도이다. 그러나 현행 상법에서도 주주들의 의결권행사를 활성화하기 위한 제도적 수단으로 '서면투표제', '의결권대리행사' 등의 여러 장치가 마련되어 있고 자본시장법상 섀도 보팅 제도가 폐지되어 상장회사는 주주의 의결권 행사를 독려하기 위한 다양한 방안을 모색하고 있는 시점에서 구태여 이 제도를 의무화하여 기업에게 부담을 줄 필요는 없다고 생각한다. 참고로 미국, 일본, 영국, 독일 등에서는 전자투표제도를 도입하여 시행하고는 있으나 거의가 '이사회 결의' 등 회사 자율로 전자투표제도를 채택할 수 있도록 하고 의무화하고 있지는 않다.

결론적으로 상법은 결코 기업을 옥죄는 법이 아니라, 기업 활동을 원활하게 하고 기업을 유지·발전시키는 데 기본 이념이 있다는 점을 인식할 때, 기업에게 부담을 가중시키는 입법보다는 기업의 부담을 완화해주는 방향으로 입법이 이루어져야 할 것이다. 최근 일부 재벌기업 총수의 잘못된 기업경영으로 인하여 국민의 따가운 시선이 있는 것도 사실이나, 현재의 국내외 경제 여건을 고려할 때에 '기업가 정신'을 강조하여 기업들이 보다 과감한 투자를 통하여 경제를 살리는 데에 보탬이 되도록 하여야 할 것이다. 세계 어느 나라도 기업지배구조를 획일적으로 강요하고 있지는 않으며, 이미 치열한 논쟁을 거쳐 개정된 회사법이 시행된 지 1년 남짓한 이 시점에서 또다시 논쟁이 재연되는 것은 결코 바람직하지 않다고 본다.

대주주는 직접 경영을 하여서는 안 된다는 법칙

최준선(성균관대학교 법학전문대학원 교수)

2013년 7월 17일 입법예고된 상법 개정안에 대하여 기업들의 우려가 커지고 있다. 자산총액 2조 원 이상의 대규모 상장회사는 감사위원의 분리선임, 집중투표제도 의무실시, 집행임원제도 강제도입과 같은 강력한 소액주주 보호제도가 도입될 예정이기 때문이다. 기업이 자산총액 2조 원 이상의 대규모 상장회사로 성장하면 대주주(오너)는 경영에서 손을 떼라고 하는 것과 비슷한 상황으로 가고 있다고 불안해한다. 개정안 입안자는 그럴 의도는 아니라고 하겠지만, 개정안의 구조는 다분히 오해의 여지를 두고 있다.

┃ '주주제안'을 통한 인사들이 감사위원회를 장악할 소지가 높은 감사위원의 분리선임

자산 총액 2조 원 이상의 상장회사일 경우, 사외이사의 수가 전체 이사 수의 반을 넘어야 한다. 또한 감사위원회를 반드시 설치하여야 하며, 감사위원회 위원은 3명 이상이어야 하고, 그중 2/3 이상은 사외이사여야 하며, 감사위원회의 대표는 사외이사여야 한다. 즉, 사외이사 2명, 사내이사 1명, 그리고 대표는 사외이사인 감사위원회가 가장 이상적이다.

지금까지는 대규모 상장회사는 주주총회에서 먼저 이사를 선출하였다. 그렇게 선임된 이사 중에서 감사위원이 될 이사를 별도로 선임하였다. 2단계 투표를 거치는 것이다. 감사위원도 이사이기 때문에 이 방식이 옳다. 그런데 개정안에 따르면 이사와 감사위원을 처음부터 분리하여 따로 따로 선출하게 하였다. 이렇게 하면 소액주주를 포함한 펀드 또는 기관이 주주제안을 통하여 추천한 인사들이 감사위원회를 장악할 가능성이 매우 높다. 대주주는 의결권이 제한되어 힘이 없기 때문이다.

펀드 또는 기관이 감사위원회를 장악하는 방법은 이렇다. 먼저 '주주제안'을 통하여 감사위원을 추천한다. 그리고 이번에 강제로 도입될 '집중투표제도'를 이용한다. 집중투표제도는 주주가 가진 주식 수에 선임하여야 할 이사 또는 감사의 수를 곱한 만큼의 의결권을 주는 제도이다. 3명의 감사위원을 선임하면 3개의 의결권을 준다. 100주를 가진 주주는 300개의 의결권을 갖는다. 100주를 가진 소액주주가 300개의 투표권을 자신이 추천한 감사위원에게 몰아줄 수 있다.

그런데 더욱 중요한 문제는 주주들이 '주주제안'을 통하여 사내이사인 감사위원의 선임을 요구할 경우이다. 이를 막을 수는 없다. 만약 주주들이 사외이사보다도 사내이사인 감사위원의 선임에 집중한다면 사내이사인 감사위원이 선임될 가능성이 매우 높다. 왜냐하면 사내이사인 감사위원을 선임할 때는 최대주주의 의결권은 본인과 특수관계인(6촌 이내의 혈족 및 대주주의 지분율이 높은 법인)이 가진 주식의 의결권을 합하여 3% 이내로 제한되고(예컨대 총수일가의 지분이 50%에 이를 경우 이 중 3%만 의결권행사가 가능하고, 나머지 47%의 의결권은 행사할 수 없음), 사외이사인 감사위원을 선임할 때에는 최대주주인지 여부와 관계없이 모든 대주주의 의결권이 각각 3%까지로 그 행사가 제한되기 때문이다.

사내이사인 감사위원을 선임할 때 상실되는 의결권의 수가 사외이사인 감사위원 선임의 경우보다도 압도적으로 많고, 따라서 소액주주들은 더욱 쉽게 목적을 달성할 수 있다. 예컨대 현재 7명의 이사 중 사외이사가 과반수여야 하므로 사외이사가 4명이고, 3명은 사내이사인데, 3명 중에서도 1명은 소액주주들의 대표가 선임되므로 결국 진정한 사내이사는 2명만 남게 된다. 그 1명이 소액주주들의 대표가 아니라 기업사냥꾼인 펀드의 대표일 경우, 기업사냥꾼이 사내이사인 감사위원을 기업의 심장에다 심어놓게 된다. 사외이사가 아닌 사내이사를 꽂아두는 것이다! 이것은 상장대기업은 적을 심장에 품고 살아가라는 것과 다르지 않다.

이렇게 선임된 감사위원은 모두 기본적으로 이사이므로 이들이 이사회에 참여하여 회사의 업무에 관한 결정을 하며, 경영자인 최고경영자(CEO)인 집행임원 선임에도 관여할 수도 있게 된다. 펀드 등이 선임한 감사위원은 사내이사와 의견대립이 있을 수 있고, 업무의 결정과 집행이 느려질 수도 있다. 이것은 현대 기업운영의 특징인 신속한 의사결정과 과감한 업무추진에 치명적인 약점이 될 수 있다.

| 비현실적인 규제, 입안자들의 현명한 판단을 기대해

한편, 감사위원회를 두어야 하는 자산총액 2조 원 이상의 대규모 상장회사는 상법 개정안에 따르면 집행임원제도를 의무적으로 도입하여야 한다. 지금까지는 선택사항이었다. 집행임원을 두는 회사는 대표이사를 둘 수 없다. 대규모 상장회사의 지배주주는 이사회 의장과 집행임원(CEO) 중 하나를 선택할 수 있다. 개정안에서 이사회 의장이 집행임원이 되는 것을 금지하기 때문에 양자를 겸할 수는 없다. 대체로 지배주주는 이사회의 감독을 받는 집행임원이 되기보다는 이사회 의장이 되려 할 것이다. 그것이 대주주의 격에 어울린다. 다만, 이 경우 직접 업무의 집행, 즉 경영에 직접 나설 수는 없다. 이렇게 되면 기업의 오너가 직접 CEO가 되어 일선에서 강력한 리더십하에 순발력 있게 대응하는 모습을 기대할 수는 없게 된다. 이는 빠른 의사결정과 공격적 경영을 할 수 없게 만드는 치명적 약점이 된다. 그러나 아마도 대주주인 이사회 의장이 실제로 모든 결정을 하면서도 대외적으로는 집행임원 명의로 업무를 처리하려 할 것이다. 책임을 져야 할 자는 뒤에 숨고, 실권(實權) 없는 집행임원이 모든 책임을 져야 하게 된다. 개정안에 따르면 법이 예정하지 않은 비정상적인 상황으로 지배구조가 왜곡될 가능성이 매우 크다.

대규모 상장기업에 펀드나 기관의 대표가 이사회 멤버로 또는 감사위원으로 참여하는 것은 이사회 구성에 있어 이질적 요소의 혼입으로 인한 부작용이 매우 크기 때문에 신중하여야 한다. 자칫 회사가 펀드의 먹잇감이 될 소지가 크기 때문이다. 또한 대규모 상장기업의 대주주는 이사회 의장과 최고집행임원인 CEO를 겸할 수 없게 함으로써 결국 대주주는 경영을 하지 말라는 개정안의 법칙은 재고되어야 한다. 주식소유자는 경영을 하면 안 된다는 개정안이 만든 이상한 법칙은 이해하기 어렵다. 개정안 입안자들의 현명한 판단을 기대해 본다.

거꾸로 가는 공정거래법

홍대식(서강대 법학전문대학원 교수, 변호사)

10

법명에는 대체로 그 법이 담긴 내용을 대표하는 용어가 사용된다. 예컨대, 현 정부 들어 제정된 주요 법률 중 하나인 「정보통신 진흥 및 융합 활성화 등에 관한 특별법」의 경우 그 법명만 보더라도 현 정부가 역점을 두고 있는 정보통신 분야의 진흥 및 융합 활성화를 촉진하는 것이 법률의 주요 내용임을 알 수 있다. 법명에 '등'이라는 표현을 넣은 것은 법률이 다루는 내용이 정보통신 진흥 및 융합 활성화에 국한하지 않고 그에 준하는 다른 내용도 포함하고 있음을 암시하기 위한 취지로 이해할 수 있다. 이러한 법명의 작성 방식으로 볼 때 「독점규제 및 공정거래에 관한 법률」은 '독점규제'와 '공정거래'라는 두 가지 축을 중심으로 하는 법률이고 또한 그래야 한다. 그러나 최근에 이 법이 개정된 내용을 보면, 법이 원래 담아야 할 것을 의도적으로 회피하면서 법이 추구하는 것과 동떨어진 정책적 목적으로 법이 동원되는 것 같아 심히 우려스럽다.

| 공정거래법이 아닌 국민정서법

2013년 8월 13일 공포된 공정거래법의 개정법률은 그 전부터 있던 위반행위 유형인 부당지원행위의 구체적 유형을 추가하고 요건을 완화하는 한편, 새로운 위반행위 유형으로서 특수관계인에 대한 부당이익제공 금지규정을 신설하였다. 특수관계인에 대한 부당이익제공 금지규정은 이른바 재벌그룹에 속하는 회사가 총수 일가나 그 지분율이 일정 수준 이상인 계열회사와 일정한 유형의 행위를 통해 총수 일가에게 부당한 이익을 귀속시키는 행위를 금지하는 것을 그 내용으로 하고 있다. 주목할 것은 특수관계인에 대한 부당이익제공 금지규정이 공정거래법의 최소한의 부당성 요건인 공정거래저해성 기준의 적용마저 회피하려는 입법의도를 갖고 있다는 점이다. 정부의 개정문에서도 이 규정의 신설 취지를 "공정한 거래를 저해하는지 여부가 아닌 특수관계인에게 부당한 이익을 제공하였는지 여부를 기준으로 위법성을 판단"하기 위한 것이라고 적고 있다. 이러한 개정 이유를 문자 그대로 받아들이면, 공정거래법에는 더 이상 경쟁은 물론 공정거래와도 관계없는 금지규정이 들어오게 된 것이다. 그리고 그 기준은 총수 일가에게 부당한 이익을 귀속시켜서는 안 된다는 것이다. 문제는 경쟁 또는 공정거래와 무관하다면 도대체 어떤 기준을 갖고 총수 일가에게 귀속된 이익이 부당하다고 평가할 수 있는가 하는 점이다. 경쟁 또는 소비자에 대한 어떤 피해를 상정하지 못할 때, 단순히 총수 일가에게 이익이 귀속되었다는 이유로 그 거래를 비난하려면 그 근거는 초점 없이 막연한 국민정서에 기댄 정책에 근거한 기준에 의존할 수밖에 없다. 이는 더 이상 공정거래법이 아니라 국민정서법이라고밖에 할 수 없다.

| 미국 공정거래법 시행 경험의 교훈

공정거래법이 경쟁 또는 공정거래와 같이 경제적 이론의 근거를 갖고 증거에 의하여 입증될 수 있는 기준이 아니라 경제적 이론의 근거가 취약하면서 증거의 뒷받침도 받기 어려운 기준을 사용하려고 한 시도는 미국에서도 있었다. 미국의 반독점법 적용에 대하여 법원은 경쟁에 대한 피해를 유일한 기준으로 하여 사업자의 행위가 그러한 피해를 초래한다는 것을 설명하는 납득할 만한 이론과 이를 뒷받침하는 경험적 증거를 요구한다. 이에 대하여 반독점법의 적용범위가 너무 축소된다고 생각한 의회에서 법 개정을 통해 미국 연방거래위원회에 부여한 권한이 "불공정하거나 기만적인 거래행위 또는 거래관행"을 금지하기 위한 법 집행 권한이다. 이 규정에는 경쟁이라는 표현이 빠져 있기 때문에 경쟁에 대한 피해를 입증하지 않고도 사업자의 행위를 규제하는 근거가 될 수 있었다. 불공정성을 기만성과 구별할 때 불공정한 거래행위 또는 거래관행은 우리 공정거래법상 불공정거래행위와 비교될 수 있다.

미국 연방거래위원회는 처음에는 어떤 거래행위 또는 거래관행이 불공정한지 여부를 판단하는 기준을 세 가지 정도로 넓게 잡았다. 첫째는 행위가 공공정책에 반한다는 것이고, 둘째는 행위가 비윤리적이거나 억압적이거나 파렴치하다는 것이며, 셋째는 행위가 소비자, 경쟁자 또는 기타 사업자에게 상당한 피해를 입힌다는 것이다. 이 중 셋째 기준에 대하여는 어느 정도 경제학적 설명이 가능하지만, 첫째와 둘째 기준은 집행자의 개인적 가치에 따라 그 적용범위가 달라질 수 있는 추상적이면서 추론만이 가능한 기준이다. 그럼에도 불구하고 미국 연방거래위원회는 특히 행위가 공공정책에 반한다는 기준을 갖고 경쟁당국의 역할을 넘어서는 영역에 대한 개입을 시도하였다. 예컨대, 1970년대 후반 당시의 위원장은 위법한 외국인 고용을 규제하고 조세회피자와 환경오염자를 제재하기 위하여 불공정성 기준을 사용할 수 있다고 주장하기도 하였다. 이러한 경쟁당국의 궤도를 넘은 시도는 사업계는 물론 의회와 언론으로부터도 우려를 불러일으켰고, 한 언론은 미국 연방거래위원회가 "국민보모"가 되었다고 비아냥거리기도 하였다.

사회적 비판에 직면한 미국 연방거래위원회는 결국 공공정책 기준에서 벗어나 소비자 피해 기준으로 이행하면서 불공정성에 대한 적합한 기준으로 제자리를 찾게 되었다. 현재 미국 연방거래위원회는 소비자 피해를 불공정성 판단의 유일한 기준으로 하면서 그 피해는 실질적이고 이익으로 상쇄되지 않으며 소비자가 합리적으로 회피할 수 없는 것이어야 한다고 그 기준을 구체화하여 적용하고 있다. 무엇보다 경쟁과 관계없는 불공정성 기준은 사업자 대 사업자 관계에는 적용되지 않고 사업자 대 소비자 관계에만 적용되고 있다. 사업자 대 사업자 관계에서는 전통적인 반독점법 규정 외에 불공정한 경쟁방법 규정이 적용되지만, 최근에 미국 연방거래위원회는 경쟁방법의 불공정성을 판단하는 기준은 경쟁을 중대하게 해치거나 해칠 우려와 인식 가능한 효율성의 결여라는 두 가지 요소를 갖는다고 선언하여, 사업자 대 사업자 관계에서 일어나는 행위에 대한 법 적용은 증거에 기초한 경쟁정책을 그 토대로 한다는 것을 분명히 하였다.

┃ 공정거래법 적용의 최소 한도는 공정거래저해성이 되어야

우리 공정거래법의 불공정거래행위 규정은 일차적으로 사업자 대 사업자 관계에 적용된다. 또한 그 기준이 되는 공정거래저해성은 경쟁에 대한 피해까지 입증할 필요 없이 공정거래를 저해할 우려만 입증해도 충족된다. 미국의 공정거래법보다 우리 법이 훨씬 낮은 기준을 적용하고 있는 셈이다. 그럼에도 불구하고 개정법률은 "지원행위가 현저히 유리한 정도에 미치지 못하거나 사업자가 아닌 특수관계인 개인을 지원하는 경우에는 사실상 공정거래저해성을 입증하는 것이 곤란하여 규제가 어려운 실정"임을 강조하면서, 공정거래법 집행이 제 궤도를 이탈하도록 부추기고 있다.

법의 해석과 집행은 개별 규정에 대한 입법자의 의도에 얽매이지 않고 규정의 내용을 충실히 따르면서 법의 목적 및 다른 규정과의 정합성에 기초하여 이루어져야 한다. 그 출발점은 특수관계인에 대한 부당이익제공 금지규정에서 일정한 행위가 공정거래법에 위반하는지 여부를 판단하는 요건이 되는 "부당한 이익을 귀속시키는"이라는 부분에서 "부당한"의 판단기준을 바르게 설정하는 것이다. 입법자는 회사와 그 특수관계인과의 거래에서 그 특수관계인에게 특정한 이익이 발생하기만 하면 그 행위로 인하여 부의 세대 간 이전이 가능해지고 특수관계인을 중심으로 경제력이 집중될 기반이나 여건이 조성될 여지가 있다는 추론만으로 그 행위를 제재할 수 있는 입법적 수단을 제공했다고 생각할 수 있다. 그러나 만일 법이 그렇게 집행된다면 그것은 더 이상 공정거래법이 아니다. 또한 이미 법원 역시 그러한 추론만으로 공정거래저해성이 인정된다는 것이 공지의 사실이 아니고 별도의 입증을 요한다는 점을 분명히 한 바 있다. 따라서 특수관계인에 대한 부당이익제공 금지규정에서 부당성의 판단기준은 적어도 공정거래저해성이 되어야 한다. 그것이 공정거래법이 거꾸로 가는 것을 막기 위한 길이다.

상속증여세법 제45조의3의 적용을 유예해야

11

정기화(전남대학교 경제학부 교수)

상속증여세법 제45조의3은 특수 관계 법인과의 거래를 통해 수혜기업의 지배주주가 얻은 이익을 증여로 여겨 이에 과세토록 한 조항이다. 이것은 대기업집단의 지배주주가 '일감몰아주기'를 통해 부를 편법으로 상속하고 있다는 사회적 비난이 고조되면서 도입되었다. 사실 거래를 가장한 증여에 조세를 부과해야 한다는 것은 이론의 여지가 없다. 하지만 이 조항은 증여보다 거래의 규모를 기준으로 과세함으로써 입법의 합리성을 갖추고 있지 못하다.

시장 거래에서 당사자들은 서로 이익을 얻기 위해 거래한다. 공급자 A와 수요자 B 간의 정상적인 거래에서 합의된 가격이 p라고 하자. 이러한 자발적 합의를 통해 A, B는 서로 이익을 기대한다. 결과적으로 A가 손해를 보고, B가 이익을 보았다 하더라도 A에게서 B로 부가 이전되었다고 할 수 없다. A, B 간의 거래규모가 다른 기업과의 거래보다 많다거나 A, B 기업이 동일한 기업집단에 속하더라도 마찬가지이다. 하지만 거래 가격이나 조건을 일방에 유리하게 하면 부를 이전시킬 수 있다. 예를 들어 A, B가 합의하여 가격을 통상적으로 기대되는 수준보다 낮출 수 있다. 그러면 A가 기대하는 이익은 줄고, B가 기대하는 이익은 증가한다. 이때 A의 줄어든 이익과 B의 늘어난 이익은 동일하며 이것은 이전된 부의 크기와 같다. 기대와 달리 A의 이익이 늘고 B가 손실을 보았다 하더라도 사후적 결과와 무관하게 A, B는 거래를 통하여 부를 이전하려 한 것이고 따라서 이에 대해 증여세를 부과하는 것은 일면 타당하다.

하지만 상속증여세법 제45조의3은 증여를 의제하는 과정에서 증여의 발생 여부보다 거래의 규모를 기준으로 과세함으로써 기업 간 정상적인 거래에 증여세를 부과하거나 거래를 가장한 증여에 대해서는 과세를 하지 않는 엉뚱한 결과를 초래한다. 법에 따르면 증여세의 계산식은 '수혜법인의 세후 영업이익 × 정상거래비율의 1/2를 초과하는 특수 관계 법인거래비율 × 한계보유비율을 초과하는 주식보유비율'이다. 여기에서 정상거래비율은 특수법인과의 거래비율이 수혜법인 매출액의 30%를 차지하는 경우이다. 즉 특수 관계 법인과의 거래비율이 법이 정한 기준을 넘어서면 부의 이전이 없더라도 수혜법인의 일부 이익을 증여로 여긴다. 그리고 거래를 가장한 증여가 있더라도 기준을 넘지 않으면 증여로 여겨지지 않는다. 이러한 결과는 수혜법인의 매출액 기준을 어떻게 변경하더라도 마찬가지이다. 그래서 상속증여세법 제45조의3는 증여에 대해 과세하는 것이 아니라 사실상 계열기업 간 거래에 대해 과세하는 셈이다.

| 거래액 기준으로 증여 여부를 판단하면 증여보다 정상적인 거래에 과세하는 결과를 초래

매출액 기준으로 증여 의제의 기준을 정한 입법자의 고충을 이해 못할 바는 아니다. 사실 정상적인 거래와 거래를 가장한 증여를 구분하는 것은 쉽지 않다. 거래당사자들의 거래조건은 다양한 요인에 대한 주관적 판단에 의해 많은 영향을 받는다. 사실 주관적 요인이 없다면 일상적으로 나타나는 가격변동을 설명할 수 없다. 따라서 정상거래 여부는 동일한 시점에 발생한 유사한 거래에 적용된 거래조건과 비교하여 미루어 짐작하는 수밖

316

에 없다. 그래서 매일 이루어지는 계열 기업 간의 거래 조건을 일일이 따지는 것은 거의 불가능할 것이다. 그렇더라도 매출액 기준이 최소한의 수준에서라도 합리성의 외양을 갖추려면 증여와 수혜기업의 매출액 사이에 상관관계가 있어야 한다. 즉 특수 관계 법인과의 거래비중이 클수록 증여가 늘어나거나 최소한 증여발생 가능성이 커져야 한다. 하지만 증여는 매출액 비중과는 전혀 무관하며 오직 거래조건에 의해 결정되는 것이다. 거래를 통해 증여를 하였을 때 매출액 비중이 크면 증여의 크기도 증가하겠지만 이것은 사후적 결과일 뿐이며 매출액 기준으로 증여 여부를 판단하는 것에 합리성을 부여하는 것은 아니다.

또 다른 문제는 특수 관계 법인에서 수혜법인으로 부의 이전이 이루어지더라도 증여가 발생하지 않을 수 있다는 것이다. 특수 관계 법인에서 수혜법인으로 부가 이전되었을 때 이러한 부의 이전으로 사실상 이익을 본 것은 수혜법인의 지배주주이므로 이들에게 증여세를 부과하자는 것이 입법의 의도라고 할 수 있다. 그런데 특수 관계 법인의 지배주주와 수혜법인의 지배주주가 동일인이고 그가 두 법인의 지분을 동일한 비율로 갖고 있다면 비록 특수 관계 법인에서 수혜법인으로 부의 이전이 이루어지더라도 증여는 발생하지 않는다. 부의 이전으로 수혜기업의 증가된 부와 특수 관계 법인의 감소된 부는 크기가 같다. 특수 관계 법인의 부의 감소로 특수 관계 법인의 지배주주는 사실상 손실을 본다. 손실의 크기는 수혜법인의 지배주주로 얻는 이익과 크기가 같다. 따라서 부의 이전을 통해 수혜법인에서 얻은 부의 증가만큼 특수 관계 법인에서 얻는 부가 감소하여 그가 얻는 부의 증가는 사실상 없다. 만일 동일인이 아니라면 손해를 본 지배주주로부터 이익을 본 지배주주로 부가 이전된 것이므로 이를 증여로 의제하는 것은 법리상 문제가 없다. 하지만 두 법인의 지배주주가 동일인이면 증여가 없음에도 증여세가 부과되는 불합리한 경우가 발생한다. 지배주주의 입장에서 보면 자기가 자신에게 증여하였다고 증여세가 부과된 셈이다.

한 국가의 조세 체계는 경제현실을 반영할 수밖에 없다. 그래서 거래를 가장한 부의 이전이 존재하더라도 이를 현실적으로 구별하여 과세할 수 없다면 다양한 방법을 연구 검토하여 합리적 방안을 찾는 게 순리이다. 급한 마음에 거래액 기준으로 증여 여부를 판단하면 증여보다 정상적인 거래에 과세하는 결과를 초래하여 계열기업 간 거래만 위축시키는 결과를 초래하게 된다. 이것은 기업 공개를 통해 주식이 분산된 대기업보다 그렇지 못한 중소기업에 더욱 불리하다. 만일 입법자의 의도가 증여에 과세하기보다 특수 관계인과의 정상거래라도 이를 통해 부를 축적하는 것을 제한하려는 것이라면 그것은 전혀 다른 문제로 증여세로 해결될 수 있는 것은 아니다. 하지만 경쟁을 제한하지 않았음에도 특수 관계인이라는 이유로 정상적인 거래를 제한하려는 것을 합리적이라고 여기기 쉽지 않을 것이다.

'빚더미 공기업' 개혁, 민영화가 해법이다

12

박동운(단국대학교 경제학과 명예교수)

KBS가 2013년 9월, '빚더미에 쌓인 공기업과 공공기관의 문제'를 몇 차례에 걸쳐 뉴스 특집으로 다뤘다. 이 문제는 학계와 언론이 이미 심도 있게 다룬 바 있지만 박근혜 정부에서 내년 세수가 약 8조 원 줄어들었는데도 복지지출은 100조 원으로 책정되었다는 점을 감안할 때 KBS 특집은 시의 적절했다고 판단된다. 이에 필자도 국가부채 폭증이 한국경제의 걸림돌이 될 것으로 우려되어 보고만 있을 수 없는 입장이다.

OECD 자료에 따르면, 2011년 GDP 대비 '일반정부총지출'[49]로 나타낸 국가부채 비율'은 한국이 36.2%로, 비교 가능한 OECD 31개국 가운데 낮기로 4위다. 이로 인해 한국은 재정건전성이 뛰어나 세계에서 '작은 정부'를 실현한 국가로 오해받아 왔다. OECD 추계에 따르면, 2012년 GDP 대비 '일반정부총지출' 비율로 나타낸 정부규모는 한국이 30.2%로, 비교 가능한 OECD 31개국 가운데 '가장 작은 정부'다. 사실이 그렇다면 얼마나 자랑스럽겠는가! 이런 오해는 기획재정부가 '일반정부' 부채만 떼어내

---

49) OECD 정의에 따르면, '일반정부총지출'이란 '일반정부, 지방정부, 공기업, 일부 금융공기업 등의 지출'을 합한 것이다.

IMF나 OECD 등에 보낸 데서 비롯되었다. 이는 한국만의 문제가 아니다. 정부규모와 국가부채 산정방식을 둘러싸고 그동안 논란이 있었는데, IMF가 나서서 개별 국가마다 서로 다른 국가부채 산정기준을 통일하는 매뉴얼을 마련하고 있다. 이 매뉴얼에는 '일반정부'에다 '비금융공공기관(공기업), 금융공공기관, 통화안정증권, 공적연금 등'을 아우르는 '공공부문 부채'가 포함될 것이라고 한다.[50] 이에 맞춰 한국은행이 자료를 정리하고 있는데, 최종 결과는 2014년 말경에 발표될 예정이라고 한다.

IMF의 새 매뉴얼에 맞춰 2010년 한국의 국가부채를 보자. 2010년 '일반정부'를 대상으로 추계하여 정부가 발표한 국가부채는 393조 원인데, IMF 새 매뉴얼에 따르면, 국가부채는 다음과 같은 내용으로 구성될 것 같다.[51]

일반정부(현행) : 393조 원
비금융공공기관(공기업) 부채: 353조 원
금융공공기관: 326조 원
통화안정증권: 169조 원
합계: 1241조 원

IMF 새 매뉴얼에 따르면, 2010년 국가부채는 1241조 원으로 크게 늘어나 '일반정부' 부채 393조 원보다 무려 3배 정도 많게 된다. 이렇게 되면 2010년 GDP 대비 한국 국가부채 비율은 OECD 통계상의 34.6%에서 106.0%로 폭증하게 된다.

한국 공기업이나 공공기관 부채의 심각성에 대해선 이미 많은 지적이

---

50) 『서울경제』, 2011. 11. 12. (서정명 기자, 『2014년 국민계정에 '공공부문 부채' 포함 땐 국가부채 비율 34% → 100% 폭증 IMF 새 기준 초안 반영』).
51) 박동운(2012. 6), 『좋은 정책이 좋은 나라를 만든다』, FKI미디어.

있어왔다. 한국경제연구원 김영신 부연구위원은 2012년 9월 '공기업 부채 증가의 문제점' 보고서를 통해 27개 공기업 부채가 2002년 64조 원에서 2011년 말 361조 원으로 10년간 5.6배 증가했고, 1년 이자만 12조 원에 이른다고 분석했다. 이를 놓고 김영신 부연구위원은 "공기업 부채를 정부부채에 포함해 투명하게 관리하고, 부실 공기업을 단계적으로 민영화해야 한다"고 해법을 제시했다.[52] 또 기획재정부는 2012년 9월 '2012~2016년 공공기관 중장기 재무관리 계획'을 발표했는데 이에 따르면, 2013년 41개 공공기관 부채는 2012년보다 9.7% 증가한 532조3000억 원에 이를 것으로 전망했다. 이를 놓고 정부는 공공기관 부채 비율을 2013년을 정점으로 2016년까지 209.5%로 감축하도록 유도할 방침이라고 밝혔다.[53]

공은 박근혜 정부로 넘어왔다. 역대 정부는 공기업 개혁 등을 내세워 '몇 년까지 균형예산을 달성하여 정부부채를 줄이겠다'고 구두선(口頭禪)을 외쳐 왔다. 김대중 대통령의 공기업 개혁은 목표로 삼은 24개 가운데 포항제철과 한국중공업은 규모가 컸지만 나머지는 규모가 작은 수준의 11개에 그쳤다. 뒤이어 취임한 노무현 대통령은 노조파워에 밀려 철도사업 민영화와 한전 분할을 포기함으로써 민영화에서 후퇴하고 말았다. 게다가 노무현 대통령은 공공부문 비정규직을 정규직화하고, 공무원 수 증가, 공기업 신규채용 3% 증가 의무화 등으로 오히려 공기업을 확대했다. 이어 이명박 정부는 LH공사(현재 부채액 138조 원), 보금자리주택 건설 등으로 엄청난 국가부채를 떠넘겼고, 퇴임 전 해에야 겨우 '공기업 선진화 계획'을 세워 2012년 초 KTX 운행을 일부분 민간에 맡겨 독점체제를 경쟁체제로 전환하겠다고 밝혔을 뿐이다. 이제 박근혜 대통령은 '법과 원칙 고수'와 '복지정책 실현에 필요한 재원 확보'를 위해서라도 공기업 민영화를

---

52) 『조선일보』, 2012. 9. 12.
53) 『조선일보』, 2012. 9. 27.

추진하여 국가부채를 줄여 가야 한다. 그 방법을 위해, 여기에서는 마거릿 대처가 '공기업 민영화'를 통해 우리에게 주는 교훈을 제시한다.[54]

| 마거릿 대처의 공기업 민영화의 교훈

마거릿 대처는 1980년대 초 '민영화'라는 말을 꺼낼 수도 없는 분위기에서 3단계에 걸쳐 48개의 공기업을 민영화하여 성공했다. 마거릿 대처는 '영국을 공기업 민영화를 수출한 세계 최초의 국가로 만든 정치가'로 기록되었다. 특히 대처는 구조개혁에 성공한 정치가다. 대처는 작은 정부, 공기업 민영화, 금융규제 철폐, 노동시장 유연화, 평등교육 타파, 복지개혁 등 시장 중시정책을 폈다. 이 공로로 대처는 영국 총리 가운데 이름 다음에 '이즘(~ism, 대처리즘)'이 붙는 유일한 총리로 칭송받는다. 대처의 구조개혁을 지켜본 자유주의 경제학자 밀턴 프리드먼은 "구조개혁은 대처 총리처럼 집권 첫 6개월 이내에 마쳐야 성공할 수 있다"고 썼다. 이제 대처가 공기업 민영화를 추진하게 된 목적, 방법, 결과를 소개한다.

공기업 민영화의 목적은 무엇인가? 영국은 1945~1951년간 집권 노동당 정부가 고용 창출과 사회간접자본 마련을 위해 전기, 통신, 도로, 항만, 조선 등 주요 기간산업과 공익산업을 국유화했다. 당시 국유화는 사회주의 열풍에 힘입어 영국뿐만 아니라 프랑스, 독일 등에서도 유행처럼 확산되었다. 그러나 계속된 국유화는 공공부문의 팽창과 비효율을 가져올 수밖에 없었다. 영국정부는 적자에 허덕이는 공기업을 세금으로 보전해야 했다. 영국의 재정적자는 증가했고, 정부는 팽창해 갔다. 이를 놓고 마거릿 대처는 1979년 총선거에서 "영국경제의 두 가지 가장 큰 문제는 국유기업의 독점과 노동조합의 독점"이라고 외쳤다. 총리가 된 대처는 공기업 민영화를 과감하게 추진했다. 대처가 추진한 공기업 민영화의 목적은 1)고

---

54) 박동운(2004), 『대처리즘: 자유시장경제의 위대한 승리』, FKI미디어. 박동운(2007), 『마거릿 대처 시장경제로 영국병을 치유하다』, 살림.

객의 이익을 위해 정부의 사업과 서비스를 최대한 경쟁에 노출시켜 효율성을 촉진하게 하고, 2)가능한 한 국민들의 주식 소유를 확산시키고, 3)정부가 매각하는 사업에서 최대의 가치를 얻는 것으로 정리된다. 대처의 민영화는 메이저 총리까지 이어졌으며 이 과정에서 국가전략 관련 일부 공기업을 제외하고 세계적인 규모의 공기업까지 무려 48개 주요 공기업이 매각되었다.

| 대처의 공기업 민영화는 어떻게 성공했는가?

첫째, 민영화가 단계적으로 추진되었다. 만일 민영화가 단계적으로 추진되지 않고 '혁명적'으로 추진되었더라면 성공하지 못했을 것이다. 둘째, 민영화 대상 공기업들은 다양한 전략을 세워 추진되었다. 예를 들면, 종업원의 반대가 심한 공기업은 종업원에게 주식을 무상이나 염가로 제공하는 전략으로, 경영층의 저항이 심한 공기업은 기존 공기업의 분리나 완전한 경쟁 도입을 일정 기간 연기해 주는 전략 등으로 대응했다. 특히 민영화가 개별기업에 경제력 집중과 특혜를 가져온다는 일반 국민들의 우려에 대해서는 국민주 방식으로 주식을 매각하거나, 민영화한 후 독점규제장치나 별도의 감독기관을 만드는 등 적절한 정책을 세워 대응했다. 셋째, 민영화는 전체 구조개혁 전략의 일부로 추진되었다. 대처는 문자 그대로 민간에게 매각한다는 의미의 '민영화'를 유일한 전략으로 삼지 않았다. 대처는 민영화와 함께 민간위탁, 민간과 정부 내 팀 간의 경쟁 입찰제도인 시장시험 등을 동시에 실시했다. 넷째, 부작용을 최소화하면서 추진했다. 대처는 국가전략산업 보호와 민영화 부작용 최소화에 역점을 두고 민영화를 강력히 추진했다. 대처는 민영화 추진 과정에서 개인 또는 기관별 소유지분 제한, 무의결권주식 도입, 대상 기업의 사업 분할, 경쟁기업 육성, 정부의 황금주 보유 등 다양한 방법을 통해 독점을 방지하고, 가격 인하와 서비스 향상을 도모했다.

| 대처의 공기업 민영화는 어떤 성과를 가져왔는가?

첫째, 48개 주요 사업과 다수 소규모 사업을 매각했는데 기업들은 정부 간섭에서 벗어나 효율성을 높일 수 있었다. 예를 들면, 영국항만은 민영화 된 지 6개월 만에 이익이 150만 파운드에서 680만 파운드로 급증했고, 영국항공은 종업원 1인당 생산성이 50% 이상 올랐다. 둘째, 민영화는 정부 독점에서 벗어나 민간부문에 새로운 일자리를 마련했고, 신기술 도입과 경쟁 촉진을 통해 기업경쟁력을 높였다. 셋째, 민영화된 기업은 이윤극대화를 실현하려고 노력했기 때문에 고객에게 질 좋고 다양한 서비스를 제공해 고객의 이익을 증진시켰다. 넷째, 정부소유의 임대주택을 세입자에게 매각하여 중산층을 두텁게 했고, 국영기업 주식 매각을 통해 개인 주식소유자를 확대했으며, 국민주주화를 통해 민주적 자본주의의 기초를 튼튼하게 했다. 1979년 주식소유자 수는 300만 명이었는데 1993년에는 1000만 명을 넘었다. 다섯째, 주식 매각을 통해 약 600억 파운드(950억 달러)의 재원을 마련하여 공기업의 만성적인 외부차입을 근원적으로 제거하고, 재정적자를 해소할 수 있었다. 여섯째, 공기업 민영화는 결과적으로 '작은 정부' 실현에 기여했다. 이렇게 하여 성공을 거둔 마거릿 대처의 공기업 민영화정책은 전 세계로 수출되었다. 이제라도 박근혜 정부는 '마거릿 대처의 공기업 민영화정책'을 수입할 필요가 있을 것이다.

경제민주화시대 법률만능주의를 경계하며

13

최영홍(고려대학교 교수, 변호사, 법학박사)

가맹사업법 개정안이 법사위에 회부되어 있다. 앞으로 법사위에서 특별한 변경이 가해지지 않는 한, 현재의 법안대로 법률이 확정될 것이다. 문제는 그 경우 세계에서 가장 극심한 프랜차이즈 규제법이 될 것이라는 점이다. 기업가의 창의성과 개척정신의 산물인 프랜차이즈가 왜 대한민국에서만 유별나게 심한 규제의 대상이 되고 계약자유의 원칙이 제한되는가? 세계적 교역국인 우리나라의 이러한 법 개정 조치가 과연 국제적 찬사를 받을 수 있을까? 아니면 '귤을 가져다 탱자를 만드는 이상한 나라' 라고 비웃음을 사게 될까? 무엇보다도 이러한 법 개정 과정이 차분한 법 논리가 아니라 포퓰리즘이나 법률만능주의에 의해 휘둘리고 있는 것은 아닐까?

| 프랜차이즈는 보편화된 유통기법, 우리나라 가맹사업법은 이미 유럽, 미국 등 기타 국가에 비해 엄격해

프랜차이즈는 마케팅 기법이다. 따라서 그 자체는 사업의 종류가 아니라 사업의 방식이다. 프랜차이즈는 세계 각국에서 그 이용이 날로 확대되고 있는 보편화된 유통기법이다. 그에 대한 각국의 법제는 아예 규제하지 않거나 단지 정보공개만을 요구하는 것이 대세이다. EU의 중심국가인 독일이나 영국, 프랑스에는 프랜차이즈에 대한 법적 규제가 없다. 이들 나라에서 프랜차이즈는 국가가 이래라 저래라 법으로 간섭하는 사항이 아니다. 가맹희망자도 자기 사업을 하려는 자이기 때문에 사업가로서 갖춰야 할 기본적 자질과 판단력을 갖춘 것으로 전제한다. 그러한 자를 국가가 나서서 보호하는 것은 논리모순이라는 것이다.

미국이나 일본, 중국 등에서는 가맹본부가 가맹희망자에게 가맹사업에 관한 정보를 미리 제공할 것을 요구한다. 이들 나라에서 가맹본부에게 정보제공의무를 부과하는 것은 허위·과장 정보로 가맹희망자를 속이는 불공정행위를 방지하기 위함이다. 여기까지가 세계적 프랜차이즈 규제의 보편적 현황이다. 따라서 정보공개서의 등록을 요구하고 가맹본부의 일방적 가맹계약 해지나 갱신 거절을 제한하는 미국의 일부 주법은 극히 예외적 사례이다. 그런데 우리나라 가맹사업법은 그러한 예외적 법제보다도 더 엄격하다. 그들 주법에 규정된 각종 제도는 물론이고 주법에 없는 가맹금 반환제도, 가맹금 예치제도, 가맹계약 갱신의무, 가맹계약 해지 시 2회 이상 통지의무까지 망라되어 있다.

| 경제민주화를 원한다면, 법 개정을 통한 규제 강화가 아니라 계약문화의 향상을 위한 교육이 필요해

이처럼 세계에서 가장 엄격한 우리 가맹사업법에 다시 규제를 추가하기 위해 개정안이 정무위를 통과하였다. 개정안에는 경쟁법의 법리에 어긋나거나 가맹사업의 발전을 저해할 위험스런 내용도 포함되어 있다. 어떤 조항은 제목과 내용에 오류가 내포되어 있기도 하고 상식에 어긋나기도 한다. 대체로 1)인근가맹점 현황문서 제공의무, 2)예상매출액산정서 제공의무, 3)과중한 위약금 부과 금지 4)부당한 점포환경개선 요구 금지, 5)부당한 영업시간 구속 금지, 6)부당한 영업지역 침해 금지, 7)공정거래위

원회의 업종별 거래기준 권고권 신설, 8)가맹점사업자단체의 거래조건 협의권 등이 이에 해당한다. 다행히도 국회법은 법사위에 법안의 체계와 자구에 대한 심사권을 부여하고 있다. 단순한 자구수정 차원을 넘어 전체 법체계적 정합성과 비교법적 관점에서 심도 있는 검토가 이루어졌으면 한다.

가맹사업법 개정안을 경제민주화 법안으로 명명하는 경향이 있다. 개정에 반대하는 자를 몰아붙이려는 의도이다. 그러나 그러한 시도는 부질 없다. 현재 우리나라의 가맹본부는 정보공개서 등록업체를 기준으로 할 때 약 3400여 개에 이른다. 그 가운데 중소기업이 차지하는 비율이 99%를 넘는다. 이처럼 절대다수를 차지하는 중소기업에게 규제를 가하려고 하면서 경제민주화를 거론하는 것 자체가 자가당착이다. 왜 독일에는 프랜차이즈규제법이 없어도 별 문제가 없을까? 왜 우리는 그토록 갑을문화가 만연되어 있을까? 경제를 일으키고 민주화를 이뤘다지만 아직 우리는 그에 상응하는 계약문화를 성숙시키지 못하였다. '체결된 계약은 반드시 지키고, 체결되지 않은 사항은 요구하지 않는다'는 계약개념이 아직 확립되어 있지 못하다. 진정으로 권리의식 확대를 통한 경제민주화를 원한다면 법 개정을 통한 규제강화가 아니라 계약문화의 향상을 위한 교육이 필요하다. 과잉규제는 자율과 창의력을 억제하고 우리의 법제를 자꾸 변방으로 밀어낼 뿐이다.